地域ブランドのグローバル・デザイン

薄上二郎　USUGAMI Jiro

東京 白桃書房 神田

まえがき

地域ブランドは今，ニーズの多様化・細分化，IT 基盤（SNS や動画配信環境）の整備など，さまざまな環境の変化にさらされている。どうしたら地域資源の強みを活かし，魅力にあふれる地域ブランド，競争優位を有する地域ブランドを創出できるか。本著『地域ブランドのグローバル・デザイン』は，グローバル対応も視野に入れた，日本の地域ブランドマネジメントの方向性を探る。

筆者は2018年から2019年にかけて，イタリア・ヴェネチアのカ・フォスカリ大学で在外研究の機会を得て，イタリアの地域ブランドの強さを実感した。滞在中，大学・企業・団体などへのインタビュー調査を重ね，日本の地域ブランドマネジメントの参考になるケースに多く接した。帰国後，日本でも地域ブランドに関係するさまざまな方面への調査を行った。

日本では「地域ブランド」という言葉が定着して，数えきれないほどの地域ブランド商品・サービスが市場に出回っている。問題は，それぞれの地域ブランドの特徴を正しく認知している消費者がどれほど存在するか，である。地域ブランド商品・サービスには類似したものが多く，個々の意味や他との違いを理解することは容易ではない。言い換えるならば，オリジナリティが際立つ例は少なく，地域ブランドの多くは競争優位をもつとは言いにくいのが現状である。

そこで，イタリアと日本での調査で出会ったいくつもの特徴的なケースに基づいて，盆栽，大学発スタートアップ，養蚕，姉妹都市交流，ガバナンスなど，これまで地域ブランドの領域で議論されていなかったトピックに着目し，グローバルレベルで競争優位を獲得できる地域ブランドをデザイン（設計）するには，どのようなアプローチがあるか考察した。

本書では，日本の「地域ブランド」を，地方の一地域から日本全体を含む地理的範囲で，地域資源と伝統産業にこだわり，地域の活性化に貢献し得る商品・サービスと捉えている。地域ブランドを創出する上で大切なことは，オリジナリティの重視，地域固有の知的財産の保護，既存の概念にとらわれないイノベーション（意味のイノベーション），関係者間の連携で個々の組織の弱みを補完すること，複数の視点から考える統合型デザイン，グローバル対応を視野に入れた戦略である。

本書の特徴は次の通りである。

第１の特徴は，差異化戦略と意味のイノベーションについて詳しく解説している点である。どちらも，他との違いや優れた魅力を引き出すためのアプローチである。地域ブランドの推進役である中小企業には，大企業のような規模の経済を利用する戦略は不向きで，他がまねのできない差異化や大企業が苦手とする集中戦略／ニッチ戦略で高い成果（プレミアム効果）を生み出すという方法が適している。本書では，地域ブランドマネジメントにおける差異化戦略として，タッチポイント，品質，デザイン，スタイル，関係性などの差異化について説明する。意味のイノベーションとは既存の概念にとらわれないことであり，新しい発想による地域ブランドマネジメントの例や新しい価値を創造するモデルケースをいくつか紹介する。

第２の特徴は，今まで殆どない視点から地域ブランドマネジメントの方向性を考察している点である。タッチポイント戦略におけるリスクマネジメントの重視，実践コミュニティという市場，大学発スタートアップを中心とするイノベーションや海外の自治体との姉妹都市交流と地域活性化，地理的表示（GI）保護制度を利用したガバナンス戦略と成果把握といった，これまで注目されてこなかった見地に立っている。

本書は二部構成になっている。第Ⅰ部では経営学の視点から，複数の分析手法，環境と戦略，成果指標などを概説する。第Ⅱ部はケーススタディから，地域ブランドマネジメントの方向性を多角的に考察する。

本書が，地域ブランドの推進主体である企業・団体の方々，地方自治体・関係機関の方々，そしてまた学生をはじめ地域ブランドに関心をもつ多くの方々に，ご一読いただければ幸いである。

2020 年 11 月　　薄上二郎

目　次

第Ⅰ部　理論編

第Ⅰ部では，日本の地域ブランドが競争優位を獲得するためのアプローチとして，経営学の視点から，環境・戦略・成果の分析に関する基本的な理論を，4つの章に分けて整理している。それぞれの章で理解を深めてほしいポイントは，以下の通りである。

第1章　地域ブランドマネジメントの基本

- 本書における地域ブランドマネジメントの定義とキーワード
- 環境や戦略の代表的な分析手法としての，SWOT 分析，PEST 分析，クロス SWOT 分析，因果関係の分析，意思決定のプロセスでみる分析

第2章　競争戦略とブランディングのデザイン

- 経営活動に直接的に影響する競争環境の見方，経営活動の中核をなす競争戦略の考え方，およびブランディングのフレームワーク
- 地域ブランドを，個々の地域のものというより，日本の地域ブランド（Made in Japan/Product of Japan）という大きな枠で捉えた上での，競争戦略とブランディングの統合型デザイン

第3章　地域ブランドのタッチポイント戦略

- 地域ブランドのプロモーション戦略とタッチポイント（顧客との接点）戦略の基本的な考え方
- カスタマージャーニー（顧客行動の流れ）におけるタッチポイント
- プロモーションとリスクマネジメントという，一見相入れない2つの視点からデザインする地域ブランドのタッチポイント戦略

第4章　地域ブランドマネジメントの成果

- KPI（重要業績評価指標）のメリット・デメリット，地域ブランドマネジメントの成果測定に使用される KPI のメリット・デメリット，カスタ

マージャーニーとリスクマネジメントにかかわる KPI の例，ロジックモデルという分析手法
- 地域ブランドマネジメントにおける成果測定の難しさとそのデザインの方向性

1

地域ブランドマネジメントの基本

はじめに

地域の強みを活かして，高い競争力をもつ地域ブランドを創出するにはどのようなアプローチがあるか。グローバル化にも対応できる地域ブランドマネジメントの方向性を探る上で，経営学の視点から基本をおさえておこう。

まず，本書における「地域ブランドマネジメント」を定義し，キーワードとして「地域資源」「地域固有の知的財産」「競争優位獲得のための経営活動」「高い成果」「地域の活性化」の５つを整理する。次に，広く経営学の領域で使われている分析の方法論から，代表的なアプローチの手法を簡潔に紹介する。第１のアプローチはSWOT分析，PEST分析，クロスSWOT分析である。第２のアプローチは経営環境と経営活動と成果の因果関係分析，第３のアプローチは意思決定のプロセスでみる分析手法である。

1．地域ブランドマネジメントのキーワード

地域ブランドと称されるものは無数にある。本書で論じるところの地域ブランドは，日本の一地方で創造された固有の商品・サービスに限らず，「東京ブランド」や「日本ブランド（Made in Japan/Product of Japan）」の商品・サービスまでも含む広

い概念を指す。

1-1．ブランドマネジメントのフレームワーク

そもそもブランドとは何か。米国マーケティング協会によると，ブランドとは「競合他社の商品やサービスから差別化するための名称，言葉，シンボル，デザイン，あるいはそれらを組み合わせたのもの」である。これらが消費者の記憶に刻まれてはじめてブランドとして機能することになる。

ブランドマネジメントの代表的な研究者ケラー，K.L.（2010，恩藏監訳）は，「顧客ベースのブランド・エクイティの構築」というモデルで，ブランド構築のツール（ブランド要素の選択，マーケティング・プログラムの開発，二次的な連想の活用）を通して，消費者がブランドを認知・連想するようになり成果へとつながるという流れを示している（図表1-1）。

ケラーのモデルは地域ブランドマネジメントにおいても参考になるが，それだけでは十分とはいえない。経営学の視点から地域ブランドマネジメントのフレームワークを考えると，外部環境の分析に基づいて，ブランド構築のツールの強み・弱みを分析し，高い成果につなげるという構図になる。地域ブランドマネジメントの場合は，「地域の活性化」が最終的な成果（アウトカム）である。

図表1-1　顧客ベースのブランド・エクイティの構築

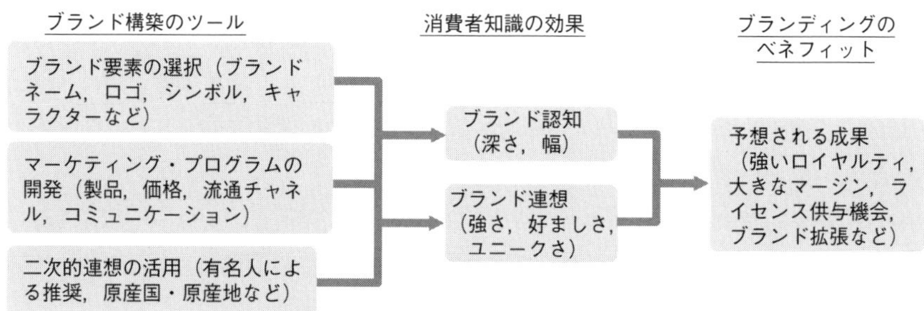

出所：ケラー（2010，恩藏監訳）p.773に筆者加筆・修正

1－2．地域ブランドマネジメント

本書では，地域ブランドマネジメントを「地域資源と地域固有の知的財産を利用して，競争優位獲得のための経営活動を行い，高い成果と地域の活性化につなげる取り組みである」と定義する[1]。この中に出てくる「地域資源」「地域固有の知的財産」「競争優位獲得のための経営活動」「高い成果」「地域の活性化」という言葉を，順に説明しよう。

1－2－1．地域資源

地域資源とは，『中小企業白書』によると「地域に存在する特有の経営資源として，特産品や伝統的に継承された製法，地場産業の集積による技術の蓄積，自然や歴史遺産といった文化財など」を指す[2]。また，「中小企業による地域産業資源を活用した事業活動の促進に関する法律（中小企業地域資源活用促進法）」の枠組みに基づくリストでは，地域資源を３つに分類している（図表１－２）。

図表１－２　地域資源の３分類

１．地域の特産物として相当程度認識されている農林水産物又は鉱工業製品
２．地域の特産物である鉱工業製品の生産に係る技術
３．文化財，自然の風景地，温泉その他の地域の観光資源として相当程度認識されているもの

出所：J-Net21「地域資源とは」

この他にも地域資源には，地域の強みと評価される有形・無形の資源が含まれる。広い概念で捉えると，自治体で推進する６次産業化（第１次産業×第２次産業×第３次産業）の取り組みも有効な地域資源の１つだろう。

1－2－2．地域固有の知的財産

どのようなものを地域固有の知的財産というか[3]。地域ブランドにおける代表的な取り組みとして，ここでは法律的な枠組みが明確である「地域団体商標制度」と「地理的表示（GI: Geographic Indications）保護制度」，および「自治体レベルの商標登録制度」に基づいて保護されるものという捉え方をする。

⑴　地域団体商標制度

地域団体商標制度は，「地域ブランドの名称を商標権（出所表示）として登録し，その名称を独占的に使用することができる制度」である[4]（図表１－３）。現在，地域団体商標に登録されている商品・サービスのうち，多くは農林水産品とその加工品

図表 1－3　地域団体商標とは

地域団体商標として登録できるのは，以下の3パターンの文字のみ（図形等含まない）からなる商標です。

- ・地域の名称＋商品（サービス）の普通名称　例）○○りんご，○○味噌
- ・地域の名称＋商品（サービス）の慣用名称　例）○○焼，○○温泉
- ・地域の名称＋商品（サービス）の普通名称 OR 商品（サービス）の慣用名称＋産地等を表示する際に付される文字として慣用されている文字　例）○○産みかん，本場○○織

出所：特許庁（2017）「地域団体商標事例集 2017」p.11

で，他に代表的なものは温泉や工芸品である。

(2)　地理的表示（GI）保護制度

地理的表示（GI）保護制度は，生産地と結び付いた特性を有する農林水産物や飲食品（酒類を除く）の名称を品質基準とともに登録し，地域の共有財産として保護する制度である。地域団体商標制度との比較を図表 1－4 に示す。

(3)　自治体レベルの商標登録制度

櫻谷ら（2019）「都道府県を権利者とする登録商標の分析」では，各都道府県を権利者として「地域そのものもしくは産品を地域内外住民に伝達・コミュニケーションする機能が期待されるマーク（キャラクター，キャッチフレーズ，図形）」を商標登録する制度を紹介している（pp.55-62）。商標の構成要素は，地域名，産品名，キャラクター，キャッチフレーズ・造語，図形・モチーフ，地域名＋産品名など 26 に分類される。その中でも最も多く使われる要素はキャラクターで，産品名，図形・モチーフ，キャッチフレーズ・造語がそれに続くと分析している。

1－2－3．競争優位獲得のための経営活動

競争優位と経営活動という 2 つの言葉についてそれぞれの概念を紹介した上で，競争優位獲得のための経営活動とは何か説明しよう。

(1)　競争優位

競争優位は，Barney & Hesterly（2020）によると，競合相手より高い経済価値を創生することを意味する。バーニー，J.B.（2003，岡田訳）は競争優位の源泉として，「価値が高いこと」「希少性があること」「模倣されにくいこと」「経営資源が活かされる組織体制が整備されていること」の 4 つを指摘する。4 つの条件をすべて満たすことが最も望ましく，持続的競争優位を獲得しやすくなる。逆に 1 つも満たすことができなければ，競争優位には立てない（競争劣位）。バーニーは，競争優位のレベ

図表１－４　地理的表示（GI）と地域団体商標との違い

	地理的表示（GI）	地域団体商標
保護対象（物）	農林水産物，飲食料品等（酒類等を除く）	全ての商品・サービス
保護対象（名称）	農林水産物・食品等の名称であって，その名称から当該産品の産地を特定でき，産品の品質等の確立した特性が当該産地と結び付いているということを特定できるもの（地域を特定できれば，必ずしも地名を含まなくてもよい）	「地域名」＋「商品（サービス）名」等
登録主体	生産・加工業者の団体（法人格の無い団体も可）	農協等の組合，商工会，商工会議所，NPO 法人
主な登録要件	・生産地と結び付いた品質等の特性を有すること ・確立した特性：特性を維持した状態で概ね 25 年の生産実績があること	・地域の名称と商品（サービス）とが関連性を有すること（商品の産地等） ・商標が需要者の間に広く認識されていること
使用方法	地理的表示は，登録標章（GI マーク）と併せて使用することができる（GI マークのみの使用は不可）	・登録商標である旨を表示（努力義務） ・地域団体商標は地域団体商標マークと併せて使用することができる（推奨）
品質管理	・生産地と結びついた品質基準の策定・登録・公開 ・生産・加工業者が品質基準を守るよう団体が管理し，それを国がチェック	商品の品質等は商標権者の自主管理
効力	地理的表示及びこれに類似する表示の不正使用を禁止	登録商標及びこれに類似する商標の不正使用を禁止
効力範囲	登録された農林水産物等が属する区分に属する農林水産物等及びこれを主な原料とする加工品並びにこれらに関する広告等	登録商標に係る商品若しくはサービス又はこれと類似する商品若しくはサービス
規制手段	国による不正使用の取締り	商標権者による差止請求，損害賠償請求
費用・保護期間	登録：９万円（登録免許税） 更新手続無し（取り消されない限り登録存続）	出願・登録：40,200 円（10 年間） 更新：38,800 円（10 年間）※それぞれ１区分で計算
申請・出願先	農林水産大臣（農林水産省）	特許庁長官（特許庁）

出所：特許庁商標課（2019）「地域団体商標の権利者及び地域団体商標の取得を考えている団体のための地域団体商標と地理的表示（G1）の活用 Q&A」

ルを評価するために，VRIO 分析というモデルを提唱している（図表１－５）。

図表1－5　VRIO モデルによる競争優位のレベル評価

	価値があるか	希少性はあるか	模倣コストは大きいか	組織体制は適切か
1．持続的競争優位	YES	YES	YES	YES ↑ ↓ NO
2．一時的な競争優位	YES	YES	NO	
3．競争均衡	YES	NO	—	
4．競争劣位	NO	—	—	

出所：バーニー（2003，岡田訳）p.272 を基に筆者作成

⑵　経営活動

経営活動には「どのような戦略をとるか」「誰をリーダーにするか」「組織をどのようにデザインするか」「組織内ですることと市場メカニズムの利用の境界をどのようにデザインするか」などの意思決定が含まれる。社会貢献活動のように，競争優位の獲得を主目的としない経営活動もある。

⑶　競争優位獲得のための経営活動

競争優位獲得のための経営活動とは，商品やサービスの経済価値を高める戦略，希少性を創造する活動，模倣されにくくするための工夫，経営資源が活かされる組織体制のデザインなどを総合した取り組みといえる。

1－2－4．高い成果

種々ある成果の捉え方から，ここでは財務的成果，非財務的成果，目標達成度の３つの成果指標の例を示して，「高い成果」について簡潔に説明する。

⑴　財務的成果

多数ある財務的成果の見方のうち，ブランディングの効果をとりあげる。

ブランディングで重視されることの１つはプレミアム効果である。田村（2011）によると，ブランディングの効果（売上増）は価格プレミアム効果（ΔP）と数量プレミアム効果（ΔQ）という２つのプレミアムによって生み出されるという。価格プレミアムは新たに生み出された価値（付加価値），数量プレミアムは販売数の伸びを示す。

ブランディング前の価格がＰで売上数量がＱとすると，ブランディング前の売上高はＰ×Ｑと表される。ブランディングを推進してΔＰまたはΔＱが得られると，価格はＰ＋ΔＰ（P′），数量はＱ＋ΔＱ（Q′）になる。ΔＰとΔＱの両方による相乗効果が認められると，売上高はP′×Q′となる（図表１－６）。ブランディングの効果

図表1－6　プレミアム効果

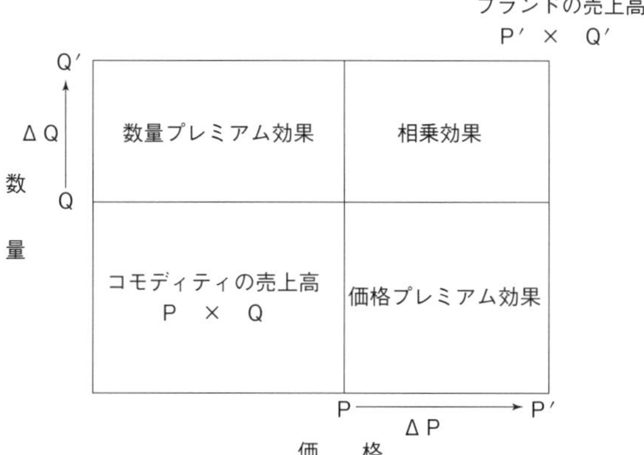

出所：田村（2011）p.141

を測定するには，PとP′，QとQ′，P×QとP′×Q′を比較して，その伸びをKPI（重要業績評価指標）としてみる。ブランディングの効果が高いと評価されれば，高い財務的成果を得たことになる。

⑵　非財務的成果

非財務的成果の代表的な例として，顧客満足度がある。消費者が商品やサービスにどれほどの満足感を得たかという指標で成果を測定するものである。満足度が高ければ，高い成果を得たと評価できる。この他にも，環境指標（温室効果ガス排出量，廃棄物発生量など）や，社会指標（女性管理職比率，労働災害発生数など）がある。

⑶　目標達成度

設定した目標と結果を比較して，目標がどこまで達成されたかという指標で成果を測定する手法である。例えば，ランキングを100位から90位に向上させることを目標として90位という結果であれば，達成率100％ということになる。目標達成度が大きいほど高い成果となる。

1－2－5．地域の活性化

地域の活性化とは，地域に与える経済効果，および心理的・社会的な効果の現れをいう。経済効果は，地域の中小企業や生産者団体の売上高の増加，地域雇用の促進などを指す。心理的・社会的効果は，地域住民の誇りや満足，地域の問題の解決・軽減などを含む。地域ブランド推進によって得られる企業・団体の成果（横軸）と地域活

図表1－7　企業・団体の成果と地域活性化の関係

地域活性化の度合い ＋	企業・団体（－） 地域社会（＋）	ウィンウィンの関係 企業・団体（＋） 地域社会（＋）
－	活動の意味なし 企業・団体（－） 地域社会（－）	企業・団体（＋） 地域社会（－）
	－	＋

企業・団体の成果

出所：筆者作成

性化の度合い（縦軸）の関係は，両方にとってウィンウィンの関係になることが最も望ましい（図表1－7）。

近江商人の思想に「三方よし」というのがある。売り手の利益だけでなく，買い手の利益，地域社会の利益（地域社会への貢献）の三方を考えて行動することを意味するもので，まさしく地域の活性化につながる経営活動を指す言葉といえる。

地域活性化の見方

地域の活性化について，薄上（2010a）は地域の雇用創出，関係者の所得水準向上，関係者の意識変革，地域の知名度やイメージの向上，地域への訪問者の増加という５つの視点から考察している。

・地域の雇用創出：地域ブランド推進の効果として最も望ましい形は，組織の発展や企業数の増加など地域内の雇用創出に結びつくことである。

・関係者の所得水準向上：地域ブランド推進によって，コミュニティビジネス（農林水産物の加工・販売，農家レストラン，アグリツーリズムなど）や関連事業が成長すると，関係者の所得水準が向上する。

・関係者の意識変革：地域ブランドを推進する中で地域資源の重要性に気づき，地域資源の積極的な保存・活用，知的財産権の保護などに目が向けられるようになることで，関係者の意識に変革が起きる。

・地域の知名度やイメージの向上：地域ブランド推進の結果，対外的に地域の知名度やイメージが向上すると，観光や移住の対象になりやすくなる。

・地域への訪問者の増加：地域ブランド推進の効果として，観光客，直売所やアンテナショップでの消費者，先進事例を視察するための見学者などが増加する。関係人口の増加などを含む[5]。

2．SWOT 分析，PEST 分析，クロス SWOT 分析

地域ブランドを推進する上で欠かせないのは，わかりやすい分析に基づく戦略の策定である。ここでは基本的なマネジメントの分析手法としてまず，それぞれに関連し合う SWOT 分析，PEST 分析，クロス SWOT 分析の３つを紹介しよう。

2－1．SWOT 分析

SWOT は経営学の代表的なテキストでとりあげられる分析手法で，地域ブランドマネジメントのように実践的な取り組みにも応用できる。

SWOT は，強み（S: strengths），弱み（W: weaknesses），機会（O: opportunities），脅威（T: threats）のそれぞれの頭文字を表す。S と W は経営活動についての分析であり，O と T は環境についての分析である（図表１－８）。

・S（強み）：成果や競争力の向上に貢献する有形・無形の経営資源のこと。戦略，組織，人的資源，ブランド力，立地条件，システム，技術水準などにおいて優れている点。

・W（弱み）：成果や競争力の低下を招く有形・無形の経営資源のこと。戦略，組織，人的資源，ブランド力，立地条件，システム，技術水準などにおいて弱い点。ボトルネックなど[6]。

・O（機会）：経営活動に良い影響を与える外部の環境要因のこと。自分たちの活動を促進するようなマクロ環境の変化，競争環境の変化など。

・T（脅威）：経営活動に悪い影響を与える外部の環境要因のこと。自分たちの活

図表１－８　SWOT 分析

S（強み） ・戦略，組織，人的資源の強みなど	W（弱み） ・戦略，組織，人的資源の弱みなど
O（機会） ・マクロ環境でプラスに影響する要因 ・競争環境でプラスに影響する要因	T（脅威） ・マクロ環境でマイナスに影響する要因 ・競争環境でマイナスに影響する要因

出所：筆者作成

動を阻害するようなマクロ環境の変化，競争環境の変化など。

2－2．PEST 分析

SWOT 分析の O（機会）と T（脅威）に関連するマクロ環境について分析する手法として，代表的なものに PEST 分析というのがある。PEST は，政治（P: politics），経済（E: economy），社会（S: society），技術基盤・インフラ（T: technology）の頭文字をとったものである。マクロ環境は，競争環境にも影響を与える要因となる。

・P（政治）：「政治的に安定しているか」「規制の緩和または強化はどのような動向にあるか」「環境，安全，リスクにかかわる規制・法律によってどのような影響があるか」などを分析する。例えば，規制の緩和は新しいチャンスを生むが，競合相手の増加も意味する。

・E（経済）：景気の動向，税率，金利・為替の動向，インフレまたはデフレの傾向，賃金水準，株価などの要因について，国内だけでなくアジア圏，欧米圏なども含めたグローバルレベルの影響を分析する。

・S（社会）：人口規模や人口構成，言語，文化，歴史，宗教，人種・民族の構成，ライフスタイル，価値観，個人主義か集団主義かなどによる影響を分析する。例えば，異文化との接触は日本では当然とされてきた前提条件を崩す要因となることがある。

・T（技術基盤・インフラ）：IT 基盤，電力やガス，交通や運輸のインフラ整備状況などによる影響を分析する。IT 基盤の整備はマーケティングの手段を変化させる。近年では AI，ロボット，電子決済，ドローンなどの技術革新が大きな環境変化の要因となっている。交通インフラが整備されて，地方と都市部のアクセスがよくなったために，観光客そのものは増加したが，宿泊客数が減少したという現象も起きている。

2－3．クロス SWOT 分析

クロス SWOT（TOWS）分析は，機会と強み（SO 戦略），機会と弱み（WO 戦略），脅威と強み（ST 戦略），脅威と弱み（WT 戦略）の組み合わせによる分析手法である（図表1－9）。

・ＳＯ戦略：O（外部の機会）に対してＳ（自社の強み）をどのように活かすか

・ＷＯ戦略：O（外部の機会）に対して W（自社の弱み）をどのように克服するか

図表1－9　クロスSWOT分析

	S（強み）	W（弱み）
O（機会）	SO戦略	WO戦略
T（脅威）	ST戦略	WT戦略

出所：Heinz（1982）p.60を基に筆者作成

・ST戦略：T（外部の脅威）に対してS（自社の強み）をどのように活かすか
・WT戦略：T（外部の脅威）に対してW（自社の弱み）をどのように克服するか

ポーター（2011）は，有力企業には独自性の核（core of uniqueness）が存在するとして，以下の5つの分析のポイントをあげる。

・我々の製品やサービスの中で一番特徴的なものはどれか
・我々の製品やサービスの中で一番収益性が高いものはどれか
・我々の顧客の中で満足度が最も高いのは誰か
・どの顧客，流通チャネル，購買機会が一番収益性が高いか
・バリューチェーン内の活動の中で，他社と最も差別化されており，かつ最も効率的なものは何か[7]

2－4．SWOT分析とクロスSWOT分析のメリットとデメリット

SWOT分析とクロスSWOT分析のメリットとデメリットは主に次の点にある。

第1のメリットは，S，W，O，Tという4つの概念が明瞭で，いろいろな分野で普及が進んでいるため，専門的な知識がなくても基本的な分析手法として使いやすいことである。

第2のメリットは，SWOTは個人単位でもグループワークでも行うことができるため，それぞれの分析結果を比較して，気づきのきっかけや認識のズレを確認する手段として活用できる点である。

デメリットは第1に，分析後の取り組みが重要であるにもかかわらず，SWOT分析をして終わりになりがちなことである。

第2のデメリットは，強み・弱みの判断が主観的になりがちなことである。

第3のデメリットは，連携関係，立地条件，M&Aなど，環境と組織の境界に位置するものについては分析しにくいことである。

3．因果関係の分析

マネジメントにおける２つめの基本的な分析手法として，経営環境（E）と経営活動（X）と成果（P）の因果関係についてみてみよう。

3－1．経営環境と経営活動と成果の因果関係

因果関係とは，２つ以上の事象の間に原因と結果という関係があることを示す。経営環境（E）にはマクロ環境要因と競争環境要因がある。経営活動（X）は戦略，組織，人的資源管理などから成る。成果（P）は経営活動の結果で従属変数や結果変数と呼ばれる。因果関係を数式で示すと，P=f（X，E）となる（図１-10）。

図表１-10　経営環境（E），経営活動（X），成果（P）

E：経営環境（マクロ環境要因，競争環境要因）

↓

X:経営活動
（戦略，組織，人的資源管理）

→

P:成果
P=f(X, E)

出所：筆者作成

経営環境（E）と経営活動（X）のどちらも「良い」「悪い」という最も単純化した変数に設定すると，因果関係は極めて明快である。

・経営環境（E）が良く，経営活動（X）が良ければ，高い成果（P）につながる

・経営環境（E）が悪く，経営活動（X）が悪ければ，低い成果（P）につながる

しかし実際には，E についても X についてもさまざまな要因が複雑に影響し合うため，P との因果関係を把握するのは難しい。

3－2．因果関係と SWOT 分析の関係

経営環境（E），経営活動（X）と成果（P）の因果関係を，SWOT 分析の視点からみてみよう（図表１-11）。

E は，X にプラスの影響を与える要因（E1）と，マイナスの影響を与える要因（E2）に分類される。E1 は SWOT 分析の O に該当し，E2 は T に該当する。

例えば，次の４つのパターンが考えられる。

・E1 という条件下で，S を発揮する意思決定と S を発揮できない意思決定

・E1という条件下で，Wを克服する意思決定とWを克服できない意思決定

・E2という条件下で，Sを発揮する意思決定とSを発揮できない意思決定

・E2という条件下で，Wを克服する意思決定とWを克服できない意思決定

E1という条件下では，Sを発揮する意思決定またはWを克服する意思決定が高い成果につながるというプラスの相関関係が導かれる（図表1-12）。Sの発揮とWの克服を同時に行えば，成果はさらに高いものになる。例えばMade in Japan/Product of Japanが高く評価される環境下で，高品質（強み）を発揮してタッチポイント（弱み）を改善すれば，高い成果を期待できるだろう。

図表1-11　因果関係とSWOT

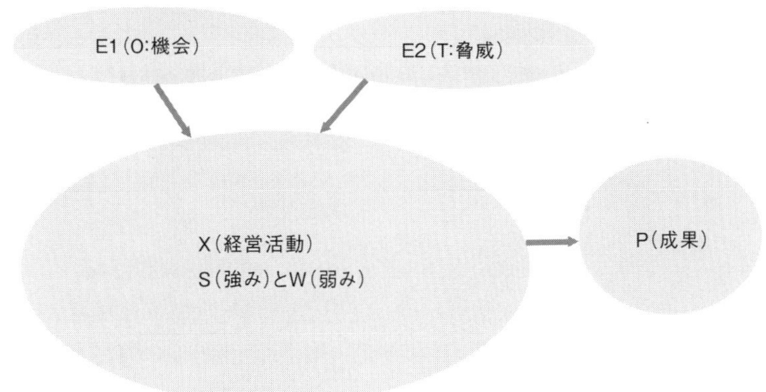

出所：筆者作成

図表1-12　E1という条件でのS・WとPの因果関係

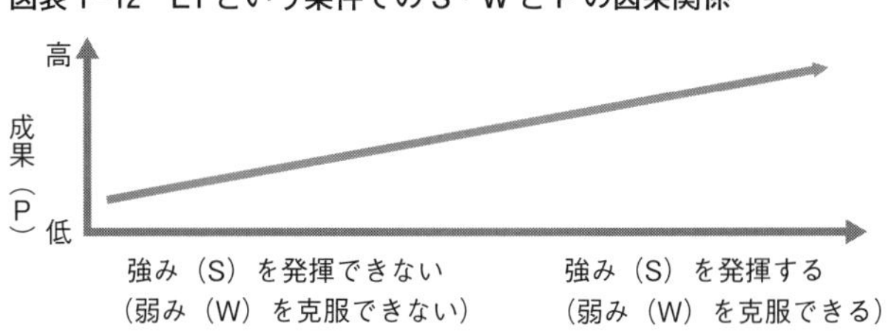

出所：筆者作成

4．意思決定のプロセスでみる分析

地域ブランドマネジメントにも応用できる3つめの分析のアプローチは，意思決定のプロセスでみる手法である。ここでは戦略策定，PDCA サイクル，リスクマネジメント，デザイン思考のプロセスを紹介しよう。

4-1．戦略策定のプロセス

戦略策定は次のプロセスにそって行われる（図表1-13）。

・第1プロセス：活動の方針やミッションの策定・明確化

会社やプロジェクトの基本的なねらい，特徴，基本コンセプトを明確にする。

・第2プロセス：外部環境・内部環境の分析（SWOT 分析，PEST 分析）

経営活動にプラス・マイナスに作用する外部環境要因，自社・プロジェクトの強み・弱み，強みを発揮する方法，弱みを克服・補完する方法などを明確にする。

・第3プロセス：戦略の策定

環境分析を踏まえて戦略を策定する。事業計画，リーダー，組織体制や人事体制の明確化，資金調達の手段，収支計画の明確化などを含む。

・第4プロセス：戦略の実行

戦略の実行とは，戦略を成果につなげるための行動を意味する。リーダーの役割が重要である。組織構成メンバーとの戦略目標の共有とスケジュール管理，モチベーションの維持，人的資源管理，設備・運転資金管理，人件費管理などが重要となる。

・第5プロセス：成果の把握

財務的成果と非財務的成果を把握する。目標達成率や環境変化を分析し，次の戦略策定に反映させる。

図表1-13 戦略策定のプロセス

出所：筆者作成

4-2．PDCA サイクル

PDCA は，計画（Plan），実行（Do），評価（Check），改善（Action）の頭文字をとったもので，この4つのプロセスが1サイクルとなる。

・P：目標を達成するための計画や具体的な方法を決定するプロセス
・D：P で決定した計画・方法にしたがって実行するプロセス
・C：D の進捗状況をチェックし，目標に対する結果を分析するプロセス
・A：C で分析された結果を踏まえて改善するプロセス

PDCA は，概念や使い方がわかりやすく応用範囲が広いことから，日本では普及していて，政策立案（まちづくりや地域創生）から企業の品質管理，組織変革，マーケティング，個人の能力開発まで幅広く利用されている。しかし，サイクルを繰り返すうちに形骸化しやすいというデメリットもある。

4-3．地域ブランドマネジメントにおける PDCA

地域ブランドマネジメントに PDCA を利用する場合，どのようなプロセスになるか。一例をみてみよう[8]。

・P のプロセス：地域ブランドのアイデンティティの明確化，地域ブランド要素の選択，ブランディング活動の策定などを行う。アイデンティティとは「企業が顧客の心の中に形成したいと思う理想的なブランドの姿」のことである。ブランド要素はブランド名，ロゴ，シンボルマーク，スローガン，二次的要素（キャラクターなど），ジングル（ブランドを表す音楽），パッケージデザインなどから構成される。ブランディング活動は製品政策，価格政策，コミュニケーション政策，チャネル政策などを含む。
・D のプロセス：P で行った意思決定に基づいて，地域資源や地域固有の知的財産を活用した商品・サービスの提供，プロモーションの展開，イベントの開催，見本市・展示会への出展などの活動をする。
・C のプロセス：目標と結果のギャップの程度を明らかにする。
・A のプロセス：PDCA の最初のサイクルでわかった問題点を改善するだけでなく，次のサイクルではどのように地域ブランドを推進すべきかを整理する。

4-4．リスクマネジメントのプロセス

地域ブランドマネジメントにおいて，重要な活動の1つがリスクへの対応である。リスクマネジメントのプロセスの一例を紹介しよう（図表1-14）。

図表１-14　リスクマネジメントのプロセス

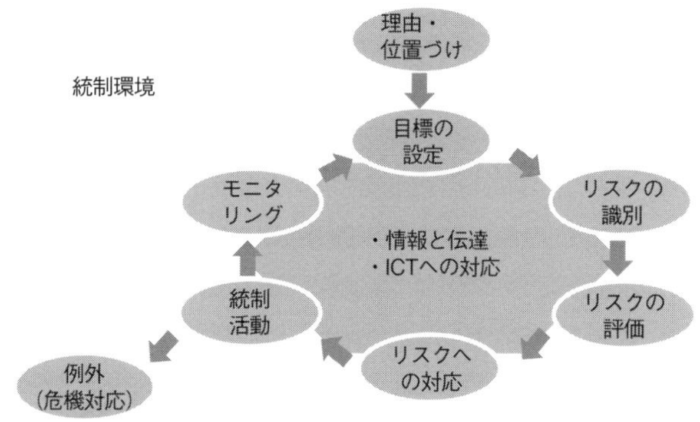

出所：独立行政法人における内部統制と評価に関する研究会（2010）

- ・第１プロセス：理由・位置づけ，必要性を検討する。
- ・第２プロセス：理由・位置づけ，必要性に基づいてリスクにかかわる目標を設定する。
- ・第３プロセス：過去の経験や他の事例を参考にして，リスクの洗い出しを行う。
- ・第４プロセス：リスクの可能性や重大性について評価を行う。
- ・第５プロセス：リスクの評価に基づいて，発生可能性の高いリスクや重大性の高いリスクから順に対策を行う。
- ・第６プロセス：各現場において，リスクに対応する活動に取り組む。
- ・第７プロセス：第６プロセスの活動が計画通りに行われているかモニタリングする。

4-5．デザイン思考のプロセス

デザイン思考（design thinking）の定義は多く存在する。その中で濱口（2016）は，狭義のデザインは「商品やロゴ，広告や店舗における形や美的スタイルをつくること」であり，広義には設計を意味し「ビジネスにおける問題解決やコンセプト，戦略，マーケティングの設計」であるという[9]。本書で用いるデザインの意味は「設計」が最も近いだろう。

デザイン思考は，計画段階からイメージを具体化してコストとリスクを減らすところに特徴がある。デザイン思考は，PDCAの最初のPのプロセスに焦点を当てた見方で，PDCAの応用モデルといえる（図表１-15）。

図表1-15　デザイン思考のプロセス

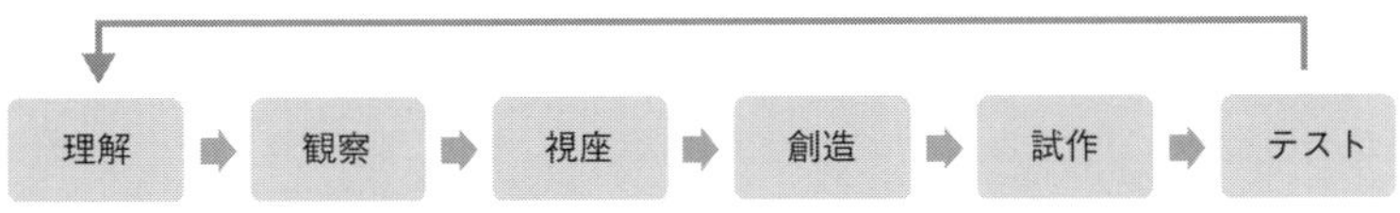

出所：安西・八重樫（2017）p.119

試作とテストというステップを含むことで，製品やサービスをイメージしやすくなる。テストというステップを，小さいスケールでやってみることで，リスクを減らすことができる。

本章のポイント

本書は，地域ブランドマネジメントを「地域資源と地域固有の知的財産を利用して，競争優位獲得のための経営活動を行い，高い成果と地域の活性化につなげる取り組みである」と定義した。そこに含まれる５つのキーワードについて，本章では以下の点に言及した。

「地域資源」の１つとして，６次産業化の取り組みも有効である。「地域固有の知的財産」を保護する具体的な制度として，地域団体商標制度や地理的表示（GI）保護制度がある。「競争優位獲得のための経営活動」には，希少性の創造（オリジナリティ）や模倣されにくい工夫（差異化）が重要である。「高い成果」に関しては，ブランディングにおけるプレミアム効果の概念を理解すべきである。「地域の活性化」とは経済効果だけでなく，心理的・社会的効果を含む総合的な成果（アウトカム）である。ここに出てくる言葉についてはそれぞれ，第Ⅱ部ケーススタディ編を含め，第２章以降に詳述あるいは具体例の紹介をしている。

本章ではまた，環境や戦略の代表的な分析手法として，SWOT分析，PEST分析，クロスSWOT分析，経営環境と経営活動と成果の因果関係でみる分析，意思決定のプロセスでみる分析（戦略策定，PDCA，リスクマネジメント，デザイン思考など）を紹介した。これらの分析手法は基本的で応用範囲が広く，地域ブランドマネジメントの他にも多くの領域で用いられる。

注

1 地域ブランドマネジメントの定義は非常に多様である。本書では，「地域資源と地域固有の知的財産を利用して，競争優位獲得のための経営活動を行い，高い成果と地域の活性化につなげる取り組みである」と定義した。地域資源や地域固有の知的財産の利用はインプット，競争優位獲得のための経営活動はアクティビティに相当する。また「高い成果」はアウトプット，さらに，「地域の活性化」はアウトカムとして捉えている。因果関係で説明すれば，インプットが魅力的で，アクティビティにおいて強みを発揮できれば，高い成果につながるということになる。

2 中小企業庁編（2007）『中小企業白書（2007年版）』p.54。

3 知的財産は，知的財産基本法第2条で次のように定義されている。「知的財産とは，発明，考案，植物の新品種，意匠，著作物その他の人間の創造的活動により生み出されるのもの（発見又は解明がされた自然の法則又は現象であって，産業上の利用可能性があるものを含む。），商標，商号その他事業活動に用いられる商品又は役務を表示するもの及び営業秘密その他の事業活動に有効な技術上又は営業上の情報をいう。」

4 特許庁商標課（2019）「地域団体商標の権利者及び地域団体商標の取得を考えている団体のための地域団体商標と地理的表示（GI）の活用Q&A」p.4。出所表示（または出所表示機能）とは，製品・サービスの製造者あるいは提供者を明示する機能。

5 関係人口とは，地域や地域の人々と多様にかかわる人々のこと。移住者と観光客の中間的な概念。

6 ボトルネックとは，システムやサプライチェーンにおいて，能力や容量が劣る部分。ボトルネックは，全体の成果に大きな影響を与える。制約理論で詳しく論じられている。制約理論については，エリヤフ・ゴールドラット著／三本木亮訳（2001）『ザ・ゴール：企業の究極の目的とは何か』ダイヤモンド社。

7 バリューチェーンマネジメントとは，原材料の調達から，製品・サービスが顧客に届くまでの活動に関し，付加価値の流れを分析し価値の源泉を明らかにする方法。

8 小林（2016）。

9 濱口（2016）は，プロセスのないデザイン思考（天才の力による）と，プロセスが必要なデザイン思考（組織の力による）に分けている。ここではプロセスが必要なデザイン思考を取り上げる。濱口（2016）pp.26-39。

2

競争戦略とブランディングのデザイン

はじめに

地域ブランドマネジメントにおいて，競争優位を獲得するためには，効果的な競争戦略の策定とブランディングを同時に進める必要がある。戦略の中で経営活動の中核をなすものを競争戦略という。経営学の分野では，競争戦略は「経営戦略論」の領域，ブランディングは「マーケティング」や「ブランドマネジメント」の領域というように，別の枠組みで論じられる。だが地域ブランドマネジメントは，競争戦略とブランディングの両方の領域からのアプローチを必要とする取り組みである。

競争戦略の策定とブランディングの方向性を見極めるためには，まず競争環境の分析が必要となる。

1．競争環境と競争戦略

環境の中でも経営活動に直接的な影響を与えるものを競争環境という。競争環境は経営活動の機会や脅威となる要因，競争戦略は経営活動の中核的な取り組みを指す（図表2－1）。

図表２－１　経営環境・経営活動・成果の枠組み

	領域	分析の項目
経営環境	マクロ環境	政治，経済，社会・文化，技術基盤
	競争環境	消費者，競合相手，新規参入，代替品，供給業者
経営活動	戦略	企業戦略，競争戦略（事業戦略），機能別戦略
	組織	組織構造，組織文化
	人的資源管理	採用，配置，賃金・福利厚生，人事評価など
成果	財務的成果	売上高，経常利益，利益率，ROE など
	非財務的成果	顧客満足度，従業員満足度，CSR など

出所：筆者作成

１－１．競争環境

競争という言葉のイメージから競争相手の数や強さを連想しがちだが，ポーター（2011，ダイヤモンド編集部訳）は，競争環境として「買い手の交渉力」「既存企業同士の競争」「新規参入者の脅威」「代替品や代替サービスの脅威」「供給業者（サプライヤー）の交渉力」をあげ，５つの脅威（ファイブ・フォース）という言葉で表している[1]。

⑴　買い手（消費者）の交渉力

競争環境の最も重要な要因は買い手（消費者）である。買い手にはＢ to Ｂ（対法人）とＢ to Ｃ（対個人）が存在する。買い手を特定のターゲットに絞り込むことは，ニーズに対応しやすいというメリットがある反面，依存度が大きくなると買い手の交渉力が強くなるというデメリットがある。

⑵　既存企業同士の競争

事業や商品・サービスの分野を同じくする競合相手の数，特徴，戦略，行動などが脅威となる。例えば，類似の商品・サービスが多い場合，差異化が困難な場合，業界全体の市場成長率が低い場合，脅威は大きくなる。グローバル化が進めば，海外の競合相手も脅威となる。

⑶　新規参入者の脅威

同一市場に新しく入ってくる企業，潜在的に参入の可能性がある企業は脅威である。脅威の強弱は，参入障壁（参入コスト）の高さによって決まる。参入障壁の高さの程度は，規模の経済による製品・サービスのコスト，差異化の程度，サプライチェーン・流通チャネルやIT基盤の整備状況，経営資源の利用の可能性，産業規制などさまざまな要因の影響を受ける。

⑷　代替品や代替サービスの脅威

あるニーズを，これまで満たしていたのとは異なる方法で満たす製品・サービスの出現を，代替品や代替サービスの脅威という。例えば，時計・カメラ・地図はスマートフォンが代替品となった。CDがレコードの代替品となり，さらに音楽配信サービスがCDの代替サービスとなった。そろばんは地域ブランドの1つであるが，やはり電卓やスマートフォンの計算機能が代替品となっている。

(5) 供給業者（サプライヤー）の交渉力

供給業者は，企業に原材料，部品，サービスなどを提供する取引相手を指す。供給業者が独占的か極めて少ない場合，供給物が高度に差異化されている場合，その交渉力は強くなる。地域ブランドマネジメントでは，地元の限定された供給業者と取引することは差異化の要因となるが，限定的であることは脅威にもなる。

1-2．競争戦略

競争戦略は事業戦略と同義に捉えられる。Barney & Hesterly（2020）は，事業戦略を「一つのマーケットまたは一つの業界で，競争優位を獲得するための行動」と定義している[2]。ポーター（1995，土岐ら訳）は競争優位を生む戦略として，コストリーダーシップ戦略と差異化戦略の2つを提唱した（図表2-2）。その中でターゲットを絞り込む戦略を集中戦略と呼び，コスト集中戦略と差異化集中戦略に分類されている。

(1) コストリーダーシップ戦略

安価な商品やサービスを主導的に提供して，競争優位の獲得やマーケットシェアの

図表2-2　競争戦略の一般類型

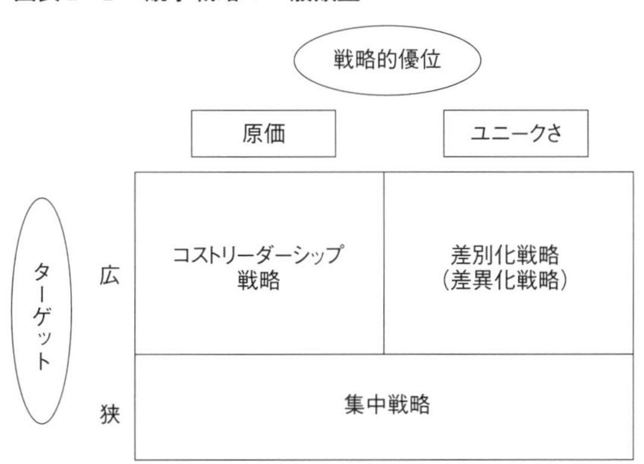

出所：ポーター（1995，土岐ら訳）p. 61を基に筆者加筆

拡大を図る競争戦略である。大企業は，規模の経済（スケールメリット）を活用して競争優位を高めることができるが，地域ブランドの推進主体である中小企業には，採用しにくい戦略である。

(2)　差異化戦略

他社のものより優れた特徴をもつ商品・サービスを提供して競争優位を獲得する方法である。

(3)　集中戦略

ある特定のセグメントの消費者に絞りこんで，商品・サービスを提供することをいう。

2　地域ブランドマネジメントにおける競争戦略

地域ブランド推進の成功の鍵は，１つには大企業や他の地域が真似できないような特徴をもつ商品・サービスを市場に送り出す差異化戦略にある。もう１つは，ある特定の消費者あるいは大企業が不得手とする小さいマーケットをターゲットにする集中戦略やニッチ戦略だといえる（図表２－３）。

図表２－３　競争戦略の枠組み

コスト リーダー シップ戦略	主導的に他の商品やサービスより安いものを提供して，収益の増大，競争優位，マーケットシェアの拡大を狙う。価格競争に巻き込まれての値下げは含まない。
差異化戦略	価格以外の方法で商品・サービスの特徴を出し，競争優位を獲得する。タッチポイントの差異化，品質の差異化，安全・安心の差異化，デザインの差異化，スタイルの差異化，パーソナライズ化／カスタマイズ化の差異化，関係性の差異化，時間／スピードの差異化，エンターテイメント性の付加など。
集中戦略／ ニッチ戦略	特定の消費者，特定の地域，特定の商品・サービスなどに経営資源を集中して，競争優位の獲得を図る。

出所：筆者作成

2－1．差異化戦略

差異化戦略とは，単純に違いを強調することではない。自分たちのもつ強みを引き出し活かすこと，弱い部分を補完すること，顧客ニーズにマッチさせることが重要な条件となる。差異化戦略にはいくつかのアプローチがある。地域ブランドマネジメントにおける差異化戦略を,「タッチポイント」「品質」「安全と安心」「デザイン」「スタイル」「パーソナライズ化／カスタマイズ化」「関係性」「時間／スピード」「エンターテイメント性の付加」という視点から，整理してみよう。

2-1-1．タッチポイントによる差異化

タッチポイントとは，顧客との接点である。人が介在するヒューマンタッチポイント，ウェブサイト，SNS，QR コード，動画配信などのデジタルタッチポイント，ヒューマンタッチポイントとデジタルタッチポイントを組み合わせたものがある。

地域ブランドの領域におけるタッチポイントで求められるのは，商品やサービスの情報，観光案内，道の駅やアンテナショップの紹介，イベント情報，地理情報，施設案内，地域の文化・歴史や産業に関する情報，自然・気象や災害に関する情報，自治体や地域の取り組みに関する情報など実に多様である。タッチポイントの良し悪しは成果に大きく影響し，その差異化戦略は最重要課題といえる。

(1) ヒューマンタッチポイント

おもてなしの心，対面によるコミュニケーション能力，商品・サービスに関する知識の豊富さ，説明のわかりやすさ，問い合わせに応じる場面での対応の丁寧さ・スピードなどが差異化につながる。多言語に対応していることも差異化になる。

(2) デジタルタッチポイント

わかりやすさ，使いやすさが鍵となる。例えばウェブサイトでは，トップページがみやすくデザインされているか，知りたい情報，重要な情報が網羅されているか，入力しやすいように整備されているか，写真や動画は魅力に溢れているかなどといった点が差異化の要素となる。

2-1-2．品質による差異化

品質の差異化は，他よりも高い品質の商品・サービスを提供して競争優位を獲得する戦略である。地域ブランドでは，品質の高さだけでなく地域特有の素材・技術などの要素も求められる。例えば，地域資源である食材やその加工品を差異化するには，美味しさ，新鮮さ，安全性，信頼性，健康への貢献度などの点で他よりも優れていると評価されること，およびその食材や加工方法が地域性を感じさせることが大切である。また，品質やサービスに対する基本的な考え方や商品コンセプトも大切である。加えて，地域団体商標の登録や GI への登録も差異化になる。

品質の差異化では，品質にばらつきがないことと安定的に供給されることも重視さ

れる。しかし，環境の急変などの理由で品質を維持するのが困難になる時がある。そうしたケースを回避するリスクマネジメントも必要である。

2－1－3．安全と安心の差異化

地域ブランドは，自然災害に限らず，顧客の移動・滞在・体験にともなう潜在的なリスクを含むものである。そのため安全と安心にかかわるリスクマネジメントの差異化は，その重要性を増している[3]。

リスクマネジメントには，国・地方自治体，企業・団体，関係機関などの連携による統合的な取り組みが必要である。特に大切なことは，安全・安心担当の責任者を明確にすること，責任者に権限を与えること，緊急時に機能する体制を整備すること，訓練や備蓄を行うこと，リスク発生時の被害を最小にして迅速にリカバリーできるシステム作りとシミュレーションをすること，風評被害への対応に備えることなどである。地域住民や顧客の意識改革と協力も欠かせない。

2－1－4．デザインによる差異化

デザインの差異化には，狭い意味と広い意味がある[4]。狭い意味とは，五感でわかる範囲の差異化を指す。例えば，商品・サービスの形や色，匂いや香り，音，触感，重量感，パッケージング，空間デザイン（居心地の良さ）などの点で，他とは明らかに異なる特徴を出す方法がある。地域ブランドの領域における狭い意味は，地域らしさを活かしたデザインを追求することである。

広い意味とは，狭い意味の差異化も含めて，ビジネスモデル全体のデザインのことをいう。例えば，提供する商品・サービスが他と類似したものだとしても，原材料の調達から販売まで，あるいはサービスの開発から提供までのプロセス全体において，他にはない特徴をもたせることが差異化になる。環境，安全，人権などに配慮したデザインも重要度を増している。

さらに広い意味では，環境，安全，暮らしやすさなどに配慮した地域のデザインや社会システムのデザインといった大きな枠組みで議論されるようにもなっている。

2－1－5．スタイルによる差異化

商品・サービスが他より優れた雰囲気をもっていると感じさせて差異化を図る戦略である。優れた雰囲気を表現する言葉は，英語ではエレガント，スタイリッシュ，ファッショナブル，ソフィストケイティッド，クール，セクシィなどが使われる。日

本語ではさしずめ「オシャレ」とか「ステキ」といった言葉が該当するだろう。他よりもセンスが良いと思わせる商品・サービスを提供することがスタイルの差異化になる。

高品質の商品・サービスを提供していても，それが人目を引かず，感動を呼ばないものであったら，消費の拡大は見込めない。地域ブランドマネジメントにおいて，日本人客とインバウンド客の両方を満足させるスタイルをもつ商品・サービスの提供に関しては，改善や工夫の余地が大きい領域といえる。

2-1-6．パーソナライズ化／カスタマイズ化による差異化

消費者の価値観や行動特性に合う商品・サービスを提供していくという差異化を，パーソナライズ化またはカスタマイズ化という。全く反対の概念は，標準化された商品やサービスを提供することで，コモディティ化という。

消費者の価値観やニーズは実に多様である。子供連れ，高齢者，ペット同伴の顧客，インバウンド客など，消費者層の別によって商品・サービスに求めるものは異なる。例えば，インバウンド客の中には漢字やかなをみて形が面白いと感じる層がいる。その層を対象に，商品のパッケージに日本語の表記を使うことは，パーソナライズ化／カスタマイズ化の１つといえる。また，イスラム圏（マレーシア，インドネシア，中東など）からのインバウンド客のニーズの１つにハラルフードがある。ハラルフードの提供や成分の多言語表記もパーソナライズ化／カスタマイズ化になる。

商品・サービスを輸出する場合，輸出相手国の言語，社会，文化を分析して，どのニーズに合わせてパーソナライズ化／カスタマイズ化するかという戦略が大切である。

2-1-7．関係性による差異化

関係性による差異化とは，消費者や取引相手との関係性を活かして競争優位を獲得する戦略を指す。大企業に比べると，中小企業の方が利用しやすい戦略といえる。例えば「お得意様」と呼ばれる消費者は，大企業では便宜上そのように呼ぶことがあるが，中小企業では実際にリピーターであったり，名前を聞けば誰なのかわかる顧客であったりする。顔や名前ですぐ認識できる関係性から顧客のニーズや好みを正確に把握して，顧客が利用しやすいしくみをつくることは差異化につながる。

知名度の低い地域ブランドにとっては，自治体との関係性において強い連携があることや，有名企業との取引実績があることも差異化の要因となる。

2-1-8．時間／スピードによる差異化

商品・サービスの提供にあてる時間あるいはスピードを，消費者のニーズに合わせて管理することも差異化の１つである。商品を注文してすぐ受け取りたいというニーズに対しては，提供までにかかる時間を短くすることが差異化になる。あるいは，ゆっくり過ごしたいという顧客のニーズに合わせて，サービスを提供するスピードを調整するのも差異化である。

2-1-9．エンターテイメント性の付加による差異化

エンターテイメントは人を楽しませる娯楽で，芸能，音楽，映画，演劇，ショーなどの分野を指す。伝統芸能（歌舞伎，能，狂言，文楽，落語，講談，邦楽，日舞など）は，日本固有のライブエンターテイメント（ライブエンタメ）の１つである。祭り，スポーツ，ゲーム，テーマパークなどもエンターテイメントの領域に含まれる。商品・サービスにエンターテイメント性を付加することは差異化につながる。

飲食の領域では，ビールや菓子の工場見学，きき酒会，果物狩り，職人技や料理のショー，そば打ち体験，餅つき大会など，エンターテイメント性の付加がよくみられる。沖縄総合事務局総務部調査企画課編（2005）「食のエンターテイメント産業創出に関する調査研究」は食のエンターテイメントを「魅せる」「体験する」「競う」という活動で分類している（図表２-４）。何をエンターテイメントと感じるかは，文化，宗教，家族構成などによって異なることに配慮する必要がある。

図表２-４　食のエンターテイメントとは

活動		例
魅せる	・料理を魅せる ・調理過程を魅せる ・空間・雰囲気を魅せる ・芸能（身体表現）を魅せる	・製造工場の見学会 ・動画配信
体験する	・食材の生産・収穫を体験する ・調理・加工を体験する ・食文化を体験（学習）する	・日本酒ツーリズム ・ワインツーズム ・いちご狩り
競う	・メニューや味を競う ・食べる量や早さを競う ・値段を競う	・そばの早食い競争 ・サクランボの種飛ばし

出所：沖縄総合事務局総務部調査企画課編（2005）を基に筆者作成

2－2．集中戦略／ニッチ戦略

成功している地域ブランドの中には，集中戦略あるいはニッチ戦略を採用しているケースがみられる。それぞれの戦略および集中戦略の１つである集積の経済についてみてみよう。

2－2－1．集中戦略

ある特定のセグメントの消費者に絞りこんで，商品・サービスを提供することを集中戦略といい，差異化集中戦略とコスト集中戦略に分類される。

例えば，東京・墨田ブランドの根岸産業は，他社のものに比べて高額だが機能性とデザイン性の両方で優れた（差異化）銅製の如雨露（じょうろ）を，ターゲットを主に盆栽の専門家・愛好家に絞り込んで（集中）提供するという差異化集中戦略をとっている。

コスト集中戦略は，地域密着型の店舗などで，独自の調達ルートや調達方法に絞り込んで，商品を低コストで仕入れて低価格で販売するといったケースにみられる。

2－2－2．ニッチ戦略

集中戦略がある特定のセグメントの消費者をターゲットにするのに対し，ニッチ戦略のニッチは隙間のことであり，ある特定の小規模マーケットをターゲットにする方法である。小規模マーケットは，大企業にとっては参入しにくく，地域ブランドの主体となる中小企業に有利である。

2－2－3．集中戦略／ニッチ戦略のメリットとデメリット

ターゲットを絞り込めば，ニーズが明確になり，経営資源を集中させることができる。効率的な生産ができれば低価格化も可能になるというメリットがある。

反面デメリットとしては，ターゲットを狭く絞り込んでしまうと，例えば自然災害によって生じる環境の急変で，生産活動や営業活動ができなくなったり，一瞬にして顧客が激減したりするといったリスクがある。

2－2－4．集積の経済

製造業・サービス産業は，特定の地域に集中することで集積の経済（集中することの便益）を生み出すことができる。これは，競争優位を獲得するための集中戦略の１つである。集積のタイプはさまざまで，その１つに６次産業がある。

６次産業とは，東京大学名誉教授・今村奈良臣（ならおみ）氏が提唱した造語で，第１次産業

（農林水産業），第2次産業（加工・製造業），第3次産業（流通・販売・宿泊・イベント産業など）の3つの領域を組み合わせて，地域の活性化につなげようとする取り組みをいう。1つの地域資源を差異化するのではなく，地域資源を組み合わせて差異化を図る戦略である。

2011年に通称「六次産業化・地産地消法」が整備されるずっと以前から行われていた先駆的な取り組みに，大分県日田市大山町の農業協同組合が推進する地域振興がある[5]。今村氏も大山町の活動をみて，6次産業化のヒントを得たという[6]。

大分県日田市大山町の地域振興活動

大山町は，1960年代初頭，「桃栗植えてハワイへ行こう！」というユニークなキャッチフレーズの下，6次産業による地域振興を始動した。大山町の取り組みが，後に大分県の「一村一品運動」につながっていく[7]。

大山町の地域ブランドマネジメントにおける地域資源の組み合わせをみてみよう。

第1次産業：

大山町では，梅・すもも，ハーブ，クレソン，エノキ茸など，多品種少量を重視して栽培している。地域振興活動を始めた当時，農業協同組合の組合長であった矢幡治美氏は，「耕地面積の少ない大山町は大規模農業には向かない。少量でも優れたものをつくっていこう」と，地域ブランドマネジメントをデザインしたという[8]。大山町は基本理念として，オーガニック（有機無農薬）農業の推進，環境にやさしい資材・包装の推進，高付加価値産品の開発，収益率の高い農業などを掲げる。

強い農業には土づくりが重要だということで，キノコ栽培からでたオガクズを堆肥化する方法を推進し，果樹園や野菜畑の肥料として使っている。この取り組みが大山町の農地の土壌改良につながり，農薬不使用の，オーガニックで高品質の農産品が生まれた。オーガニック農産品は大山町の大きな強みとなっている。

第2次産業：

農産品を農協や地元の工場で加工するといった，第1次産業（農業）と第2次産業（加工）を組み合わせる方式を，アグリ・インダストリーと呼ぶ。

大山町では，梅は梅干し，梅酒，シロップ漬，ジャムなどに加工される。梅の他に，すもも，あんず，ゆず，いちごなどもジャムなどに加工されている。同じ地域での加工は，農産品の新鮮さの保持，輸送コストの節約，トレーサビリティの容易さなどにつながる。
第３次産業：
　大山町の農産品は，農協が運営する「木の花ガルテン」でも使われている。「木の花ガルテン」は直売所，農家レストラン，喫茶店，パン工房からなる大型直販・交流施設で，小規模兼業農家の販路となっている。1991 年１店舗からスタートし，2020 年の時点で直売所は 10 店舗，農家レストランは３店舗ある。農家レストランでは，大山町産の食材を使って 70～80 種類という多品目のバイキングや，キノコカレーなど特徴のあるメニューを提供している。
　大山町のイベントとして，４年に１度「全国梅干しコンクール」が開催される。「梅干しの部」と「梅加工の部」があり，全国から応募がある。

3．ブランディング

　ブランディングとは，一言でいうとブランド価値を向上させる取り組みである。ケラー（2010，恩藏監訳）は，ブランディングのモデルとして「顧客ベースのブランド・エクイティの構築」を示している。ブランド・エクイティとはブランドの資産価値のことであり，「消費者がブランドに対して高いレベルの認知と親しみを有し，自分の記憶内に強く好ましく，ユニークなブランド連想を抱いたときに生まれる」とケラーは述べている[9]。

3-1．ケラーのモデル

　ケラーのモデルはこうである。ブランド・エクイティは「ブランド要素の選択」「マーケティング・プログラムの開発」「二次的な連想の活用」によって推進され，「消費者のブランド認知」と「消費者のブランド連想」に結びついて形成される。その結果として「成果」がもたらされる（図表２-５）。
①　ブランド要素の選択
　ケラーは，ブランド要素を「製品の識別や差別化に役立つ視覚的あるいは言語的な情報」とする。具体的にはブランドネーム，URL，ロゴ，シンボル，キャラクター，パッケージ，スローガンなどをあげている。ブランド要素を選択する基準は，「記憶可能性（再認されやすく，再生されやすいこと）」「意味性（視覚的なイメージにおいても言語的なイメージにおいても楽しく，興味深く，豊かであると同時に，信頼性が

図表2－5　顧客ベースのブランド・エクイティの構築

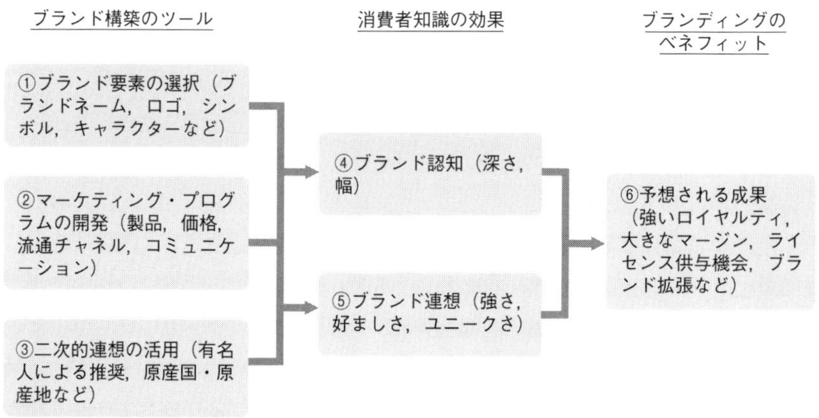

出所：ケラー（2010，恩藏監訳）p.773に筆者加筆・修正

あり，示唆に富んでいること）」「移転可能性（製品カテゴリーにかかわらず，あるいは地理的境界や文化を越えて利用できること）」「適合可能性（柔軟性に富み，容易に最新化できること）」「防御可能性（法的に安全で，競争上巧みに防御できること）」の５つとされる。

②　マーケティング・プログラムの開発

ブランドマネジメントの中核となるマーケティング・プログラムは，製品戦略，価格戦略，チャネル戦略，コミュニケーション戦略から構成される。

・製品戦略：製品の機能・品質・デザイン・イメージについて，消費者のニーズや欲求を満たすだけでなく，パッケージやアフターサービスも含めて意思決定を行う。

・価格戦略：競合ブランドおよび自社ブランドに対する消費者の知覚価値（価格と品質のトレードオフ）を分析して，製品・サービスの価格を設定する。

・チャネル戦略：卸売業者，流通業者，地域商社，仲介業者，小売業者との関係性を見直す。ケラーは，実際の店舗，インターネット，電話，カタログを組みあわせた統合型のチャネル戦略が成功すると述べる[10]。

・コミュニケーション戦略：マーケティング・コミュニケーション（メディア広告，オンライン広告，イベント・マーケティング）はブランドの声であり，消費者との対話を確立するリレーションシップを強化する[11]。

③　二次的な連想の活用

二次的な連想の活用とは，別の連想を借用または活用して，好ましくポジティブな反応を生み出す方法である。著名人やキャラクターの起用，原産国や原産地をわかりやすく表示するなどの活用のしかたがある。

④　消費者のブランド認知

消費者のブランド認知とは，記憶の中で消費者がブランドを識別することである。ブランドネーム，シンボル，ロゴ，キャラクター，パッケージングに多く触れることでブランド認知は強化される。

⑤　消費者のブランド連想

ブランド連想はブランド・エクイティの源泉である。知覚された属性とブランド連想の強さ，好ましさ，ユニークさを示す[12]。

⑥　予想される成果

①から⑤までが結合すると，「強いロイヤルティ」「競争・危機への強い抵抗力」「マージンの増加」「マーケティング・コミュニケーション効果の増大」「ライセンス供与機会の可能性」「ブランド拡張機会の増加」などのベネフィットが期待されるという。

- ・強いロイヤルティ：ブランドに対する高い評価や強い支持が生まれ，リピーターが増加する。好ましく，ユニークなブランドイメージが構築されていれば，厳しい競争や危機に直面した場合も乗り越えやすくなる。
- ・マージンの増加：価格プレミアムを得ることができる。価格変動の影響が小さくなる。
- ・マーケティング・コミュニケーション効果の増大：ポジティブなブランド認知やブランド連想によって，消費者はマーケティング・コミュニケーションに注目し，好ましい反応する。
- ・ライセンス供与機会の可能性：望ましい連想を有するブランドは，名称やロゴなどの商標を他の企業へライセンス供与する機会を得やすくなる。
- ・ブランド拡張機会の増加：確立されたブランドネームを使用して，既存の製品に新しい種類，新しい味，新しいサイズなどを導入する機会や，異なる製品カテゴリーに参入してブランドを拡張する機会が増える。
- ・その他の成果：優れた人材を引きつけ，投資家・株主の関心の喚起にもつながる。

3－2．ケラーのモデルと地域ブランドマネジメント

ケラーのモデルは地域ブランドにも当てはまる。実際，地域ブランドマネジメントには，ブランド要素の選択や二次的な連想の活用（キャラクター，観光大使，ロゴやパッケージングによる原産地表示など）が積極的に組み込まれている。地域ブランドに多く含まれる経験財については，試食・調理方法，作り方・使用方法などの体験プログラムも有効な手段といえる。

4．日本の地域ブランドの競争戦略とブランディング

本書では，日本各地で創出される個々の地域ブランドというより，日本ブランド（Made in Japan/Product of Japan）ともいうべき「日本の地域ブランド」という大きい枠で論じるものとする。

「日本の地域ブランド」がグローバルレベルで競争優位を獲得するために必要なのは，競争戦略とブランディングの２つの領域から構築する統合型デザインといえる。

4－1．２つの研究領域の関係

既に説明したように，競争戦略は「経営戦略論」，ブランディングは「マーケティング」「ブランドマネジメント」という異なる研究領域で議論される。経営戦略論の分析対象は，環境や競争戦略（差異化戦略，コストリーダーシップ戦略，集中戦略）である。これに対し，ブランディングは消費者行動に焦点をあて，その分析はブランド要素の選択（ロゴ，パッケージングなど）や二次的連想の活用（ゆるキャラ，観光大使，原産地表示の見直しなど）に向けられる。

地域ブランドマネジメントにおいてはどちらも重要で，両者は密接な関係にあるにもかかわらず，個々の地域ブランドがそれぞれの基準でブランディングを進めると，結果的に類似した商品・サービスの増加を招くことになり，類似のものの間で激しい競争に陥る。

4－2．SWOTでみる日本の地域ブランド

SWOTは，競争戦略論とブランディングの両方の領域で用いられる分析手法である。まず「日本の地域ブランド」について，SWOT分析をしてみよう（図表２－６）。

図表2－6　SWOTでみる日本の地域ブランド

S（強み） ・豊富な地域資源 ・高品質・安全性 ・伝統産業にかかわるイノベーション	W（弱み） ・知識共有の不足 ・公的支援による制約 ・越境EC，SNS対応などの不足
O（機会） ・Made in Japan/Product of Japanを高く評価する消費者の存在 ・越境ECのインフラ整備 ・政府や自治体のサポート	T（脅威） ・パンデミックのような世界的危機 ・類似品の増加 ・模倣品の横行

出所：筆者作成

4－2－1．強み（S）

第1の強みは，日本にはブランド化できる地域資源が豊富だということである。農林水産物，特産品，文化財，伝統技術など幅広く，インバウンド需要・輸出需要にも応えるだけの魅力的な地域資源が多く潜在している。その一例に「盆栽と盆栽関連商品」がある（第6章で詳述）。

第2の強みは，日本の成熟産業・衰退産業と思われていた分野で，これまでにない発想によるイノベーションの推進に，大学発インキュベーターやスタートアップが大きく貢献する可能性をもっていることである。本書では養蚕にかかわるイノベーションについて，大学発スタートアップの活動を第8章で紹介する。

4－2－2．弱み（W）

第1の弱みは，日本人の多くが地域資源の魅力に気づいていないことである。学校教育で地域資源について学ぶ機会も少ないし，海外の人に高く評価される日本の商品・サービスについて十分な知識をもっていないことが多い。

第2の弱みは，地域ブランドの場合，公的資金が投入され，公的機関（自治体など）が深くかかわるため，ブランディングの推進に制約が生じることである。例えば1つには，不公平感を避けるために，対象とする商品・サービス，産業あるいは地区を絞り込みにくい。もう1つは，制度的に必要書類が多く事務処理の負担が大きい。

第3の弱みは，地域ブランドの推進主体である中小規模の組織や組合は財政基盤が弱いため，越境EC，SNS対応，多言語対応といったITやグローバル化のニーズに対処するための十分な予算や時間を割くことができないことである。

4－2－3．機会（O）

第１の機会は，日本ブランド（Made in Japan/Product of Japan）を非常に高く評価してくれる買い手の存在である。輸出時の「日本産/日本製」表示に関して，アクセンチュアが2019年に米国，EU，香港，シンガポールで行ったアンケート調査の結果で次の２点が指摘された。

・日本産農林水産物や日本製加工食品に対する安全性や品質へのイメージ・評価は高く，"日本産/日本製"であることを表示することは購買意欲向上に資する

・原産地の効果的な表示方法に関しては，加工食品中心に「Made in Japan」と記載することへの評価が高く，アジア圏では「日本製造」の記載及び日本国旗の使用も効果的であることを確認[13]

第２の機会は，越境ECという購入方法が進んできたことである。これによって，海外にいながらにして日本の商品を購入できる環境が整ってきた。

第３の機会は，インバウンド需要に対しては観光庁，輸出に対しては経済産業省・中小企業庁，JETRO（日本貿易振興機構），農林水産省を中心に，政府や県・各自治体のサポート体制が充実してきたことである。

4－2－4．脅威（T）

第１の脅威は，マクロ的な環境として，例えば2020年に起きた新型コロナ感染拡大のように，世界的に大きな変化を生じさせるリスクがあげられる。将来的にもパンデミックに限らず不確実な要素は多く，さまざまな要因がどのように影響するかという分析そのものが難しくなっている。

第２の脅威は，地域団体商標や地理的表示（GI）に登録される商品・サービスの間で類似するものが増えていることである。「地域団体商標ガイドブック」の地域資源リストをみると，類似品の数が年々多くなっていることがよくわかる。

第３の脅威は，Made in Japan/Product of Japanのブランド価値が向上すればするほど，偽物が出まわりやすくなることである。グローバル対応には政府機関や第三者機関に頼らざるを得ない。

4－3．意思決定のプロセスでみる競争戦略とブランディング

次に，地域ブランドマネジメントにおける意思決定のプロセスを，競争戦略とブランディングの両方の視点からみてみよう。プロセスの流れは，方針やミッションの策定，環境分析，競争戦略の策定とブランディング，戦略実行，成果となる（図表２－７）。

図表2-7　意思決定のプロセスでみる競争戦略とブランディング

出所：筆者作成

・方針やミッションの策定：「他の自治体で成功しているからうちでもやろう」という発想からは，高い地域ブランド価値は望めない。日本の地域ブランドとして，オリジナリティを重視する方針やミッションが成功の鍵となる。

・環境分析：環境はマクロ環境と競争環境に分類される。マクロ環境のうち影響を受ける可能性がある要因，特に地域ブランドマネジメントの場合はリクス要因の分析は必要である。競争環境については，第1節で説明したように，ポーターの提唱する「買い手の交渉力」「既存企業同士の競争」「新規参入者の脅威」「代替品や代替サービスの脅威」「供給業者（サプライヤー）の交渉力」の分析が重要となる。

・競争戦略の策定とブランディング：高いブランド価値を創出するには，オリジナリティを重視した商品・サービスの，差異化戦略とブランディングの両方の領域からの統合型デザインが大切である。オリジナリティを出すにはこれまでにない発想を必要とする。例えば，活用できると思っていなかった地域資源を活用する発想，活用されていた地域資源について異なる機能や用途，さらには全く異なる意味をみいだす発想（デザイン・ドリブン・イノベーション，第5章で詳述）が求められる。新しい発想のヒントを得るには，分野の異なる専門家の意見に耳を傾けたり，多様なバックグラウンドをもつ買い手のニーズをすくい取ったりすることに積極的になるべきだろう。

・戦略実行：差異化戦略とブランディングによる統合型デザインに基づいて，地域ブランドを推進する。この時中小企業，地方自治体，地元の大学，IT 企業など関係機関との連携による推進体制の整備が求められる。連携には，それぞれの強みを活かす関係，それぞれの弱みを補完する関係という視点が大切である。

・成果：プレミアム効果は得られたか，思い描いたブランド・エクイティに近づいたかなど，活動の成果を測定すると同時に，問題点を分析して次のステップに活かす。地域ブランドマネジメントの最終的な成果は，地域資源の再生と地域の活性化である。

本章のポイント

経営活動に直接的に影響する競争環境として，ポーターの５つの脅威（買い手の交渉力，既存企業同士の競争，新規参入者の脅威，代替品や代替サービスの脅威，供給業者の交渉力）を紹介した。

経営活動の中核をなす競争戦略として，差異化戦略（タッチポイント，品質，安全と安心，デザイン，スタイル，パーソナライズ化／カスタマイズ化，関係性，時間／スピード，エンターテイメント性の付加）と，集中戦略／ニッチ戦略の説明をした。

ブランディングのフレームワークとして，ケラーのモデルによるブランド・エクイティ（ブランド要素の選択，マーケティング・プログラムの開発，二次的な連想の活用，消費者のブランド認知，消費者のブランド連想，予想される成果）を紹介した。

また地域ブランドを，個々の地域のものというより日本の地域ブランド（Made in Japan/Product of Japan）という大きな枠で捉えた上で，競争戦略とブランディングという異なる研究領域から統合的に，「日本の地域ブランド」をデザインするアプローチを考察した。

注

1 ポーター（2011，ダイヤモンド編集部訳）pp.32-59。

2 Barney & Hesterly（2020）は，全社戦略を「複数のマーケット，または複数の業界で，競争優位を獲得するための行動」と定義している。

3 安全とは，ISO/IEC Guide 51: 2014（https://www.iso.org/standard/53940.html）によると，許容不可能なリスクがないことである。

4 最近の動向に関しては，経済産業省（2020）『デザイン政策ハンドブック 2020』。

5 「六次産業化・地産地消法」の正式名称は「地域資源を活用した農林漁業者等による新事業の創出等及び地域の農林水産物の利用促進に関する法律」である。

6 大友和佳子（2018）「農協主導の直販・交流施設『木の花ガルテン』の役割と課題：大分大山町農協の事例より」『共済総研レポート』，159 号，pp.8-13。

7 「一村一品運動」は，当時の大分県知事であった平松守彦氏によって提唱された地域振興運動。

8 大山町ホームページ「大山のこだわり」の中の「種をまき夢を追う」（http://www.oyama-nk.com/tsuchi/index.html〈2020 年 7 月 10 日閲覧〉）。

9 ケラー（2010，恩藏監訳）『戦略的ブランド・マネジメント』p.56。

10 同書 pp.258-259。

11 同書 p.287。

12 同書 p.399。

13 アクセンチュア株式会社「『平成 30 年度品目別等輸出促進対策事業』輸出時の“日本産／日本

製”表示に関する調査」(2019年1月)。国によっては，Made in Japanという表記より，Product of Japanが望ましいという意見が示されている。

3

地域ブランドのタッチポイント戦略

はじめに

タッチポイント（touchpoints）は顧客との接点であり，対面や電話応対に代表されるヒューマンタッチポイントと，ウェブサイトやSNSに代表されるデジタルタッチポイントに分類される[1]。前章で触れたように，タッチポイントの拡充と差異化は，地域ブランドマネジメントにおいて最も重要な競争戦略の１つである。

グローバル企業の間では，多様化・複雑化するタッチポイントを融合する形でシームレス化を進める向きがある[2]。地域ブランドマネジメントにおいても，「おもてなし」という日本的ヒューマンタッチポイントの強みを活かしつつ，デジタルタッチポイントの弱みを克服する方向性が必要だろう。地域ブランドのタッチポイント戦略について，カスタマージャーニーやリスクマネジメントの視点に立ちながら考えてみよう。

1．タッチポイントの現状と課題

地域ブランドの場合，商品やサービスの情報，観光案内，道の駅やアンテナショップの紹介，イベント情報，アクセス情報，施設案内，地域の文化・歴史や産業に関する情報，自然・気象や災害に関する情報，自治体や地域の取り組みに関する情報など，タッチポイントで扱われる内容がとにかく多様である。

1－1．問題点

地域ブランドマネジメントの場合，特産品などの商品だけでなく，温泉，自然，文化・歴史，産業などの観光資源，体験ツーリズムなどのサービスと，その分野が非常に幅広い[3]。そのため，タッチポイントにもプロモーションとリスクマネジメントの２つの領域からのデザインが求められる。

実際のタッチポイントに目を向けてみると，魅力的なプロモーションを展開する地域ブランドがある一方で，多くの場合，情報不足，内容のわかりにくさ，多言語対応の未整備などの問題点をかかえている（図表3－1）。

図表3－1　タッチポイントの問題点

	タッチポイント戦略	
分野	プロモーション	リスクマネジメント
分野	商品・サービスの案内，観光案内，地図・アクセス情報・施設情報　など	自然災害の情報，感染症対策，事故防止の情報　など
問題点の例（利用者側の視点）	・アクセス，地図・標識，地域資源の説明が不十分 ・デジタルタッチポイントの情報が更新されない，古い ・営業時間，価格，キャンセルポリシーが曖昧　など	・リスク情報がどこにあるかわからない ・緊急時のアナウンスや対応が遅い ・緊急時にWebにアクセスできない ・電話がつながらない　など
問題点の例（利用者側の視点）	・多言語表記が不足している／わかりにくい ・多言語対応できる人材が不足している ・視覚障がい者・聴覚障がい者への対応が不足している　など	

出所：筆者作成

1－2．グローバル対応

グローバル対応という点から地域ブランドのタッチポイントをみると，多言語による対応，言語以外の方法による対応，異文化への対応など複数の面からの整備が課題といえる。

1－2－1．多言語対応

多言語とは複数の言語を意味する。日本の地域ブランドのプロモーションにおいては，少なくとも日本語と英語での対応が必要とされる。タブレット・スマホを用いた多言語遠隔通訳サービスやQRコードの活用などを進めているところもあるが，多言語対応が十分にできている地域ブランドは少ないのが現状である。

言語数を増やすと，それぞれの言語を母語とする顧客を対象とするタッチポイントが豊富になるが，その整備や管理は容易でない。自治体と関連組織が連携して整備する余地が大いにある。

1-2-2．ピクトグラム

ピクトグラム（pictogram）とは案内用図記号のことである。一般に「絵文字」や「絵単語」などと呼ばれ，何らかの情報を提供したり注意を喚起したりするのに用いられる視覚記号（サイン）の1つで，図記号（graphic symbol）の一種である[4]。

ピクトグラムは重要なタッチポイントになる。言語を使わずに，人の移動のサポート，トラブルの回避，リスクの注意喚起などができる。空港，鉄道，道路，トイレなどの施設で，グローバル化に対応したピクトグラムの整備が求められる。公共施設だけでなく，観光スポット，ホテル，レストラン，店舗などでもピクトグラムの整備は急がれるところである。

1-2-3．異なる食文化への対応

ベジタリアンやヴィーガンの人たち，イスラム圏の人たちなど，多様な食習慣をもつ人たちとの接点も増加しつつある。地域ブランドのプロモーションにおいても，多言語表記，食のピクトグラム（食材ピクトグラム）などを使って，食材や調理法の情報を提供するタッチポイントの整備が進められている。宗教上の理由だけでなく，食物アレルギー（卵，牛乳，小麦など）をもつ人たちへの対応として，食物アレルギー伝達シートや食材ピクトグラムの開発と普及活動もみられる。

1-3．リスクマネジメント

地域ブランドの商品・サービスを購買する際は，顧客の移動・滞在・体験という行動が含まれることが多く，顧客の安全を守ることも重要な課題である。自然災害の情報，感染症対策，事故防止の情報など，潜在的なリスクに関するタッチポイントも必要とされる。だがリスクを強調し過ぎると，客足が遠のくなど他のプロモーションにマイナスの影響を与えかねない。特に，リスクについての想像力が乏しいインバウンド客に対しては，正確に伝えなくてはいけないと同時に不安をあおり過ぎないように注意しなくてはならず，バランスのとれたタッチポイントの整備が求められる。

2．プロモーション戦略

プロモーション戦略はマーケティングの分野であり，基本的には図表3－2に示す4つの領域に整理される。

プロモーション戦略で基本となるのは，ターゲットの明確化，タッチポイントの差異化，ブランド要素の選択である。

図表3－2　プロモーションの領域

広告	宣伝	広報・PR	人的販売
・SNS ・放送広告，印刷広告，車内広告，映画広告，ディスプレイ広告 ・ポスター ・折り込みチラシ ・ビラ　など	・見本市・展示会出展 ・インフルエンサー活用 ・懸賞・コンテスト ・サンプル品 ・クーポン　など	・動画配信 ・ウェブサイト ・広報誌発行 ・イベント開催・参加 ・セミナー開催・参加 ・スポンサーシップ ・年次報告　など	・対面販売 ・テスト販売 ・イベント販売 など

出所：ケラー（2010，恩藏監訳）を基に筆者作成

2－1．ターゲットの明確化

プロモーション戦略を策定する時，まずターゲットを明確にすることが重要である。しかし，地域ブランドの場合，難しいのはプロモーション戦略の策定が一民間企業のようなわけにはいかないことである。自治体との連携や公的支援があるため，プロモーションの方向性を特定の企業や特定の地区に絞ることができない。全体を広くカバーしようとして，地域の関係者全員にとって公平にメリットがあるような（総花的）プロモーションになりがちである。

伝統的なプロモーションの手法としては，具体的なターゲットを想定した上でメッセージを発信する方法がとられる。一方でデジタルマーケティング（SNSの活用など）が普及するにしたがって，メッセージに反応した人がターゲットと認識されるようになってきた。当初想定していたセグメントとのギャップを確認することも大切である[5]。

2-2. タッチポイントの差異化

レイポート&ジャウォルスキー（2006，中瀬訳）は，インターフェースが競争力の源泉になるという。インターフェースとは，異なるものを接続する部分を意味する。レイポートらは，それを企業と顧客を結びつける領域として，その管理を3つに分類している[6]。第1は人と人とのインターフェース，第2は人とモノとのインターフェース，第3はその組み合わせによるインターフェースである。これをタッチポイントに置き換えると，第1はヒューマンタッチポイント，第2はデジタルタッチポイント，第3はその組み合わせに当たる。

現在，地域ブランドにおいても，顧客にとって最初のタッチポイントは，ウェブサイトやSNSといったデジタルタッチポイントが一般的だろう。一方で商品やサービスに関して問い合わせたり，道の駅やアンテナショップへ行ったり，イベントや体験ツーリズムに参加したりすることでヒューマンタッチポイントに触れることになる。そこで「タッチポイントの差異化」がプロモーション戦略の鍵となる。

2-2-1. ヒューマンタッチポイントの差異化

人が人に対面して説明する場合や電話などでの問い合わせに応対する場合，地域ブランド商品・サービスに関する知識の豊富さや，説明のわかりやすさ，対応の丁寧さ・スピードなどが差異化につながる。グローバル対応のために，多言語コミュニケーションが充実していることも差異化になる。地域ブランドを象徴するようなユニフォームやマークを使って，ヒューマンタッチポイントを利用しやすくする方法もある。

2-2-2. デジタルタッチポイントの差異化

モノを介して行われるプロモーションで最優先の課題は，利用しやすいデジタルタッチポイントの整備である。例えばウェブサイトでは，トップページは地域性がわかりやすくデザインされているか，知りたい情報が網羅されているか，入力しやすいように整備されているか，写真や動画は魅力に溢れているかなどといった点が差異化の要素となる。タッチポイントの数を増やすことや多言語表記を充実させることも差異化の要素ではあるが，不要な選択肢が増えて，逆に使いにくくなるという問題もある。

2-2-3．タッチポイントの組み合わせの差異化

地域ブランドのプロモーションでは，ヒューマンタッチポイントによる「おもてなし」とデジタルタッチポイントを組み合わせて，顧客のニーズにきめ細かく対応することも大きな差異化になるだろう。大切なことは，双方のタッチポイントが提供する情報に統一性があること，情報を補完し合う関係にあることだといえる。

2-3．ブランド要素の選択

ケラー（2010，恩藏監訳）のモデルによると，ブランド要素（ブランドネーム，ロゴなど）の選択，マーケティング・プログラムの開発，二次的連想の組み合わせによるブランド戦略は，消費者のブランド認知とブランド連想に相乗効果を与えるとされる。

二次的連想の方法としては，ブランドを認知するきっかけづくりとして，マスコットキャラクターを活用するケースや有名人を起用するケースがみられる。それらによって顧客に関心をもたせて，次のタッチポイントへとつなげ，最終的にブランド価値の向上へとつなげる戦略である。日本の地域ブランドのプロモーション戦略によくみられる特徴の１つも，地域ブランドキャラクターや地域の観光大使・親善大使を活用する方法である。

2-3-1．地域ブランドキャラクター

日本の地域ブランドキャラクターは，地方自治体，企業，大学，商店街に至るまで，広く積極的に活用されており，非常にユニークな取り組みといえる。一時のブームは去ったという見方もあるが，二次的連想として知名度のアップや付加価値づくりに貢献するだろう。熊本県のくまモンのように，アニメ化されるなど，さまざまな工夫を重ねて進化を続ける地域ブランドキャラクターもある[7]。キャラクターは，ソーシャルコミュニケーターとして重要な役割を担うようになってくるだろう[8]。

なお，地域ブランドキャラクターは知的財産であり，無断使用や模倣などの被害にあわないように，管理の強化も必要である。

2-3-2．地域の観光大使・親善大使

地域ブランドのプロモーション戦略にみられるもう１つの二次的連想は，観光大使や親善大使の活用である。芸能人，地元出身あるいは地元在住の著名人などを，観光大使や親善大使という肩書きでプロモーションに起用する自治体は多い。観光大使・親善大使がイベントに参加したりPR動画に出演したりすることで，地域ブランドの

認知度と地域ブランドの価値の向上につなげる戦略である。

この戦略のリスクは，観光大使・親善大使に任命された人が，ひとたびスキャンダルを起こすと，地域ブランドのイメージ低下や，契約解除などにともなう損失につながる点である。

2-4．公的支援によるプロモーション戦略

地域ブランドのプロモーションは，多くが自治体と連携して進められる。小さい企業・団体は高い品質，サービス，技術力があってもグローバル対応の点では未熟であることなどから，自立支援事業という形で国や自治体から公的資金が投入されることが多い。だが公的支援は，地域ブランドの持続的競争優位の獲得への貢献，公平性，成果の測定といった点で疑問視されやすい。

第1に，公的支援によってプロモーションを進めることが，実際に地域ブランドの自立につながるのかという疑問がある。期限のある公的支援は一時的なプロジェクトに終わってしまう可能性がある。また地域ブランドが持続的競争優位を獲得するのに貢献したという実感がなければ税金の無駄使いと評価され，地域住民や顧客の理解を得られなくなる。

第2に，公的支援は，特定の事業や業界を利するという不公平感を生じさせることがある。国や自治体の役割はパブリックバリュー（public values），すなわち公共の価値の向上であり，地域ブランド全体の価値を高める公的支援のあり方が問われる。

第3に，公的支援によるプロモーションの成果は測定が難しい。成果を測るには通常 KPI が求められるが，期限つきの場合「効果は良くわからない」という結末になりやすい。最近，PR 動画の再生回数の多さをプロモーション効果の1つと捉える傾向もあるが，必ずしも地域ブランド価値の向上につながっているとはいいきれない。

3．カスタマージャーニーとタッチポイント

カスタマージャーニーとは，顧客の行動プロセスを時間的な流れにそって，購買前，購買時，購買後の3つの段階に分ける考え方である。

この3つの段階でのタッチポイントについて，Lemon & Verhoef（2016）で示されているモデル（図表3-3 A）と，De Keyser et al.（2020）の論文で示されるモデル（図表3-3 B）の2つから説明してみよう。

Lemon らは，3つの行動段階でのタッチポイントを，ブランドオウンド，パート

ナーオウンド，カスタマーオウンド，ソーシャル／エクスターナル（外部）という4つに分類している。この4つのタッチポイントを地域ブランドの場合にあてはめると，次のようになる。

・ブランドオウンド：自治体，DMO（Destination Management Organization），地域ブランドに認定された組織など地域ブランドの推進主体によって作成されるタッチポイント

図表3－3 A　カスタマージャーニーと経験のプロセスモデル

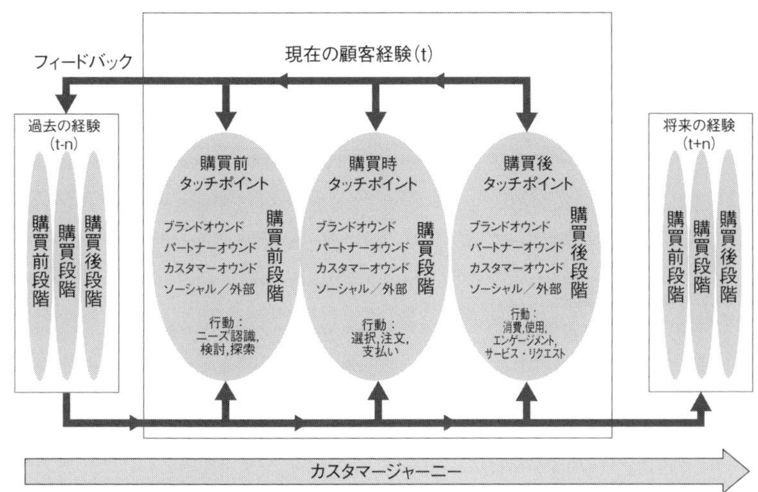

出所：Lemon & Verhoef（2016）を筆者訳

図表3－3 B　タッチポイントの分類

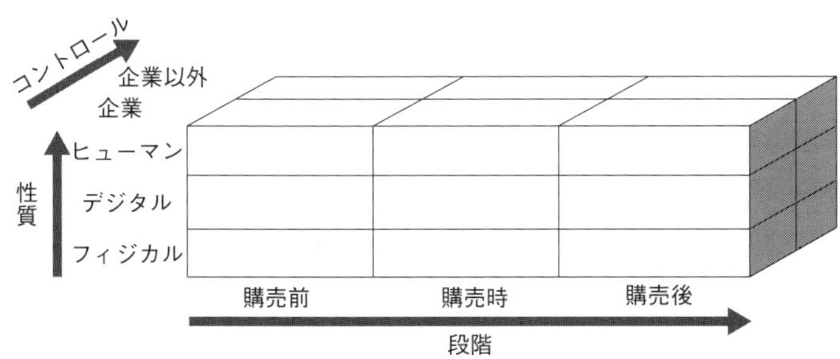

出所：De Keyser et al.（2020）p.7, Figure 2, Touchpoints, context, qualities nomenclatureの一部抜粋，筆者訳

・パートナーオウンド：地域ブランドのパートナー（旅行会社，広告代理店，コンサルタント会社，観光大使・親善大使など）によって作成されるタッチポイント
・カスタマーオウンド：顧客によって作成されるタッチポイント
・ソーシャル／外部：SNS やインスタグラムを使って作成されるタッチポイント

これに対し De Keyser らのモデルは，３つの行動段階で，コントロールされる（control）タッチポイントと性質で分ける（nature）タッチポイントという２つの切り口から分析している。さらにコントロールを企業と企業以外，性質をヒューマン，デジタル，そしてフィジカルという３つに分類する。性質による分類は，例えばコロナ禍のように，非接触への対応を迫られる状況下でのタッチポイントをイメージしやすくものといえる。

3－1．購買前のタッチポイント

購買前のタッチポイントの代表例としては，見本市や展示会への出展があげられる。地域ブランドに関しては，地方自治体が国際見本市に出展する企業を支援するケースが多くみられる。見本市への出展は，購買前からそのまま購買時段階へ移行するタッチポイントともいえる。

3－1－1．国際見本市

国際見本市とは，見本を以って売買の商談を行う市（いち）である。見本市を主催する組織の運営の下，出展する企業や団体が特色のある商品やサービスの見本を会場で陳列し，紹介し，商談を行う催しのことである[9]。

地域ブランドのタッチポイント戦略において国際見本市は，規模の大きさといいレベルの高さといい，非常に価値がある。

「見本市」と「展示会」の違い

JETRO によると，見本市と展示会は活用目的に関しては共通しており，顧客開拓，新規代理店発掘，販売促進，新規取扱商品の発掘，新製品の PR，既存の代理店・販売店の支援，企業・ブランドの PR，技術提携先の発掘，市場調査・情報収集，現地販売・製造拠点の設立などとされる。

しかし次の点で見本市と展示会は厳密に区別される[10]。見本市は，来場者を原則としてビジネス関係者に限定して（B to B），商品の売買交渉を目的とする

ものである。一方展示会は，物品等を並べて企業イメージの向上や新製品の紹介をして，当座の商取引よりもむしろ将来へ向けた企業価値の向上を目的とする。見本市は，英語で Trade Show または Trade Fair というように，必ず Trade（売買）という言葉が使われるのに対して，展示会は単に Show，Fair，あるいは Exhibition，Exposition（大規模なもの）と呼ばれる。ドイツ語では見本市は Messe，展示会は Ausstellung と，全く異なる表現を用いる。

3-1-2．国際見本市出展のメリットとデメリット

地域ブランドの国際見本市への出展は，自治体と企業の連携による場合が多い。それぞれの立場から，メリットとデメリットを整理してみよう。

⑴　自治体からみたメリットとデメリット

自治体にとって最大のメリットは，地元企業による海外マーケットの開拓が，結果的に地域を活性化する可能性をもつことである。国際見本市への出展は話題性があり，メディアなどで取り上げられれば，企業だけでなく地域への関心も高まり，地域ブランドの価値も向上するだろう。

自治体にとってのデメリットは，地元の組織間に不公平感を巻き起こすことである。国際見本市に出展可能な組織は，特定の業種や企業に限定される。公的資金を特定の組織に投入する是非については疑問視する向きもある。支援対象について，明確で客観的な選抜基準の整備が重要である。

⑵　企業からみたメリットとデメリット

企業にとってのメリットは第1に，新たなビジネスチャンスとプロモーションコストの軽減である。中小企業が単独でグローバル展開（海外市場調査，海外輸出など）を行うことは容易でない。国際見本市への出展も多大なコストがかかるが，自治体の助成で出展し海外マーケットを開拓できるとすれば，メリットは大きい。

第2のメリットは，組織内のグローバル化への動機づけができることである。国際見本市へ出展するとなれば，出展商品，パンフレット，応募書類，出張者に至るまで，組織全体で具体的な目標に取り組むことになり，自ずとグローバル化への意識が高まる。

企業にとってのデメリットはすぐには効果が把握できないことである。国際見本市で関心を示す相手があったとしても，一度の出展で売買交渉につながるとは限らない。出展の継続は負担が大きく，契約につながったとしてもいくつもの条件（規制，

価格設定，他との差異化など）をクリアしていくことは，中小企業にとって負担の大きいプロジェクトになる。

3－2．購買時のタッチポイント

地域ブランド商品・サービスを購入する場合，直に地域ブランドに接することが多く，ブランドオウンドあるいはパートナーオウンドのヒューマンタッチポイントが大きな意義をもつことになる。具体的には，道の駅，国内外のアンテナショップ，地方空港などでのデモンストレーションや試食・試飲会，イベントなどでヒューマンタッチポイントが設定される（図表3－4）。

図表3－4　購買時のヒューマンタッチポイントの場と連携

市場	ヒューマンタッチポイントの場	企業との連携
国内市場	・道の駅／直売所 ・アンテナショップ ・空港のロビー/駅やバスターミナルの利用 ・日本国内での見本市・展示会　など	・地元自治体 ・旅行会社 ・広告代理店 ・プラットフォーム　など
海外市場	・海外での見本市・展示会 ・海外アンテナショップ ・駐在員の派遣　など	・地元自治体 ・JETRO，JINTO ・広告代理店 ・プラットフォーム　など

出所：筆者作成

3－2－1．道の駅

道の駅は，国土交通省によって認可された，商業施設，休憩施設，地域振興施設などが一体となった道路施設である。ブランドオウンドとパートナーオウンドによって運営されている。顧客が立ち寄って地域ブランド商品・サービスを購入する時の，重要なヒューマンタッチポイントとなっている。全国の登録数は2020年3月の時点で1100件以上ある[11]。

タッチポイントとしての道の駅のグローバルプロモーション戦略について，これを見直そうという動きがある。「道の駅のインバウンド対応状況の現状と課題」（観光庁，2019年3月20日）では，道の駅の認知度は，沖縄の30％超えを除いて，19.4％と高くない。インバウンド客の不満は，「観光案内が，外国語に対応していなかった／少なかった」「免税対応していなかった」「物販の商品説明がなかった／少なかった」などである。

3-2-2．国内のアンテナショップ

アンテナショップは当該地域から離れた都市部にあって，地域ブランドを手にとって購入したり，試食・試飲などを実際に体験したりできるヒューマンタッチポイントとして活用されている。一般財団法人地域活性化センターは，毎年「アンテナショップ実態調査」を行って，出店状況や売上高を報告している[12]。

アンテナショップでは，地域ブランド商品・サービスに関するプロモーションだけでなく，観光，産業，移住など行政にかかわるプロモーション，デモンストレーションやイベントに関するプロモーションなどが展開される。ブランドオウンドとパートナーオウンドの連携で運営されており，資金面でも人的資源の面でも公的なものと民間のものが混在する。

3-2-3．海外のアンテナショップ

地域ブランドの中には，北海道，沖縄県，岐阜県，新潟県などアンテナショップのグローバル展開を進めているところがある。常設するケース，期間限定で出店するケースなどがあり，海外の顧客が地域ブランド商品・サービスを購入する際のタッチポイントとなっている。

3-2-4．地方空港

空港という場を利用して，地域ブランドのプロモーションを行い，地域ブランドの価値の向上につなげようという取り組みがみられる[13]。空港の有効活用には国や自治体からの支援も強化される傾向にある。空港を利用する人は，ある程度の時間的余裕をもって行動することが多いので，地域ブランドに接する機会が生まれやすい。

3-3．購買後のタッチポイント

地域ブランド商品・サービスを購入した後の顧客を対象とするタッチポイントの整備は，地域ブランドの価値向上・競争優位に極めて重要である。リピーターの割合が増えれば増えるほど，経営は安定してくる傾向にある。地域へのリピーターになってもらうために，継続利用割引をしたり，ポイントを付与したり，地域共通利用券を配布したりする方法がとられる。

制度的なしくみの整備と同時に，「また来たい」「また買いたい」という気持ちを起こさせるようなタッチポイントが大事である。顧客の顔，行動特性，購買特性などの情報を社員で共有するといった「おもてなし」の心や行動も大切だろう。

4．リスクマネジメントとタッチポイント

地域ブランドには観光資源や体験ツーリズムが含まれ，人の移動・滞在・体験にともなう潜在的なリスク，災害によって引き起こされるリスクなどについても，グローバル対応のタッチポイントの整備が重要な課題である。

4－1．観光とリスクマネジメント

リスクというとマイナスイメージをもちやすく，地域ブランドの推進主体は対応を後回しにしがちであるが，想定外のことが起こった時の対処も「おもてなし」の１つと考えれば，リスクに関するタッチポイントの整備も重要といえるだろう。

日本における自然災害や事故について知識と経験に乏しいインバウンド客は，想定外のことが起きると過剰に反応したり，逆に過小に評価したりすることが予想される。リスクを強調し過ぎると，地域ブランドイメージの低下や他のプロモーションへの悪影響を招きかねない。

リスクに関するタッチポイントで重視されることは，リスク管理体制の整備，正確なリスクコミュニケーション，迅速な対応である。観光地の危機管理に関して，高松(2018) は「観光危機管理の４つのＲの循環モデル」を提示している（図表３－５，３－６）。このモデルはインバウンド客も含めすべての観光客を対象としており，リスク対応を４つのプロセス（減災，危機管理の備え，危機への対応，危機からの復興）に分け，平常時，リスク発生前，リスク発生時，そして発生後のマネジメントを示している。

図表３－５　観光危機管理の４つのＲの循環モデル

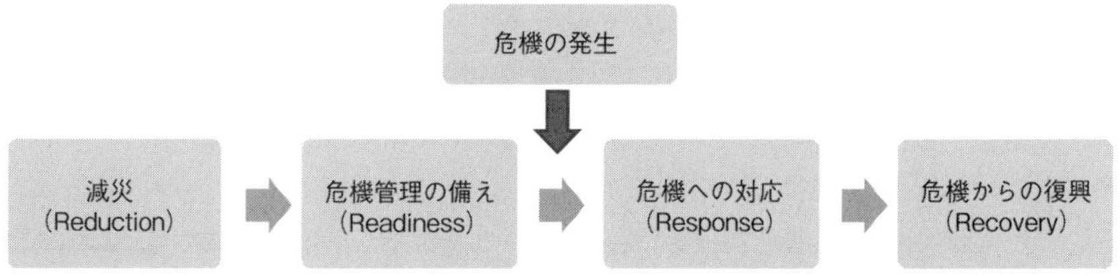

出所：高松正人「特集インタビュー　観光客とビジネスを守る観光地の危機管理」『観光とまちづくり』2019年夏号 pp.8-11を基に筆者作成

図表3－6　観光危機管理の4つのRの循環モデルの活動内容

減災 (Reduction)	平常時～危機発生時 危機によるリスクの抽出・分析，観光危機情報伝達体制の機能の強化，避難誘導標識・防災マップの設置，観光危機管理知識の普及・啓発，施設の耐震，耐浪化，家具・備品の転倒防止
危機管理の備え (Readiness)	危機発生前 観光危機管理計画・マニュアル策定，訓練の実施，水・食料・生活必需品の備蓄，避難誘導備品の整備，情報収集・発信体制の整備等，非常用通信手段の確保，関係機関との事前協定
危機への対応 (Response)	危機発生時 観光危機管理体制の設置，避難誘導，救護，安否確認，帰宅困難者対策・被害者家族対応，情報収集・発信，事業継続支援・雇用維持支援，風評への対応など
危機からの復興 (Recovery)	危機後 観光復興施策の策定・実施，モニタリング（風評情報の監視），観光関連情報の事業継続・復旧支援，休業期間中の人材育成，観光復興プロモーション等，復興要員・ボランティアの受け入れ

出所：高松正人「特集インタビュー　観光客とビジネスを守る観光地の危機管理」『観光とまちづくり』2019年夏号 pp.8-11

4－2．リスクマネジメントとプロモーション

地域ブランドの推進主体は，リスクマネジメントとプロモーションは相いれないものと捉えがちである。その理由の1つは，リスクに関するタッチポイントにはマイナスイメージをもちやすいためである。もう1つの理由は，組織の中でプロモーションを推進する部門（地域ブランド推進担当，広報担当など）と，リスクマネジメントを担当する部門（安全課，防災担当など）が縦割りになっていて，連携を取りにくいためである。プロモーション推進の担当は，プロモーションに集中しがちで，そこにリスクマネジメントの要素を取り込む発想に欠ける。逆にリスクマネジメントの担当は，地域住民の安全を最優先に考えて，グローバル対応を含むプロモーションへの意識が薄くなりがちである。

4-3．カスタマージャーニーとリスク関連タッチポイント

地域ブランドマネジメントにおけるリスク関連のタッチポイントの課題について，商品・サービスの購買前，購買時，購買後のそれぞれの行動段階に分けてみてみよう[14]。

4-3-1．購買前

購買前の顧客は，地域ブランド商品・サービスの質，価格，購入方法などについて，タッチポイントで情報を収集する。地域ブランドを推進する側は，顧客を呼び込むために，地域の魅力を発信するプロモーション戦略に重点をおきたいのであって，リスク情報を積極的に発信したいとは思わないだろう。実際，リスクに関するタッチポイントを設定しているとしても日本語のページのみであるとか，多言語対応をしていても理解してもらいにくい内容であるといった問題がみられる。

地域そのものの安全性，商品・サービスにかかわるリスクなどに不安をもつ顧客にとって，正確な情報を提供するタッチポイントは重要な意味をもつ。風評などにみられるように，間違った情報は顧客離れにつながる。地域ブランドの推進主体が主導してリスク関連タッチポイント（問い合わせ先，リンク先，QR コードなど）を整備して正しい情報を流すこと，誤った情報に素早く対処することが必要である。

タッチポイントの整備が進んでいる地域ブランドの中には，2020 年 2 月の時点で，ウェブサイトの観光情報と同じ画面に，新型コロナウィルスに関する情報および問い合わせ先を日本語版と英語版で表示するところもあった。

4-3-2．購買時

実際に当該地域へやって来た顧客に，商品・サービスを提供する時点のヒューマンタッチポイントが，同時にリスク関連の情報（避難方法，関係機関・問い合わせ先など）を提供するタッチポイントとしても機能するように整備することが必要だろう。購買時，実際に何も問題が起きていない状況では顧客の危機意識は低いので，リスクにさほど注意を払わないかもしれない。しかしリスク関連のタッチポイントの存在を知っているだけでも，不慮のことが起こった時のサポートにつながりやすくなる。

災害，事故，感染症，移動手段の遮断などの問題に直面すると，顧客はたちまち不安に陥る。タッチポイントが十分に整備されていないと，パニックも想定される。多言語による情報提供アプリといったデジタルタッチポイントの整備の他，地域ブランドの推進主体と関係機関が連携して，リスク対策のヒューマンタッチポイントを整備

しておくことが重要である。

4-3-3．購買後

地域で商品を購入したりサービスを利用したりした後の顧客を対象とするリスク関連タッチポイントにはどのような意味があるか。

購買時に何らかのリスクを経験した顧客は，地域の状況あるいは顧客自身への影響について関心を高くすることだろう。問題に遭遇しなかった顧客であっても，購買後は購買前よりも地域への関心が高くなっているはずである。購買後に，地域ブランド商品・サービスに関するリスクについて，タイムリーで正確な情報提供をするタッチポイントが整備されていることは，地域ブランドへの信頼と価値を高め，リピーターの獲得につながるだろう。

5．タッチポイントのデザイン

タッチポイント戦略のデザインの方向性について，プロモーションとリスク対策の両面から考えてみよう。

観光庁の調査で平成28年，平成29年，平成30年に実施された「訪日外国人旅行者の国内における受入環境整備に関するアンケート」で，インバウンド客が旅行中に困ったことについて質問している。この調査結果をみると，「困ったことはなかった」の割合が増えているものの，「施設等のスタッフとのコミュニケーションがとれない」「無料公衆無線LAN環境」「多言語表示の少なさ・わかりにくさ」「公共交通機関の利用」が上位の項目としてあげられている。公共交通機関の利用に関しては，困った理由についても質問している。具体的な理由として「多言語対応したルート検索用のウェブサイト・アプリがなかった」の回答割合が多い[15]。

この調査結果をみても，地域ブランドのタッチポイント戦略において，プロモーションとリスク対策の両面から，人材の確保とコミュニケーション能力の改善，ネット環境の整備，多言語表記の改善は優先課題といえる。

5-1．人材の確保・育成とコミュニケーション能力の改善

グローバル対応ができる人材の確保と育成は，地域ブランドのプロモーションにおいて急務といえる。地域ブランドに関して，日本人が気づかない予想外の質問や，専門的な質問をされることもあり，知識が豊富な人材が必要とされる。ものづくりの分

野は暗黙知の部分が多く，コンセプトやストーリーを伝える能力も必要である。だが現実には，多言語対応や異文化対応ができる人材，IT 領域の知識や経験をもつ人材は非常に限定されてしまう。地元大学の学生や，留学生との連携も一案だろう。災害時に対応できる人材の確保・育成も欠かせない。「災害時外国人支援情報コーディネーター」制度の拡充も求められるところである[16]。

5-2．グローバル対応のための表現方法の改善

カスタマージャーニーの視点からみると，多くの地域ブランドのプロモーションには，表現が伝わりにくいという問題があることに気づく[17]。その改善はいくつかの側面から必要である（図表3-7）。

第1に，多言語対応やピクトグラムを含め，伝えたいと思って表現したことが理解されないケースがある。ウェブサイトの表記から，レストランのメニュー，交通機関の案内，Wi-Fi の使い方，トイレの利用方法に至るまで，日本語の表記しかない，日本語以外の説明文やピクトグラムが表すものが意味不明である，健常者だけを対象としているなどの理由から，正確に伝わらないということも珍しくない。伝わる表記の整備と表現方法の改善が急がれる。

第2に，言語と文化の違いから，コミュニケーションが成立しないというケースがあげられる。日本人の表現方法は高コンテクスト（曖昧で抽象的）の傾向にあるといわれてきた[18]。無意識のうちに，いわなくてもわかると思っている場合も多い。低コンテクスト（明確で具体的）の表現方法を用いる客層を対象とするタッチポイントでは特に，理解しやすさを意識した表現方法の改善が必要だろう。

第3に，組織文化と世間一般の間の感覚のギャップから，いいたいことが伝わらな

図表3-7　タッチポイント戦略のデザインの方向性

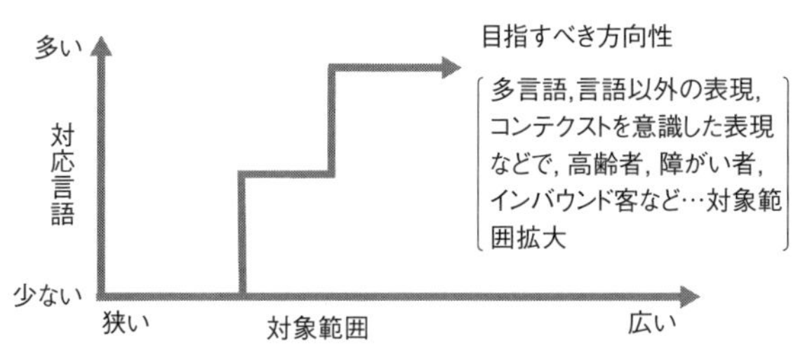

出所：筆者作成

いということもある。自治体が主体となってプロモーションを行う場合，漢字や専門用語が多い，説明が長くわかりにくいなど，いわゆる「お役所仕事」になってしまうと，プロモーションの効果は低くなる。

5－3．連携の推進

地域ブランドの推進主体，関係機関，観光関連組織，アプリの開発・運営企業，病院，隣接自治体，地元の大学など多様な組織が連携して，情報の一元化，わかりやすさ，利用のしやすさなどを兼ね備えたグローバル対応のタッチポイントをデザインすることが望まれる。プロモーション戦略とリスク関連のタッチポイントの両方を1つの枠組みで推進するには，地方自治体のリーダーシップが不可欠である。

インバウンド客に関していえば，何らかのリスクに直面した時，大使館や領事館にアクセスして情報を入手しようとする。しかしその情報は，日本の政府機関，地方自治体，交通機関などから発信される情報に基づくことが多いし，情報は他のさまざまな組織からも拡散される。地域全体として，実際の状況を正確に把握しスピーディに発信するようなデザインが重要である（図表3－8）。

図表3－8　リスク関連タッチポイントのデザインの方向性

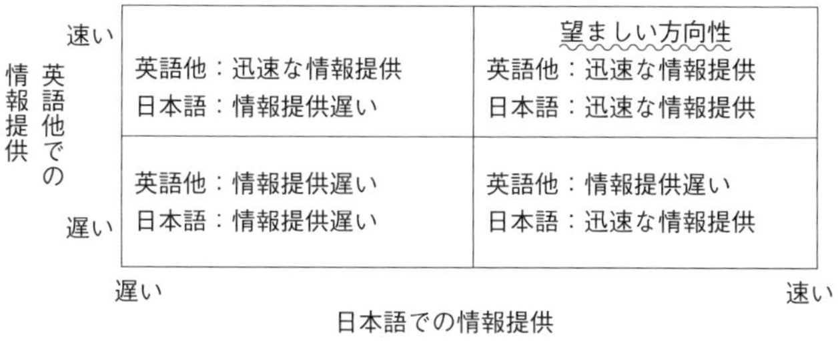

英語他での情報提供＼日本語での情報提供	遅い	速い
速い	英語他：迅速な情報提供 日本語：情報提供遅い	望ましい方向性 英語他：迅速な情報提供 日本語：迅速な情報提供
遅い	英語他：情報提供遅い 日本語：情報提供遅い	英語他：情報提供遅い 日本語：迅速な情報提供

出所：筆者作成

本章のポイント

地域ブランドのプロモーション戦略として，ターゲットの明確化の必要性について触れた。またタッチポイント戦略として，差異化（グローバル対応，わかりやすさ，利用しやすさなど）の重要性を指摘した。

カスタマージャーニーと呼ばれる，購買前・購買時・購買後という3つの行動段階のそれぞれにおけるタッチポイントのモデルを紹介し，具体例として，国際見本市，道の駅，アンテナショップなどをあげた。

また，プロモーションとリスクマネジメントという一見相いれない2つの視点から，地域ブランドのタッチポイントをデザインするためには，人材の確保・育成とコミュニケーション能力の改善，表現方法の改善，地域全体での連携の推進などが重要であることを指摘した。

注

1 タッチポイントは，より広く捉えれば「顧客の経験価値（customer experience）」という枠組みである。

2 シームレスとは，つぎ目のない，途切れのないという意味。実店舗とオンラインに一貫性をもたせること，使いやすくすることなどを狙いとしている。

3 観光庁（2014a，b）。

4 ピクトグラムの詳細については，経済産業省「案内用図記号のJIS改正」，および国土交通省「案内用図記号（JISZ8120）」。

5 横山（2013）p.82。

6 レイポート＆ジャウォルスキー（2006，中瀬訳）p.124。

7 詳細は，「くまモンオフィシャルホームページ」。『日本経済新聞』（2019年3月4日）では，くまモンを利用した商品の年間売上高が，2018年は，国内外で少なくとも1505億円と報道されている。

8 ソーシャルコミュニケーターとは，さまざまな社会的活動（交通安全，環境保護，新型コロナ感染防止など）に関し，その意義や理念，手法などを伝える役割を果たす人・動物・漫画の登場人物・キャラクターなどである。野澤（2017）「ご当地キャラは地域のバリュークリエイター」。

9 見本市に関係する研究は，さまざまな視点から行われている。地方自治体の海外見本市出展については，藤原（2018）が理論的な視点からまとめて，実証分析を行っている。これによれば，地方自治体が海外見本市に出展する目的は2つある。1つは企業誘致で，もう1つは販路開拓である。企業誘致の場合，地方自治体は自らが主体（アクター）となって情報提供をし，誘致活動をリードする。販路開拓の場合は，地方自治体は代理人（ゲートキーパー）の役割を果たす。地方自治体，関係財団法人，協議会は，共同出展企業をとりまとめて，自らの自治体に立地する企業の製品やサービスに関心をもつ企業，団体等に紹介する役割を担う。他にBathelt & Schuldt（2008）。

10 日本貿易振興機構展示事業部編（2018）。

11 国土交通省の「『道の駅』一覧」。

12 一般財団法人地域活性化センターのニュースリリース「2019年度自治体アンテナショップ実態調査報告書」（2019年12月3日）。

13 地方空港での取り組み事例は多い。新千歳空港などが一例である。

14 2019年9月13日，アールシーソリューション株式会社の代表取締役である栗山章氏へのインタビュー調査を基に，本項の内容をまとめた。同社はSafey tipというアプリを開発している。Safey tipは，観光庁監修のもと開発された日本国内における緊急地震速報，津波速報，噴火速報，気象特別警報，国民保護情報を通知するアプリである。

15 観光庁の調査「訪日外国人旅行者の国内における受入環境整備に関するアンケート」の「調査結果1-1．旅行中に困ったこと3か年比較」。

16 参考になる資料は，総務省耐災害ICT研究協議会編（2018）「災害に強い情報通信ネットワーク導入ガイドライン」および危機対応標準化研究会編著（2014）『世界に通じる危機対応』日本規格協会。

17 先進事例として「多言語対応協議会」のポータルサイト。

18 高コンテクストコミュニケーション，低コンテクストコミュニケーションという表現もする。

4

地域ブランドマネジメントの成果

はじめに

マネジメントの領域では，成果は経営活動の結果であると同時に，次の目標や戦略の意思決定に手がかりを与えてくれるものである。成果を測定する指標としては，KPI（key performance indicators）が重視される傾向にある。また，政策の領域では，プロジェクトを時間軸にそった5つのステップで示すロジックモデルという手法がよく用いられる。

地域ブランドマネジメントの場合，成果を測定するのは容易なことではない。なぜなら，1つには中小企業，生産者団体，自治体，関係機関など複数の組織が関与するので，成果を測定する基準や使う指標がまちまちになるからである。公的資金が投入されると成果の透明性や社会的インパクトも要求される。もう1つの理由は，地域ブランドには数値化することが極めて困難な要素が多いからである。KPIに縛られない指標をデザインする（designing indicators）という視点も大切である[1]。

1．成果についての基本

なぜ成果を測定する必要があるのか。成果は，誰が測定し，どのように表されるか。まず成果についての基本として，成果を測定する理由，測定する主体，成果の表し方を確認しよう。

1-1．成果を測定する理由

成果を測定する第1の理由は，法律や政策によって，成果を測定して開示することが，企業や団体に義務づけられているからである。企業の成果は，会社法や金融商品取引法に基づいて，有価証券報告書などの形で情報開示が求められる。正確でタイミングの良い成果の把握と開示は，ステークホルダーや経営の意思決定に大きな影響を与える。

第2の理由は，成果が新しい目標や意思決定の指針になるからである。マネジメントは，PDCAサイクルを繰り返して改善を重ねながら，段階的に競争優位を獲得する取り組みである。第1ラウンドでは単に活動の評価レポートのようにみえる成果が，第2ラウンドの目標や計画の判断基準になる。前のラウンドの成果が次のラウンドで意思決定に活かされるのである。

第3の理由は，公的資金が投入された場合の透明性を担保するために政策的な評価が必要だからである[2]。国や自治体の政策分野で，地域ブランドマネジメントは公的支援の対象とされるケースが多い。税金を使ったプロジェクトが効果的かつ効率的に行われたか判断する材料として，成果が示されなければならないのである。

成果と意思決定の関係をみると，マネジメントの成果は，主に2つの意思決定に活用される。1つは組織内部の意思決定，もう1つは外部のステークホルダーとの関係における意思決定である。組織内部では，成果をみて重点課題の明確化，イノベーションに関する意思決定の判断材料としたり，成果の配分のための指針としたりする[3]。外部のステークホルダーとの関係では投資や取引の判断材料となる。ここでいうステークホルダーは，株主，金融機関，自治体，NPO，公認会計士，税理士，提携先，コンサルティング会社などを指す。

1-2．成果を測定する主体

成果の測定は誰が行うか。経営活動を行っている組織が自ら成果を測定するケースと，測定を第三者に委ねるケースがある。組織が主体の場合，成果をプロジェクトごとに測定するケース，担当部門ごとに測定するケース，組織全体あるいは団体全体で測定するケースなどに分類される。第三者に委ねる場合は，全面的に測定を任せるケース，組織のメンバーと外部の評価委員からなるチームで成果を測定するケースなどがある。

成果を測定する分析単位（unit of analysis）は，個人レベル，チームレベル，部署（事業部門）レベル，会社・企業グループ全体レベルなどに分かれる。それぞれの分析単位における具体的な指標の例をあげてみよう。

- 個人レベルの成果：個人別目標達成率，個人別販売実績，個人別生産高，個人別改善提案数，個人別成績ランキングなど
- チームレベルの成果：チーム別目標達成率，チーム別販売実績，チーム別生産高，チーム別改善提案数など
- 部署レベルの成果：部署別目標達成率（予算実績比），部署別売上高・販売実績，部署別生産高，部署別利益貢献度など
- 会社・企業グループ全体レベルの成果：会社全体の売上高，営業利益，経常利益，税引き後利益，株主資本利益率（ROE），株価収益率（PER），総資本利益率（ROA），一株当たり利益（EPS）など

1-3．成果の表し方

代表的な成果の表し方には，財務的成果と非財務的成果がある。財務的成果は，売上高，利益，利益率などの財務指標で測定される。非財務的成果は顧客満足度，環境問題，人権問題，社会貢献などにかかわる取り組みへの評価で測定される。財務的成果と非財務的成果をバランスよく評価することが求められる。

他にも，経営活動が「効果的に行われたか」「効率的に行われたか」という尺度で結果を評価する方法がある。効果（effectiveness）は目標達成の度合いを指す。ある目標を掲げて，その目標達成度合が大きいほど成果が高いことになる。効率（efficiency）はアウトプット÷インプットの式で測定される。インプットは資源投入を，アウトプットは生産高（産出量）を意味する。生産高に対して投入する資源が少ないほど成果が高いことを意味する。マネジメントでは，掲げた目標を最も効果的かつ効率的に達成することが最も望ましい成果となる（図表4-1）。

図表4-1　効果性と効率性の関係

効率性	効果性：低	効果性：高
高	効率的だが効果的でない	効果的かつ効率的
低	効率的でも効果的でもない	効果的だか効率的でない

出所：筆者作成

2. KPI

KPIは日本語では「重要業績評価指標」と呼ばれる。KPIは，成果という広い枠組みの中に含まれる概念で，定めた目標の達成度合いを測定する極めて重要な指標とされている。

琴坂（2018）は「意思決定のサイクルが短く，標準化しやすく，現場での裁量や行動が業績を左右するのであれば，KPIによる管理は有効である」と述べている。

KPIという言葉が注目され始めたのは，1990年代以降だろう。1992年のKaplan, R.S. & Norton, D.P.の論文に提示された「バランスト・スコアカード（the balanced scorecard）」が大きな関心を集めた[4]。その後，議論が整理され一冊の本にまとめられて，日本では『バランス・スコアカード』というタイトルで出版された。バランス・スコアカードに関連する多くの論文や書籍の中で，企業経営の4つの視点（財務，顧客，内部ビジネス・プロセス，学習と成長）から，KPIの策定や評価が体系的に論じられている。

2-1. KGI, KRI, OKRという指標

KPIの他にもKGI，KRI，OKRという指標がある。

KGI（key goal indicators）は，KPIと密接に関係する指標で，「重要目標達成指標」と訳される。これはKPIを束ねる最終的な指標となる。地域ブランドマネジメントの場合はKPIが中心的な概念として使用されるが，本書ではKPIとKGIを明確に区別しないものとして議論を進めることにする。

KRI（key risk indicators）は「重要リスク指標」といい，リスクの影響の大きさと発生確率で表される。影響を小さい（レベル1）から大きい（レベル5），発生確率を小さい（レベル1）から大きい（レベル5）と設定して，影響が大きく発生確率が高いと測定されたリスクの対策を優先する。

OKR（objectives key results）は「目標と主要な成果」という。OKRは，組織全体，チーム，個人の3つをリンクさせた目標管理の方法の1つである。組織目標と主要な成果をみて，組織全体，チーム，個人に優先順位を示すとともに，短期間で活動の成果をみる評価指標である。

2-2. KPIのメリット

KPIのメリットとして，次の点があげられる。

・第1のメリット：目標に対する達成の度合いを数値的に「見える化」して把握できる。また組織レベル，プロジェクトレベル，個人レベルの成果というように，それぞれの分析単位で成果を知ることができる。進捗状況が思わしくない場合は，原因の探索や問題解決の手がかりとして利用できる。
・第2のメリット：KPI の把握は，成果の配分のための情報として活用できる。
・第3のメリット：KPI の把握は，モチベーションやイノベーションへの動機づけに活用できる。
・第4のメリット：因果関係の解明だけでなく，将来の意思決定の情報・手掛かりとして活用できる。
・第5のメリット：他組織，他地域と共通の KPI を設定することができれば，比較が可能になり，プロジェクトや組織の位置づけ（ランク）がわかるなど，ベンチマークとして活用できる。

2-3．KPI のデメリット

KPI のデメリットとしては次のような点があげられる。

・第1のデメリット：すべての活動の結果が数値で表されるわけではない。研究開発，新規事業，アートやデザインの分野，人の意識（一体感など）などに関する成果の測定は KPI で管理することが困難である。例えば，知識の中でも形式知化できる活動については KPI を使うことができても，暗黙知という領域には不向きである[5]。地域ブランドマネジメントでは，地域の熱意や危機意識の変化といった定性的要因が重要であるが，KPI で表しにくいために見落とされる可能性がある。
・第2のデメリット：KPI の策定と検証には時間とコストがかかる。KPI とは単に数値管理をするということではない。戦略と事業のすり合わせ，担当者の理解と納得など組織的な取り組みが必要で，結果的にコストの増加につながる。金銭的なものだけでなく，策定する時間や結果を取りまとめる調整コストも増える。
・第3のデメリット：KPI の選択，開示か非開示かの選択がかなり自由に行われる。組織やプロジェクトにとって都合の良い KPI だけを取りいれる，あるいは都合の悪い KPI は開示しない，途中で取りやめるといった行動につながるリスクがある。
・第4のデメリット：継続していくうちに，形骸化あるいはマンネリ化に陥るリスクもある。環境が大きく変化した場合，戦略と KPI に齟齬が生じやすい。

・第5のデメリット：KPIで管理されている活動にのみ集中して，そこに含まれない活動が軽視されるおそれがある。

3．地域ブランドマネジメントにおけるKPI

地域ブランドマネジメントは，地域の中小企業，生産者団体，自治体，関係機関など多くの組織による複合的な活動に基づいているので，成果を測定する主体と基準，KPIなどが多種多様にある。地域特性や事業特性などによっても成果の捉え方が異なってくる（図表4－2）。

図表4－2　地域ブランドマネジメントのKPI

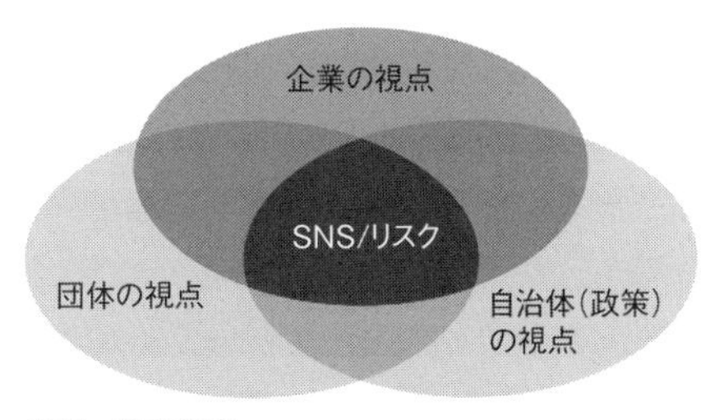

出所：筆者作成

ここでは，近年，地域ブランドマネジメントにおいて共通の動きとしてみられる，「ランキング」を使ったKPIと「SNS」を使ったKPIについて，そのメリット・デメリットを含めて考えてみよう。

また，第3章で紹介したカスターマージャーニーと，リスク対応の視点からも，地域ブランドマネジメントにかかわるKPIの例をとりあげる。

3－1．ランキングを使ったKPI

ランキングとは，ある母集団から，その中で評価尺度を決めて抽出した順位を示すことである。例えば，企業を母集団とする優良企業ランキング，市町村などを母集団とする住みたい街ランキングなどがある。

一般的には，点数が高い順番（上位）に並べるベストランキング，逆に点数が低い順番（下位）に並べるワーストランキングという形がとられる。顧客は日常的に，キーワードの検索ランキング，ウェブページのアクセスランキング，商品の売れ筋ランキング，店舗・サービスの満足度ランキング（星の数や評価点数），ホテル・旅館の人気ランキングなどのランキング情報に接している。

地域ブランドに関する代表的なランキング情報は，株式会社ブランド総合研究所が毎年公表している「地域ブランド調査」といえるだろう[6]。これは，地域ブランドの魅力を1つの総合指標としているのでわかりやすい。全国約1000の市区町村と47都道府県を調査対象としている。発表されたランキングをKPIとして利用するとしたら，例えば「全国順位が前年比でどれだけ推移したか」をみることになる（図表4－3）。地域ブランドにかかわる複数のKPIで測定するより，ランキングを使ったKPIで成果を測定する方が単純でわかりやすい。他自治体との比較も一目瞭然である。

図表4－3　ランキング情報を使ったKPIの例

KPI	2019年	2020年	2021年見込み	達成見通し	担当課
地域ブランド調査における魅力度の全国順位	100位	90位 （確定）	85位	達成可	地域ブランド推進室

出所：筆者作成

3－1－1．ランキングをKPIとして利用するメリット

ランキングをKPIとして利用するメリットをあげてみよう。

・第1のメリット：ランキングは単一指標なのでKPIとして非常にわかりやすい。順位が上がれば成果があった，下がれば成果がなかったと一目で判断できる。地域ブランドマネジメントのように複合的な活動の成果を把握する場合，多種多様なKPIが混在する中で，ランキングは単純で明快なKPIを提供してくれる。

・第2のメリット：地域ブランドマネジメントの主体である中小企業，生産者団体，自治体などにとって，ランキングの上昇は地域ブランドの魅力が増しているというアピールの材料になる。消費者にとってもランキングはわかりやすい判断材料になるだろう。中でも参加型ランキング情報は，商品・サービスへの関心や知名度を高めることになり消費行動へとつながる。

3－1－2．ランキングをKPIとして利用するデメリット

ランキングをKPIとして利用するデメリットとしては以下のような点がある。

・第1のデメリット：ランキングが過去の集計データに基づいている場合，最新の

データは反映されない。環境の変化が激しくなればなるほど，信頼できるKPIとして使いにくくなる。例えば地域や自治体で，ランキング発表後に不祥事が発覚して下位になったとしても，それが反映されるのは後になってからである。

・第2のデメリット：ランキングはデータの性格や質に大きく依存するものであり，中にはKPIとして利用するには信頼性を欠く情報が紛れ込むことがある。参加型ランキングの場合，データが消費者の意見の集約に依存するため，主観的な評価になったり，インフルエンサーの影響を受けたりする。例えば，サービスが非常に高くランキングされている場所へ行ってみたら，人によっては全く期待はずれだったということもある。

・第3のデメリット：活動主体が恣意的にランキングを操作する可能性がある。ランキングをあげるのに都合の良い情報しか発信しない，あるいはインフルエンサーに過度に働きかけるという行動をとったら，バイアスがかかる。

3-2．SNSを使ったKPI

地域ブランドマネジメントの優先課題は既に述べたように，タッチポイントの整備である。個々の企業・団体のレベルでみると，プロモーションで成功しているといえるところは，SNSを上手に活用して魅力的な情報を発信し，競争力の源泉となる情報を得ているようである（図表4-4）。

SNSはインバウンド需要との親和性も高く，デジタルタッチポイントを強化する有効な手段である[7]。現在，顧客の大多数がSNSを活用して情報を入手し共有している。多言語対応をしていればグローバルレベルで情報を共有できる。また動画配信によって，これまで暗黙知となっていた分野では，言語という障壁が低くなり相手に伝えることが可能になる。

SNSの活用方法の1つに，達成度を指標とするというものがある。例えば「いいね！」の数を指標にして，3か月で2万件にするという目標を設定すると，「いいね！」の数で達成度を容易に測定できる。他には，SNSで入手可能な他社の情報を

図表4-4　SNS時代の新購買行動モデル

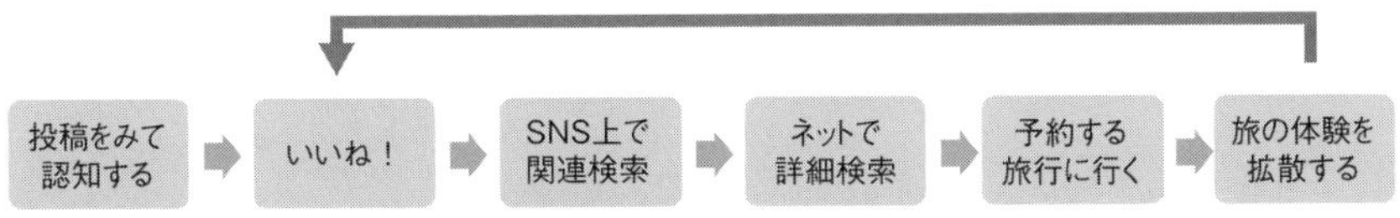

出所：『ジチタイワークス』（2019年9月）「観光・インバウンド号」Vol. 02，p. 2を基に筆者作成

みて，例えばファン数や，１投稿当たりの「いいね！」の数といった比較可能な指標を使って，自社との比較に活用することもできるだろう。

3-2-1．SNS 情報を KPI として利用するメリット

SNS 情報を KPI として利用するメリットは以下の通りである。

- 第１のメリット：SNS 投稿に対するユーザーの反応や，地域ブランドを構成する自治体，地域の中小企業などに関する発言をモニタリングできる。誰がいつ，どのような反応をしたか追跡できるので，当該地域ブランドや競合相手のイメージを調査する上では KPI としての有効性が高いといえる。
- 第２のメリット：ユーザーの反応をみながらプロモーションを展開するという取り組みの指標として利用できる。SNS で最初は小規模で検証し，効果があれば順次拡大することも修正することも可能になる。
- 第３のメリット：SNS は先端技術との結びつきが強い。AI，動画配信，決済サービスなどマーケティング活用だけでなく，防災対策の領域における KPI など，利用可能な範囲が広がる。

3-2-2．SNS 情報を KPI として利用するデメリット

SNS 情報を KPI として利用するデメリットには以下のようなものがある。

- 第１のデメリット：SNS 上に投稿された情報は拡散され，半永久に流れ続ける。ネガティブな情報，フェイクニュース，歪曲された情報なども蓄積・拡散する可能性が少なくなく，KPI として利用するには信頼性の面で慎重にならざるを得ない。
- 第２のデメリット：ポジネガ評価の解釈が難しい側面をもつ。SNS 上では日本語以外の言語がそのままカタカナ化される場合が多く，言葉の真意や指標間のメカニズムをよく理解できなければ，ポジネガ分析における KPI として適切な利用ができない。

3-2-3．SNS のリスク対策

SNS のユーザーは不特定多数の人であり，その情報は国境を越えて共有される。すべてのユーザーが適切な使い方をするとは限らないし，情報が常に正しいとはいえない。SNS のストック性と拡散性が問題を引き起こすこともよくある。SNS のリスク対策として，次のような取り組みが求められる。

第1に行動指針を含めた運用マニュアルの整備が必要である。適正な運用は，情報を発信する側の共通認識や情報を受信する側の信頼を高めることになる。共通認識の構築は，コンテンツの質の維持，トラブル発生時の速やかな問題解決などに貢献する。逆に，共通認識が不足していると，情報の齟齬が生じたりトラブルの原因になったりする。地域ブランドマネジメントの場合，自治体では定期的に担当者の異動があるので，運用マニュアルの整備はスムーズな引継ぎにも役立つだろう。

第2に炎上や情報漏えいを予防することが重要である。例えば，不確かな情報を発信しないように，一人の担当者に任せきりにすることを避けダブルチェック体制をとることや，内部情報の漏えいを防ぐシステム構築などの対策が求められる。過去の事例に学んで知識を共有することも重要である。

第3にSNS担当部門の仕事に対する理解と協力が必要といえる。SNSの影響力は非常に大きいにもかかわらず，組織のトップやマーケティングなど他部門の理解を十分に得られていないことがある。SNSの普及があまりにも急速だったので，正しい知識を得る環境の整備が追いついていない。組織内で，SNSがプラスにもマイナスにも強い影響力をもっていることを理解して，SNS担当部門が仕事しやすいように協力することが，不適切な管理によるリスク発生の回避につながる。

3-3．カスタマージャーニーとKPI

顧客は，購買前に集めた情報に基づいて商品を購入したりサービスを利用したりする。その後，商品・サービスを繰り返し購買する顧客もいれば，友人や知人に勧めるという行動をとる顧客もいる。カスタマージャーニーという行動モデルでは，1回の購買で終らせることなく次の購買に結びつけることが非常に重要である。

購買後のKPIの中で重要な指標の1つにNPS®（net promoter score）というのがある（図表4-5）。NPS®は，米国の大手コンサルタント会社によって開発され

図表4-5　カスタマージャーニーとKPIの例

行動	KPIの例
購買前	・インプレッション
購買時	・エンゲージメント ・エンゲージメント率　＝エンゲージメント数／インプレッション数
購買後	・NPS®

出所：林（2018）およびインタビューを基に筆者作成

たブランド推奨度を測る指標である[8]。顧客満足度だけではわからない愛着度を測ることができる指標となっている。例えば「このブランドを友人や同僚に進める可能性はどれくらいありますか」という質問に，回答者は10点満点で答える。点数が高い順に推奨者，中立者，批判者と分類される。NPS®はこのように，具体的な質問によって将来の収益性を考える材料となる指標を示すものである。

3-4．リスクマネジメントとKPI：奈良県の観光危機管理

地域ブランドマネジメントでリスクに関連する領域に属するものに，観光危機管理がある。どのようなKPIが利用されるか，奈良県の「安全・安心の確保のための奈良県基本計画」を取り上げてみよう（図表4-6）。

奈良県の場合，リスクマネジメントの推進主体は警察本部地域課，自治体の観光力向上課・国際課・文化財保存課などであるが，関係機関との連携が重視されている。

この基本計画の方向性は「外国人を始めとした観光客等を守る」ことであり，「急増する訪日外国人等への適切な対応」と「観光地における安全・安心の確保」という2つの項目のそれぞれで，何種類かのKPIが使われている。1つめの項目の中では，

図表4-6　観光危機管理に関係する奈良県のKPIの例

方向性	推進項目		指標名	とりまとめ担当者
4．外国人を始めとした観光客等を守る	急増する訪日外国人等への適切な対応	1	多言語コールセンターの利用登録団体数	ならの観光力向上課
		2	三者通話対応通訳人の指定人数	警察本部通信指令課
		3	訪日外国人10万人当たりの交通事故件数	警察本部交通企画課
		4	通訳機能を備えた「タブレット端末」の整備数	警察本部警務課
		5	「POLICE」標示がある警ら用無線自動車台数	警察本部警務課
		6	災害時通訳・翻訳ボランティアの登録者数	国際課
	観光地における安全・安心の確保	1	人出が多く見込まれるイベントにおける雑踏事故件数	警察本部地域課
		2	テロ対策・やまとまほろばネットワークの参加機関・事業者数	警察本部警備第二課
		3	山岳遭難発生件数	警察本部地域課
		4	文化財防犯・防火・防災関係者連絡会議参加者数	教育委員会文化財保存課，警察本部生活安全企画課

注：詳細略
出所：奈良県「安全・安心の確保のための奈良県基本計画」（平成30年度）より抜粋

インバウンド観光客への多言語対応に関する数字をはじめ，交通事故や警察車両の数をKPIに利用している。2つめの項目では，イベントでの事故件数，山岳遭難発生件数，テロ対策や文化財防犯・防火に関する数字がKPIとして利用されている。

奈良県以外にも，地域ブランドにかかわるリスクマネジメントで用いられるKPIとして，シティリスク，レジリエンス，インフラリスクなどの分野で多くの指標が示されている。日本における政策分野では，地域防災計画，国土強靭化基本計画の中で，外国人居住者，旅行客，住民の防災対策の活動領域でKPIが論じられる[9]。

4．ロジックモデル

ここでは，主に政策分野，社会起業分野（ソーシャルビジネス）で成果を測定するのに重視されるロジックモデル（logic model）を紹介しよう[10]。地域ブランドマネジメントでは，最終的な成果は「地域の活性化」となる。ロジックモデルは，プロジェクトへの投資・インプットから，「地域の活性化」という成果までの流れを，時間軸でみやすくする手法である[11]。

4-1．ステップと指標の視点

ロジックモデルでは，1つのプロジェクトを時間軸でインプット，アクティビティ，アウトプット，アウトカム，インパクトと呼ばれるステップに分けて，それぞれの指標で分析する（図表4-7）。

- インプット（投入）：プロジェクトに投入する資源（資金，人材，モノ，ネットワークなど）と制約条件（プロジェクトにかかわる内外の規制，資金不足など）の両方を見て，制約の範囲内で最大限の成果を出すためにどれだけのインプットをするか。
- アクティビティ（活動）：資源を使った組織的な取り組みによって，プロジェクトは計画通りに実行されているか。
- アウトプット（結果）：アクティビティの結果，どれだけの物やサービスが受益者に提供されたか。
- アウトカム（成果）：プロジェクトが，投資対象の行動・態度・能力または特定の社会的・環境的変動要素にどのような成果をもたらしたか。
- インパクト（社会経済的変化）：社会問題に対して体系的で基本的な進歩はあったか。

図表 4－7　基本のロジックモデル

出所：エプスタイン＆ユーザス（2015，鵜尾・鴨崎監訳）p.150

インパクトは最終的な成果で，その測定は重要な意味をもつ。にもかかわらず投資家や組織がインパクトまで測定することは稀である理由を，『社会的インパクトとは何か』の著者エプスタイン＆ユーザス（2015，鵜尾・鴨崎監訳）は次のように説明している。「測定はコストがかかる，測定は誤解のもとである，測定は難しい，測定は機能不全を生み出す。だが多くの組織がインパクトを測定しない一番の理由は，方法がわからないからだ」。

4－2．具体的な指標と成果の捉え方

ロジックモデルにおける指標と成果について，「目標管理型の政策評価の改善方策（平成 28 年度）」[12] の中の研修・会議等の開催にみるロジックモデルの例は参考になる。このモデルは，アウトカムを直接的アウトカム，中間的アウトカム，最終的アウトカムの３つに分類している（図表４－８）。このうち最終的アウトカムがインパクトである。

このロジックモデルを応用して，「自治体や大学発のスタートアップのための研修プログラム」という想定で，指標と成果について考察しよう。アウトプット，直接的アウトカム，中間的アウトカム，最終的アウトカムのステップごとに，効果性と効率性の視点から成果を表してみる（図表４－９）。

- アウトプット：実際にはどれほどの参加者と修了者がいたか，どれほどの研修内容が提供されたかなど，目標の達成度をみる。目標通りプログラムが修了できれば，プログラムは効果的だったことになる。また，インプットした資源に対して実際にかかったコストが抑えられたとしたら，プログラムは効率的だったと評価できる。
- 直接的アウトカム：満足度と理解度という２つの指標でプログラムの成果を測定する。満足度は，参加者に対するアンケート調査などによって，「研修内容はどの程度良かったか」「十分に学べたか」などをチェックする。理解度に関しては

試験などを通して，参加者・修了者の理解度をチェックする。満足度と理解度がともに高ければ，プログラムは効果的だったと評価できる。

・中間的アウトカム：中間的アウトカムとは参加者の行動の変化を意味する。プログラム終了後一定の時間をおいてフォローアップ調査を行い，スタートアップに向けての意識の変化，行動の変化，問題の解決事例，実際にスタートアップした数などを把握する。プログラム参加者数に対してスタートアップの数が多いほど，プロジェクトの成果は高いと評価できる。

・最終的アウトカム：最終的アウトカムは，中間的アウトカムよりさらに時間をおいて，1年後，2年後，3年後のキャリア，起業数，起業後の売上高の伸び，雇用数，地域社会での問題解決の進捗状況などを指標としてみる成果である。雇用数の増加や地域社会の問題解決に貢献していればいるほど，インパクトがあった，成果が高いと評価できる。

図表4－8　ロジックモデルの例

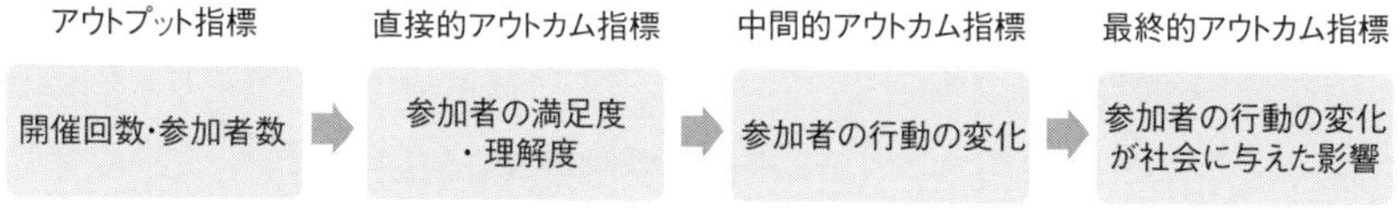

出所：政策評価審議会政策評価制度部会（2017）p. 17

図表4－9　ロジックモデル：自治体や大学発スタートアップのための研修プログラムの例

ステップ	指標
インプット	予算，プログラム，開催時期，参加者数，修了者数などの計画
アクティビティ	プログラム，講座数，講座内容など
アウトプット	開催実績，参加者数，修了者数など
直接的アウトカム	参加者の満足度・理解度など
中間的アウトカム	参加者の行動の変化など
最終的アウトカム	参加者の行動の変化が社会に与えた影響など

出所：筆者作成

4－3．地域ブランドマネジメントにおけるロジックモデル

地域ブランドの要素には，地域の文化や芸術，自然，景観，快適さ，面白さなど，そもそも KPI の指標を策定するのが困難なものが多く含まれる。地域ブランドを推進するプロジェクトにしても，多数の組織による複合的な活動の連続で，インプットとアウトプットの因果関係が不明なことが多い。製造業であれば，時間，資金，労働力などをどれだけ投入してどれだけ生産・販売されたかというように，インプットとアウトプットがわかりやすいが，地域の文化，芸術，自然，景観などの分野では，インプットの策定もアウトプット（またはアウトカム）の把握も極めて難しい。

地域ブランドの領域で，特に成果の測定方法が模索されているのは観光分野である。観光庁の DMO の登録要件でも「各種データ等の継続的な収集･分析，データ等に基づく明確なコンセプトに基づいた戦略（ブランディング）の策定，KPI の設定･PDCA サイクルの確立」をうたっている[13]。また KPI に関しては「少なくとも旅行消費額，延べ宿泊者数，来訪者満足度，リピーター率の 4 項目については必須とする」との記載がある。

地域ブランド推進の中でも政策的な意味が強いプロジェクトでは，1 年後，2 年後，3 年後という時間軸での検証が求められるが，長期になれば影響を与える要因も多くなる。プロジェクトの途中では，成果指標の数値として設定されているのは期待値や予測値に過ぎないので，想定外の要因の影響を受けると，ロジックモデルにおける因果関係は不明になり，成果を把握することが極めて困難になる。

5．地域ブランドマネジメントの成果を測る指標のデザイン

地域ブランドマネジメントは，地域の企業・団体，自治体，地元の大学，関係機関など複数の組織の連携によって複合的かつ連続的に取り組まれる。例えば，企業や団体の活動を，自治体レベルでプロモーションをサポートしながら，コンサルティング会社がイベント企画を担当するといった連携がみられる。財政面でも中央官庁，都道府県，地元自治体など複数の公的支援を受けることもある。関与する組織が多くなれば，それだけ多くの KPI が使用され公表されることになる。指標の数が増えると指標間の関係はつかみにくく，地域ブランドマネジメント全体の成果を把握することが非常に困難になったり，指標間で矛盾が生じたりすることもある。

地域ブランドの競争優位を獲得するために，成果をどのように活用するか。KPI やロジックモデルを使って測定できる定量的な成果，KPI やロジックモデルでは測

定し難い定性的な成果，短い時間軸での成果，長い時間軸での成果などいくつもの視点から，戦略と整合性のとれる成果を把握することが重要である。

5-1．KPI管理の留意点

地域ブランドの推進プロジェクトに公的資金が投入される場合，KPIやロジックモデルを使って成果を示すことが求められる。しかし地域ブランドの領域には，地域の文化や人とのふれあい，やすらぎ，一体感などKPIで測定が容易でない活動が多数ある（図表4-10）。地域ブランドマネジメントの場合，KPIという手法にこだわり過ぎると，数値化しにくい領域に属するイノベーションに，柔軟な発想が生まれなくなってしまう。KPIは万能でないということを理解して取り組む必要がある。

今のところ，重要だが整備が遅れていると思われるKPI，および「見える化が必ずしも進んでいない」KPIとして，地域資源のブランド価値にかかわるKPI，地域ブランドの知的財産権やリスクマネジメントにかかわるKPI，SNSマーケティングの効果にかかわるKPIなどがあげられる。

図表4-10　KPIで管理しやすい領域と管理しにくい領域

	KPIで管理しやすい	KPIで管理しにくい
領域	・数値化しやすい領域 ・金額や人数で把握できる領域	・数値化しにくい領域 ・アート，デザイン，五感が重視される領域
分析単位	個人レベル，組織レベル	地域レベル，クラスター
時間軸	短期	短期と長期の両方
指標数	少ない	多い

出所：筆者作成

5-2．指標の絞り込みと時間軸のデザイン

指標数が増えれば増えるほど指標間に齟齬が生まれやすく，検証が難しくなる。指標の数は少ない方が望ましい。政策的に「最低限これを含むこと」といった指針は，成果の測定に多大なコストと時間を課すことになる。

時間軸にしても，長期のプロジェクトで成果や社会的なインパクトを把握しようとすると，あまりに多くの要因が影響して因果関係がわからなくなり，成果を把握しづらくなる。時間軸をできるだけ短くする方が，外部要因の影響を少なく抑えることが

できて成果の把握が容易になるだろう。

地域ブランドのイノベーション戦略，他にはないこだわりのまちづくり戦略などに対して，指標や時間軸をどのようにデザインして，どのような形で成果を把握するかということが課題である。

本章のポイント

成果についての基本を概観し，KPIのメリットとデメリットを考察した。地域ブランドマネジメントの成果測定に利用しやすいKPIとして，「ランキング」を使ったKPIと「SNS」を使ったKPIをとりあげ，それぞれのメリットとデメリットを整理するとともに，カスタマージャーニーにかかわるKPIの例と，リスクマネジメントにかかわるKPIの例を紹介した。また，ロジックモデルという手法について，基本的な考え方と分析の例を示した。

最後に，地域ブランドマネジメントにおける成果測定の難しさを指摘し，今後の方向性として，KPIに縛られない指標のデザイン，ロジックモデルにおける時間軸のデザインなどの必要性に触れた。

注

1 指標のデザインは，designing indicatorsという英語を訳したものである。これに関しては，論文も多くある。デザイン指標とは異なる意味である。

2 「まち・ひと・しごと創生法」が平成26年11月28日に施行され，この法律に基づき地方公共団体が取り組む総合戦略や交付金事業に対し，数値目標を用いたPDCAが求められるようになった。このため，行政評価の役割はより大きくなっており，その充実を求める機運は一層高まっている。地方創生推進交付金事業において，具体的に留意事項が示されている。

3 企業レベルの重点課題についての議論は，MITの調査論文，Scharge & Kiron（2018）。

4 日本語で，バランスト・スコアカードか，それともバランス・スコアカードか意見が分かれている。英語では，balanced score cardである。

5 形式知は，数字や文章など言語化して説明できる知識のこと。暗黙知とは，経験や勘など言語化できない知識のこと。

6 株式会社ブランド総合研究所の，自治体の通信簿ともいわれている「地域ブランド調査」。

7 「SNSを使ったKPI」と，「カスタマージャーニーとKPI」の内容に関しては，林雅之氏（株式会社コムニコ代表取締役社長）にアドバイスいただいた。深く御礼申し上げる。

8 詳細は，ベイン・アンド・カンパニーのライクヘルド&マーキー（2013，森光・大越監訳）。

9 国土交通省国土交通政策研究所（2019）「持続可能な観光政策のあり方に関する調査研究II」『国土交通政策研究』150号。

10 大西・日置（2016）。

11 佐藤（2017）は2016年12月から翌年1月にかけて，80団体の行政評価担当部署を対象に，質問紙による追跡調査「ロジックモデルの作成状況等に関する全国自治体調査」を行っている。これによれば，ロジックモデルの活用状況はまだ低いことが示されている。

12 政策評価審議会・政策評価制度部会（2017）p.17。

13　観光庁（2018）「『日本版 DMO』形成・確立に係る手引き（第 3 版）」（平成 30 年 3 月）。

第Ⅱ部　ケーススタディ編

第Ⅱ部は6つの章に分けて，それぞれのテーマごとにケースをとりあげ，主にインタビュー調査を通した分析から，地域ブランドにかかわる経営環境，競争戦略，ブランディング，イノベーション，活動の成果および地域活性化との関係について考察する。

その結果を踏まえ，日本の地域ブランドの方向性を探る。

第5章　デザイン・ドリブン・イノベーション

デザイン・ドリブン・イノベーションの核心である意味のイノベーションや解釈者とは何かを理解する。ケースの東京・荒川ブランド・石川金網へのインタビュー調査から，成功要因は何か，環境要因はどのように影響しているか，事業化につなげるためのプロセスをどのようにすすめているかについて分析する。

第6章　盆栽（BONSAI）のグローバリゼーション

盆栽（BONSAI）や盆栽の産地，海外（イタリア）への普及はどのように進んだかを紹介する。イタリア・トスカーナ州の盆栽園 Franchi Bonsai Vivai へのインタビュー調査からは，イタリア市場での日本の盆栽の強みや問題点を明らかにする。また，大宮盆栽美術館，インバウンド愛好家へのインタビュー調査を基に，日本の盆栽の今後の方向性を探る。

第7章　イタリアの大学発インキュベーターとスタートアップ

イタリア・ボローニャ大学，ミラノ工科大学，トリノ工科大学の3つの大学発インキュベーターとスタートアップへのインタビュー調査を行い，外部環境要因，競争力の源泉，成果指標において，どのような特徴や共通点がみられるかを明らかにする。さらに，日本とイタリアの大学発スタートアップに詳しい専門家へのインタビュー調査から，日本の地方大学発スタートアップの方向性について，地域活性化の点から整理する。

第8章　養蚕にかかわるイノベーション

養蚕業の現状と繊維型イノベーション，非繊維型イノベーションについて理解する。ケースとして，岩手大学発・株式会社バイオコクーン研究所，連携関係にある北上市・株式会社更木ふるさと興社へのインタビュー調査から，養蚕イノベーションの推進にかかわる外部環境要因や競争力の源泉，養蚕関連の複数事業と地域活性化の関係について考察する。

第 9 章　姉妹都市交流を通したまちづくり

群馬県・甘楽町とイタリア・トスカーナ州チェルタルド市の 35 年以上にわたる姉妹都市交流のケースを取り上げる。関係者へのインタビュー調査から，長期間マンネリ化しないで姉妹都市交流を継続できる理由は何か，姉妹都市交流と地域活性化に焦点をあて，どのような成果がみられるかを分析する。

第 10 章　地域ブランドマネジメントにおけるガバナンス

地域ブランドにかかわるガバナンス，および地理的表示（GI）保護制度は何かを理解する。イタリア・パルマハム協会へのインタビュー調査から，ガバナンス戦略と取り巻く環境要因，成果との関係を整理する。さらに，東京・パルマハムインフォメーションセンターおよびインポーターへの調査から，地域ブランド「パルマハム」の強みと弱みを分析し，日本での GI 登録の成果は何かを分析する。

5

デザイン・ドリブン・イノベーション

はじめに

デザイン・ドリブン・イノベーション（design driven innovation）は，ミラノ工科大学の教授ロベルト・ベルガンティ（Roberto Verganti）の論文・著書のタイトルで使われた言葉で，話題となった経営の視点である[1]。

デザイン・ドリブン・イノベーションの「デザイン」とは，プロダクトデザインという意味に限定されず，製品開発全体やビジネスモデルに至る広い概念を含む[2]。その核心は，「意味」のイノベーションである。製品に新しい意味をみいだすことによって，既成の概念に捉われないイノベーションが生まれる。

本章では，デザイン・ドリブン・イノベーションのモデルケースとして，東京・荒川ブランドの石川金網株式会社のおりあみ事業をとりあげる。

1．デザイン・ドリブン・イノベーションの考え方

ベルガンティ（2012，佐藤監訳）が，第3のイノベーションとして提唱したのが，デザイン・ドリブン・イノベーションである。第1のイノベーションはマーケット・プル・イノベーションで，市場のニーズを把握してそれを満足させるものである。第2のイノベーションはテクノロジー・プッシュ・イノベーションで，いわゆる技術革

図表5-1　デザイン・ドリブン・イノベーション：3つのイノベーション戦略

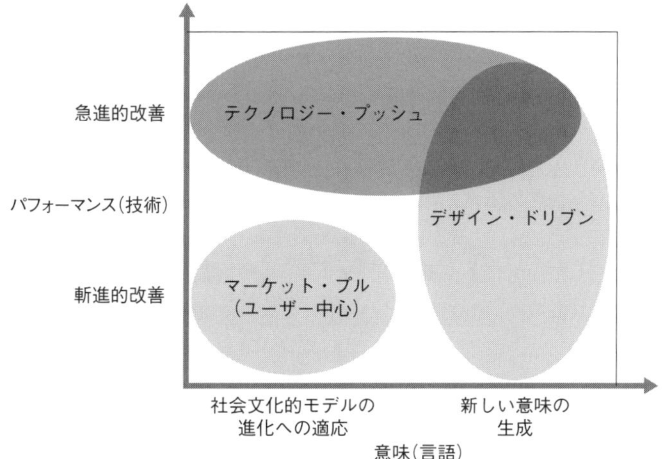

出所：ベルガンティ（2012，佐藤監訳）p. 91を一部修正

新である[3]。これら2つの従来型のイノベーションには限界があるとして，デザイン・ドリブン・イノベーションが提唱された（図表5-1）。

その核心は「意味（meanings)」のイノベーションである。「意味」とは，ユーザーが製品を購入する意味，製品の体験から得られる新しい価値などを指す。意味のイノベーションが意図するところは「既存の概念にとらわれない」ことである。すなわち「デザイン・ドリブン・イノベーション」とは，今までにない発想に基づいて商品やサービスを創造することである。

1-1．意味のイノベーションの例：ロウソク

従来ロウソクがもつ意味は，部屋の照明，祭壇用，停電への備えなどだった。ところが香りを楽しむもの，空間を快適にするものという従来とは異なる意味をみいだしたことによって，ロウソク産業は衰退するどころか成長市場になった。ベルガンティは，成功事例として新規参入で急成長しているヤンキーキャンドル（YANKEE CANDLE）という香りつきの高級キャンドルの例を紹介している[4]。

「照明」という意味に集中すると，イノベーションは明るさ，持続性，安全性，点火のしやすさなどの機能性や低コストを追求する方へ向かう。しかし，照明マーケットには照明器具メーカーが多く存在するため，競争優位に立ちにくい。実際，祭壇用などの伝統的で安価なロウソクは苦戦しているという。

他方「芳香」や「快適な空間づくり」という意味に注目すると，イノベーションはリラックスさせる香り，健康への配慮，魅力的なデザインなど従来とは異なる発想へ向かう。規模は限定されるかもしれないが，日々の生活に豊かさを求める層のマーケットへの参入が可能になる。

この例のように，新しい意味への転換と新しい価値の創造によって持続的競争優位の獲得へとつなげることを，デザイン・ドリブン・イノベーションという（図表5-2）。

図表5-2　デザイン・ドリブン・イノベーション，価値の創造，競争優位の関係

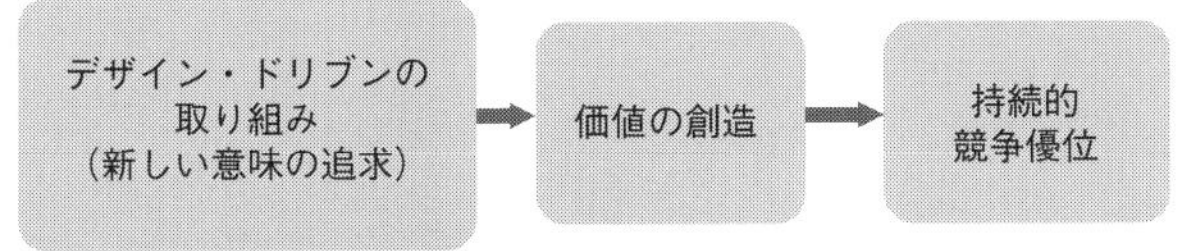

出所：筆者作成

1-2．関係資産の構築の方法

ベルガンティは，デザイン・ドリブン・イノベーションが必要になるのはどんな現象がみられる時かを整理した（図表5-3）。そして，評価・探索・獲得の3つの要素から関係資産を構築する方法を次のように述べている[5]。

- 評価：組織の既存の関係資産を洗い出して分類し，主要な解釈者を選抜する準備をする。解釈者とは，外部の専門家，研究者，サプライヤー，芸術家，ジャーナリスト，デザイナー，社会学者，マーケッターなどを指す。
- 探索：足りない領域を明らかにした上で，解釈者の探索に投資する。投資とは現金だけを意味するものではなく，解釈者にとって魅力的な技術，実験場所，知識の共有という非金銭的なものを含む。
- 獲得：つながりのある人々の雇用，つながりのある組織との連携，媒介者の有効利用などを指す。

1-3．解釈者

意味のイノベーションで必要なのは「批判的な精神」であり，解釈者（interpreters）の存在である。解釈者とは，これまでの支配的な見方を疑うことや概念を再定義することを役割とする。ベルガンティ（2017，八重樫監訳）によると，解釈者は量（人数）ではなく質だといい，その数は6人から8人が最適とする[6]。

図表5-3　意味のイノベーションが必要になるのはどんな時？

	現象	自問すべき問題	意味のイノベーションの成果物
人々	**認識のズレ** 人々の生活は変化しているが，業界は時代遅れの解釈から抜け出せていない	・人々の生活に変化はないか ・イノベーションが起きているにもかかわらず，消費者は自社の製品に愛着を失っていないか	**新たな認識** 人々が本当に何を探し求めているかを見極める（潜在的欲望）
競争	**同質化** すべての競合相手が同じ機能を追求する	・自分の業界で最後に「新しい意味」が現れたのはいつか ・競争している製品の評価基準はどれぐらい更新されていないのか？	**新たな喜び** 競合相手とは違う地平に立つ
技術	**技術の置き換え** 新しい技術が現れつつあるが，単に今までの性能をバージョンアップさせるだけにすぎない	・新技術が現れてきているか？	**技術との相互作用** 新技術のまだ知られていない潜在能力を理解する
組織	**混迷／ブレ** 企業が目的を見失い，たくさんの意味を提案している	・自社製品の意味は何か ・最後にそれを問うたのはいつか ・新たなキーパーソンは組織に加わったか？	**ピントが合う** ・方向，明確な価値を顧客に示す ・組織を活性化する ・リーダーシップを確立する

出所：ベルガンティ（2017，八重樫監訳）p. 82

オープンイノベーションが，広くユーザーやその他ステークホルダーの意見を取り入れ，そこから新しいアイディアを創出するのとは異なり，意味のイノベーションを生み出すことができそうな人材を解釈者にして，従来の概念を覆すようなアイディアを創出するというわけである。

意味のイノベーションと地域ブランドマネジメント：愛媛県の e-baseball

愛媛県の地域ブランドマネジメントにはｅスポーツが活用されている。

ｅスポーツはエレクトロニック・スポーツの略で，コンピュータゲーム（ビデオゲーム）を使った対戦をスポーツ競技として捉えるものである。本来「遊び」という意味をもっていたゲームに，「スポーツ」という新しい意味が与えられたわけである。さらにｅスポーツの概念は再定義されて，健常者と障がい者の垣根をとりはらった「インクルーシブスポーツ」と捉えられている。

愛媛県の取り組み：

日本の野球の祖といわれる俳人「正岡子規」を輩出した地であり，夏の甲子園大会でも輝かしい成績を収めてきた愛媛県は，野球とゆかりのある自治体として，ｅスポーツの中でも e-baseball に着目した。他に先がけて，2017 年の「えひめ国体の文化プログラム」で「えひめ e-baseball 大会」を実施した。これは日本初の試みだった。翌 2018 年「愛・野球博」の主要事業として第 2 回えひめ e-baseball 大会，2019 年「eBASEBALL 全国中学高校生大会四国ブロック予選」を開催した。

愛媛県の例が示す地域ブランドマネジメントのデザイン：

第 1 に注目すべきことは，ｅスポーツという意味のイノベーションを，地域の活性化につなげるツールとして活用している点である。バーチャルのスポーツとリアルなスポーツが 1 つの枠組みで，「ｅスポーツのスポーツ化」「スポーツのｅスポーツ化」というように，スポーツの概念の領域を拡張している[7]。

愛媛県は e-baseball と実際の野球を 1 つの概念で捉えることによって，相乗効果を狙っている。古くから野球とのかかわりが深い地域で e-baseball が盛んになれば，地域の認知度の向上や実際の野球の振興に貢献する可能性がある。また実際の野球と同様に，e-baseball 観戦や関連イベントへの参加という形で地域に顧客を呼び込むことによって，スポーツ以外の分野も含め地域ブランド力を向上させる可能性がある。

第 2 に，インクルーシブスポーツ，インクルーシブデザインという新しい概念を応用して，地域の活性化につなげる活動に取り組んでいる点も評価できる。

実際のスポーツの概念は身体の運動をともなうものであり，健常者と障がい者の領域が分かれる。ところがｅスポーツであれば，健常者と障がい者がハンディキャップなしで対戦することが可能であり，健常者と障がい者が 1 つのチームを作って他チームと対戦することも可能になる。

愛媛県は地域の福祉関係機関の協力を得て，e-baseball をインクルーシブスポーツとして推進すると同時に，障がい者の IT スキルの向上や手指巧緻性（こうちせい）の訓練なども推進している。本来，障がい者というくくりの中でどのようにクオリティオブワーキングライフ（QWL）を向上させるかという取り組みが，インクルーシブスポーツという枠組みで行われている。

第3に，プロジェクトの推進主体を明確にしている点が注目に値する。意味のイノベーションを活用するにしても，誰が主体となって，どのように推進するかということが重要なポイントとなる。愛媛県の場合，スポーツ文化部スポーツ局地域スポーツ課が主体的な役割を果たしている。1つの担当部署の下でe-baseballを推進して地域の魅力を発信する活動を進めると同時に，関係部門や関係機関との意見交換や調整を図りながら，障がい者の支援や生きがい作りにつながる活動にも力を入れている。

eスポーツとインクルーシブスポーツという意味のイノベーションを，地域の活性化につなげるために応用するという愛媛県の発想は，地域ブランドマネジメントの新しいアプローチといえるだろう。

2．荒川ブランド・石川金網のケース

地域ブランドにかかわるデザイン・ドリブン・イノベーションを推進していると評価できる企業として，東京・荒川ブランドの石川金網株式会社を紹介する（図表5-4）。同社は，東京都荒川区に本社をおく1922年（大正11年）創立の金網専門メーカーである[8]。

図表5-4　石川金網株式会社の企業概要

代表取締役社長：石川幸男　氏 所在地：東京都荒川区荒川 売上高：600百万円（2018年1月～12月） 従業員数：30名 事業内容：金属加工・金網・フィルター製造販売

出所：石川金網株式会社「エコアクション21環境活動レポート」（2019年1月20日発行）

2-1．事業内容

石川金網の主力事業は金網加工である。製造品目は，パーフォーアート／デザインパンチングパネル，IKスクリーン® ／押出機用スクリーン，自動車用および工業用各種フィルター，パンチングメタル，ふるい，メタル＆ワイヤー加工品などであ

る[9]。

製造以外の領域では，フィルター最適化ソリューション，メタル&ワイヤー加工品の設計・開発・販売，産業機械および周辺装置・部品の設計・開発・販売などの事業を手掛けている。他にイタリアの提携メーカーの商品を輸入・販売する事業もあり，1981年創業の金網メーカー Gaundenizis, s. r. l.（パドヴァ市）からはパンチングパネルを，1929年創業の総合金網メーカー Fratelli Mariani S. p. A.（ミラノ市）からはアートエキスパンドメタルを輸入している。

アートエキスパンドメタルは外壁用建材の1つで，デザイン性とバリエーションに優れた金属スクリーンである。素材は主にアルミニウムとスチールで，平版に切り込みを入れて素材を3～5倍に引き伸ばして作る（エクスパンドする）。使用目的はフェンス，補強材，装飾，壁面緑化下地，カバーなどである。身近に使われていて，インテリア間仕切り，目隠しスクリーン，門扉パネルなどのニーズが日本国内で高まっている。

2-2．金網事業を取り巻く環境要因

金網事業の取引業種は，自動車メーカー，家電メーカー，化学メーカー，食品／厨房関連，住宅／建築関連と多くの分野にまたがるため，それぞれの業界の影響を受ける。

例えば高度成長期は，音響メーカーのスピーカーネットやマイクネットの需要が多かったが，今は国外生産へのシフトによってこれらの需要は減少傾向にある。近年，需要の高い分野は，プラスチックのリサイクルで不純物を取り除くために，押出機に取り付けるフィルターなどである。

2-3．競争力の源泉

競争力の源泉の1つは，事業の一貫性である。同社は創業以来，金網と金網関連事業に徹底的にこだわってきた。大量生産をする一方で，高品質・高精度・高デザイン性の多品種・少量生産も重視している。イタリアの企業からの輸入についても，商品を絞って連携している。事業は一貫しながらも環境の変化に合わせて，大量生産も多品種・少量生産もできる体制を構築し，こだわりのものづくりを堅持している。

もう1つにはスピード対応，特注品の製造などフレキシブルな対応で差異化を図っている点が競争力の源泉となっている。

2-4. おりあみ事業の誕生

「おりあみ／ORIAMI®」は装飾用金網で，従来の工業用金網にデザイン性を加えて開発したものである。素材は丹銅，ステンレス，銅などで，ファブリックメタルと呼ばれる。用途は，照明器具，文房具，玩具，ファッション，バッグ，ポーチ，アクセサリーなど多岐にわたる。

ある時社員の一人が，休憩時間に金網を折り紙のように折ったことが，おりあみ事業につながっていく。2008年リーマンショックのあおりを受けた時，高度な加工技術をアピールするために荒川区の展示会に金網で作った折り鶴をおいたところ評判となり，次の展示会で体験コーナーを設置，モニター販売は完売だった。その後，折り紙アーティストに太さの異なる金網を使って作品を折ってもらって使いやすい金網の種類を絞りこみ，アドバイスを受けて子供でも遊べる安全な商品開発を進めて，2015年12月，おりあみの販売を始めるに至った。現在，石川金網のおりあみは，東京・荒川ブランド商品である。

荒川区のブランド「ara!kawa」

東京都荒川区は人口約21万人（2018年統計）の自治体である。生活関連産業を中心に，金属製品製造業や印刷業など多様なものづくり企業が集積している地域である。荒川区は，地元の製品や技術を広く区内外に発信するために，ものづくりのブランドを立ち上げた。目的はB to Cの販路開拓を強化することだという。B to Cを重視しながら，B to Bの事業の活性化も期待されている。

ブランドを立ち上げた背景には，荒川区のものづくり企業が過去15年で半減してしまったこと，それにともない技術が失われてしまう危機感，少子高齢化などの環境の変化がある。

2019年11月1日，ブランドを披露するために，ブランドコンセプト，ロゴ，PR動画の発表が同区で行われた。販売イベントの開催，ウェブサイトの開設，デザイナーとのコラボ製品の募集などを行いプロジェクトを進めている。

ブランドコンセプトは「ara!kawa」で，「あら，かわってる」「あら，かわいい」を指針に驚きや共感を表現している。同区は，言葉の意味を次のように示す。

「あら，」→「驚き」「発見」「豊かな感性」が込められた一瞬のフレーズ

「かわってる」→「新しさ」「独創性」「強い印象を受けたこと」を表す言葉

「かわいい」→「共感」「驚き」「好感」を表す言葉

また「ara!kawa」は，荒川区の地名「あらかわ」と掛け言葉となっている。感嘆符「！」は単語や文章の最後に入れるのが一般的であるが，ara と kawa の間に入れて驚きの表現を強調している。アルファベットを使って表現しているのは，インバウンド需要や海外のマーケットを意識したものだろう。

「arakawa」としないで，感嘆符「！」を途中に挿入して「ara!kawa」としていることは，覚えてもらいやすく印象に残りやすくする工夫と評価できる。第２章で紹介したケラーのいう「記憶可能性（再認されやすく，再生されやすいこと）」「意味性（視覚的なイメージにおいても言語的なイメージにおいても楽しく，興味深く，豊かであると同時に，信頼性があり，示唆に富んでいること）」に該当するだろう。

なお，ロゴマークの色はピンクで，心理的効果として愛情，幸せ，かわいさなどをイメージさせる。この色使いもブランドコンセプトとマッチしているといえる。

ara!kawa のブランディング：

組織的な取り組みとして，荒川区ブランディング推進委員会，荒川区ブランディング研究会，荒川区・経営支援課のサポートの下で ara!kawa のブランディングが行われている。プロジェクトは始まったばかりで，成果がでるのはこれからである。具体的な活動の例をみてみよう。

・デザイナーとの連携：荒川区ブランディング研究会を通して，デザイナーが積極的に参加している。参加メンバーは，東京造形大学，女子美術大学，昭和女子大学，東京都立大学に所属する研究者・デザイナー，プロのコピーライターなどの専門家である。荒川区内の大学や荒川区出身のデザイナーに限定しないで，区内のものづくり企業とデザイナーの両方にとってウィンウィンの関係になるようなしくみが形成されている。

・地元企業の連携：プロジェクトでは，石川金網株式会社，株式会社オフィスサニー，株式会社日興エボナイト製造所など，区内に立地する代表的な企業が連携している。石川金網の石川社長は，「ブランディングは企業価値を高めることである。単独でやるより，とがった企業が集まることで，新たな価値を生み出す相乗効果を期待する」と述べる。この言葉には２つのキーワードが含まれている。「とがった企業」と「集まる」である。「とがった企業」とは，提供する製品・サービスにこだわりをもつ企業のことであり，「集まる」とは連携のことと解釈できる。

3．本章の分析モデル

本章では，地域ブランドにかかわるデザイン・ドリブン・イノベーションのモデルケースとして，第2節で紹介した石川金網のおりあみ事業を取り上げる。2019年5月から7月にかけて石川金網を訪問し，おりあみの特徴をはじめ，図表5－5に示す分析モデルにしたがって，次の5つの視点からインタビュー調査を実施した。

・おりあみ事業を推進していく上で，プラスにはたらく環境要因（促進要因）は何か
・おりあみ事業を推進していく上で，障壁となる環境要因（阻害要因）は何か
・意味のイノベーションから生まれた製品について，どのようなプロモーション戦略をとっているか
・実践コミュニティ（community of practice）にどのようにかかわっているか[10]
・石川金網のデザイン・ドリブン・イノベーションの進め方には，どのような特徴がみられるか（解釈者，関係資産の構築など）

図表5－5　分析モデル

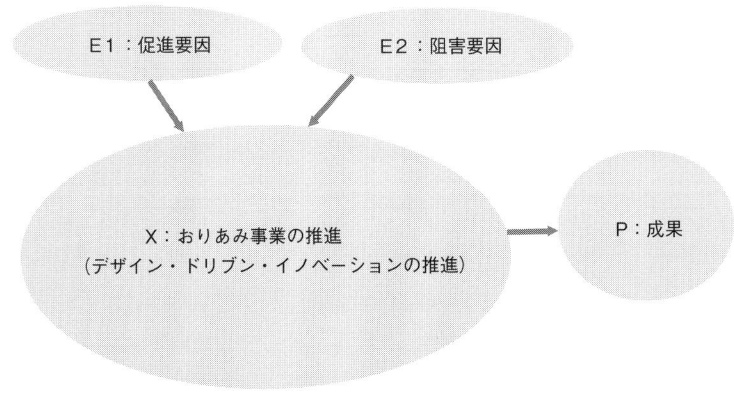

出所：筆者作成

4．意味のイノベーション：機能からアートへ

石川金網が手掛ける金網の従来の意味は，「建設現場などでは危険物の落下や鳥の侵入を防止すること」「食品産業などでは不純物や異物を取り除くこと」など，機能にかかわるものである。これに対し，おりあみという金網の新しい意味は，「装飾」

や「アート」の分野に属する。

4－1．高度な技術とおりあみ

同社の技術は，鉄，アルミなどの標準材質から，レアメタル，プラスチック，箔のような非常に薄い素材に至るまで，精密な金網加工を可能にするもので，他の加工技術との組み合わせによって，さらに複雑な加工もできる。

おりあみは，折り紙と同じように使うこともできるし，アクセサリーなどを作ることもできる商品である。折り紙や他のアート作品と異なる点は，エッジ（おりあみの端）処理の重要性である。エッジ処理をしっかりしておかないと，金網が衣服などに引っかかってしまう可能性がある。

2016年，おりあみは，世界発信コンペティションで東京都ベンチャー技術奨励賞を受賞した[11]。2018年には第18回ホビー産業大賞「経済産業大臣賞」を受賞，同年1月には特許を取得している。

おりあみの特徴

東京都ベンチャー技術奨励賞のパンフレットに次のような記載がある。

・金属の特性である形状記憶特性を有する。
・極細線を使用することで鋭利な部分をなくし安全性を確保。
・布のようにしなやかで，紙のように自由に折ることができる。
・金属でできているため，半永久的に折り紙として鑑賞可能である。
・表面処理（塗装，メッキ）可能。
・水に濡れても問題ないので，屋外や水中でも使用可能である。
・金型による立体成型が可能。
・折り方，材質，カラー素材，線の太さなどで色々な種類の製品ができる。例えば，アクセサリー，芸術作品など。

4－2．石川金網のプロモーション戦略

おりあみ開発当初は販売ルートもなく，社長個人のアカウントで商品を紹介したところ反響があり，社員もおりあみを紹介し始めた。そこからタッチポイントの拡充が進んだ。同社は現在，見本市・展示会にも積極的に出展している。

4-2-1．デジタルタッチポイント

社長をはじめ社員が抵抗なくSNS（フェイスブック，ツイッター，インスタグラムなど）を活用して，新しいアイディアや情報を得たり発信したりしている。例えば，日本折紙協会の講師の協力の下，社内の専門家が開発したおりあみ作品をSNSで紹介している。SNSの活用は，石川金網のブランドイメージの向上やウェブサイトへのアクセス数の増加という相乗効果をもたらしている。これまで取引のなかった企業からの問い合わせや相談が増え，新しい情報も入ってくるようになったという。

タッチポイントは多言語表記になっている。多くの中小企業にとってタッチポイントの整備は未だハードルが高いという現状において，石川金網はグローバル対応をして差異化に努めている。

4-2-2．ヒューマンタッチポイント：見本市・展示会

2017年からミラノサローネに，おりあみとKANAORI（異素材を組み合わせた金網）を出展している。KANAORIは，2013年度東京ビジネスデザインアワードで「優秀賞」と「テーマ賞」を受賞し，2017年11月に特許を取得した同社のブランドである。

イタリア・ミラノでは毎年4月にミラノデザインウィークが開催される。ミラノサローネはインテリア家具や小物の輸出促進を目的とする見本市で，1961年から続いている。ミラノサローネとその周辺のフオーリサローネに世界中から人が集まる。東京都や荒川区の補助もあって，2019年で連続3回目の出展となった。

イタリアだけでなく，ロシア，タイ，米国などでの見本市や展示会にも積極的に参加している。日本での見本市やイベントには，月平均3～4回のペースで参加している。その一例としては，大手航空会社からイベント開催時におりあみ展示の依頼があり，社員が大きなおりあみの鶴を製作して展示したことがある。

4-2-3．ミラノサローネ出展の効果

ミラノサローネ出展の効果としては現在のところ，ミラノにある日本雑貨店での販売，量販店のような企業やホビー関係の店からの問い合わせなどがある程度にとどまっており，海外での大型受注にはつながっていないという。見本市には多くの日本企業も参加しており，むしろ日本国内での関心を高める効果を感じているそうである。

同社は見本市をきっかけに，海外向け公式サイト“ORIAMI”を開設した。これが

対外的だけでなく，社内の変革を引き起こすという効果も生んだそうだ。

4－3．おりあみ事業を取り巻く環境

おりあみ事業を推進していく上で，プラスにはたらく環境要因（促進要因）と障壁となる環境要因（阻害要因）を整理してみよう。

4－3－1．促進要因

第1の促進要因は，東京都荒川区に立地しているという環境特性をもつことである。地域的にものづくり企業が多く，企業同士の連携や意見交換がしやすい。

第2に，東京都は中小企業への支援が充実しており，助成金を活用しやすいことである。助成の対象は，新商品開発，新技術開発，市場開拓，国内外の見本市・展示会への出展などいろいろある。助成金を得ると，東京都や荒川区が新商品開発をサポートしているという意識から，社内のコンセンサスが得やすくなるというメリットもあるという。

第3の促進要因は，おりあみ市場の可能性である。従来の金網事業はB to Bが中心であったのに対し，おりあみ事業はB to Cのマーケットも対象になる。どこまで拡大するか未知数だが，各方面から提案や問い合わせがあることを考えると，潜在的な市場を期待できる。

第4に，イベントや観光案内を通じて，多くの人におりあみを認知してもらう機会も促進要因となる。ホテルで，観光スポット・体験ツーリズムの1つとして，おりあみを紹介するという方法もとられている。

4－3－2．阻害要因

第1の阻害要因は，折り紙が代表的な遊びのツールでなくなったことである。かつて折り紙は日常的に親しまれていたが，今は遊びのツールが激変したことと少子高齢化の影響で，誰もが折り紙で遊ぶという環境ではない。

第2の阻害要因は競合相手の新規参入である。おりあみマーケットが拡大すれば，類似の製品を発売する企業や団体の出現が予想される。日本の企業，海外の企業など新規参入は脅威となり得る。

第3に，おりあみを使ったアート作品が，肖像権や知的財産権の問題に抵触するリスクが阻害要因になり得る。実際，個人がSNSに掲載したものが，許可なく掲載されたというクレームが会社に寄せられたことがある。

第4に，グローバルレベルでおりあみの認知度をあげたいが，コミュニケーションの面で，多言語で対応できるインストラクターの不足は阻害要因になっている。

4-4．実践コミュニティ：おりあみアートクラブ

実践コミュニティ（community of practice）とは，情報交換・技術向上・コミュニケーションを目的として愛好家が集まる場のことで，1つのマーケットである。石川金網の公認団体おりあみアートクラブは，2016年6月に設立された実践コミュニティで，石川金網がさまざまな形で支援している。

おりあみは多くのメディアでとりあげられてきたが，素材そのものの認知度は低い。認知度をあげるためにインストラクターの養成が必要だという。アートクラブでは年2回インストラクター養成講座を開催しており，これまでに約50名のインストラクターを育成した。石川金網は，インストラクター養成講座の際，最初におりあみ開発の歴史や素材の特徴を説明する時間をとっている。

アートクラブは，インストラクターを店舗やワークショップへ紹介したり派遣したりする活動や，おりあみアートキット（作品づくりのための素材）・テキストの販売を行っている。石川金網は，おりあみの販売促進のために，アートクラブの会員に割引価格でアートキットを提供するという支援も行っている。

インストラクター養成講座やワークショップなど，おりあみを学ぶ場の創出は，展示会やコンテストという次の活動の場を生む可能性をもつ。展示会やコンテストは，おりあみ作品の開発や素材の品質向上へとつながると期待される。

5．石川金網にみるデザイン・ドリブン・イノベーション

石川金網のデザイン・ドリブン・イノベーションはどのように進められているか。「解釈者の存在」「話題性」「新たなハードルの克服」「関係資産の構築」「新しいマーケット」という点から整理しよう。

5-1．解釈者の存在

石川金網には，おりあみの発端を見逃さない，意味の「解釈者」がいた。

一般にイノベーションというと，研究開発費を投入して大がかりなプロジェクトを組むイメージがある。石川金網ではある日，社員の一人が金網を折り紙のように使った。その時「おもしろいね」の一言で見過ごされたかもしれない遊び心を，新規事業

のヒントとして捉えた「解釈者」の存在がイノベーションを起こした。

同社が，この小さなきっかけを見逃さない目をもっていたのは，1990年には既にアートパネル＆メタルワーク事業部を新設して，金網のアート性に注目していたからである。パンチング技術のアート的側面に敏感な企業文化が，意味の「解釈者」を育んでいたといえるだろう。

5－2．話題性

アイディアから商品販売へと進めるプロセスで，市場に出す以前に，おりあみは既に話題になっていた。2015年12月の発売開始の前のプロセスで，作品の展示などを通して，おりあみは新聞やテレビで紹介されていた。マーケット参入以前からメディアにとりあげられていたので，どのような人が関心をもつか，市場の関心がどれくらいあるかなどを知ることができた。中小企業にとっては，話題性は広告宣伝費の負担軽減になるというメリットがある。

5－3．新たなハードルの克服

おりあみを商品化するプロセスで，「折りやすさ」「安全性」「知的財産の保護」「グローバル対応」といった，新たなハードルが生まれてきた。

折りやすく安全なおりあみを生産するために，金網の太さや素材の面で，次のテクノロジー・プッシュ・イノベーションが必要となった。また，安全性を確保するために，注意喚起に関する改善を行い，安全のしおりをパッケージに入れることにした。技術やブランドを守るためには，特許取得や商標登録を行っている。そしておりあみの発売と同時にグローバル市場を意識しているといえる点としては，タッチポイントの多言語対応や，安全のしおり（safety leaflet）における英語での注意喚起などがあげられる。

5－4．関係資産の構築

デザイン・ドリブン・イノベーションを推進するには，「関係資産の構築」が必要とされる[12]。石川金網は，日本折紙協会や折り紙アーティスト・デザイナーといった関係資産を構築している。

おりあみ作品の開発は，基本的には社内の専門家が進めているが，他の仕事と兼務するため時間的な制約がある。新しい発想や異なる視点からの作品づくり・商品開発には，折り紙アーティスト・デザイナーの協力が不可欠である。作品・商品の開発において協力を得るだけでなく，アーティスト・デザイナーの活動にも積極的な支援を行っており，関係資産とウィンウィンの関係を築いている。

5－5．新しいマーケット：ギフト市場と実践コミュニティ

おりあみのマーケットの可能性は，アート作品の材料という領域の他に，1つにはギフト（お土産）の領域にある。ホビーショー，ギフトショー，イベントなどに出展してみて，ギフトとしての需要があることがわかったという。ただしギフトのマーケットに進出するには，買いやすい価格設定，大きさや重さへの配慮などが必要になってくる。もう1つには，実践コミュニティという新しいマーケットの開拓が可能である。折り方を教えたり学んだり，技術・アート性に関する情報を交換・共有するマーケットの期待値は大きい。実際におりあみアートクラブが設立され，インストラクター養成講座を開催している。こうした活動は，素材の特徴を理解したり新しい可能性を共有したりしながら，また新たなマーケットの開拓へとつながっていく。

本章のポイント

デザイン・ドリブン・イノベーションの核心である意味のイノベーションとは，商品・サービスが従来もつ意味・価値から，革新的で新しい意味への転換や新しい価値の創造をすることを指す。また解釈者とは，従来の支配的な見方を疑うことや概念を再定義することを役割とする人を指す。

ケースとしてとりあげた石川金網のデザイン・ドリブン・イノベーションは，金網に機能的な意味からアート性の意味をみいだして，おりあみが開発されたというものである。同社へのインタビュー調査からは，次のような成功要因がみられる。

第1には解釈者が存在したことである。同社のイノベーションにおける解釈者は，社員の一人が金網を折り紙のように使ったのをみて，新規事業のヒントにし，新しい意味への転換につなげた周囲の社員，役員，イベント参加者たちである。

第2の成功要因は事業化への進め方にある。意味のイノベーションを事業化するためには，技術革新とプロモーション戦略が重要である。技術革新は，同社の金網と金網関事業に徹底的にこだわった生産技術・加工技術によって進められている。プロモーション戦略は，社長主導によるデジタルタッチポイントの整備（SNSの積極的活用など）や，海外・国内の見本市・展示会・イベントなどへの積極的参加によって，消費者の反応をみながら進められている。また，アーティスト・デザイナー，お

りあみアートクラブ（実践コミュニティ）といった関係資産の構築にも積極的である。

第3の成功要因として，外部環境では，東京・荒川区という立地環境の有利性，自治体からの助成金，幅広い業界から新しい素材として注目されていることなどが促進要因となっていることが指摘された。

他方，今後リスクとして考えられるのは，競合企業の新規参入の脅威，アート作品にかかわる知的財産権の問題発生などである。

注

1 研究動向に関しては，八重樫・後藤・安藤・増田（2019）「意味のイノベーション／デザイン・ドリブン・イノベーションの研究動向に関する考察」が詳しい。

2 ベルガンティは，デザインの定義に関して，Krippendorff（1989）の論文を取りあげ，“Design is making sense (of things)”としている。日本語訳では，「デザインとは，（モノに）意味を与えるもの」となる。

3 ベルガンティ（2012，佐藤監訳）pp.90-92。

4 ベルガンティ（2017，八重樫監訳）pp.53-61。

5 ベルガンティ（2012，佐藤監訳）p.292。

6 ベルガンティ（2017，八重樫監訳）p.282。

7 2019年12月21日，青山学院大学「eスポーツと地域振興」研究会資料。

8 石川金網「会社案内」。

9 製造品目中のパーフォーアート／デザインパンチングパネルとは，デザイン性と機能性を併せもつ，パンチングメタルである。日本語では打ち抜き金網という。英語ではPerforated Metalといい，パーフォーアート（PERFOR-ART）はそこからきているそうだ。IKスクリーン®は，押し出し機専用フィルターである。いろいろな原料や材料に含まれる不純物や異物を取り除くために必要な製品である。同社は業界でトップシェアを誇り，押出機専用メーカー，化学工業，プラスチック工業，電線工業，合成繊維工業，ゴム工業など非常に幅広い業種で使用されている。

10 人類学者であるJean LaveとEtienne Wengerは，実践コミュニティの発展要件として次の3つが重要と述べる。領域（domain）：熱意をもって取り組む専門知識の分野があること。コミュニティ（community）：人が同じ関心や熱心さでつながれる場があること。実践（practice）：かかわり合いの中でなされた活動。この集団ではコーディネーターの役割が重要である。中心となるコーディネーターがいて，実践コミュニテイは活性化するだろう。

11 東京都が，中小企業の革新的で将来性のある製品・技術・サービスについて表彰している。

12 ベルガンティ（2012，佐藤監訳）pp.294-295。

6

盆栽（BONSAI）のグローバリゼーション

はじめに

盆栽は，海外で高い人気を誇る，日本ブランドである。BONSAIという言葉が定着し，愛好家だけでなく，ギフト用に盆栽を選ぶ人たちもいる。日本の盆栽は，関連商品を含めて総合的に，海外ではその評価が非常に高い。

日本でも盆栽への根強いニーズはあるが，一部の限られた愛好家に支持されるものというイメージが強い。世界では，さまざまな国際ネットワークを介して，盆栽のイベントやワークショップが開催されており，活発な交流活動がみられる。

本章では，イタリアのBONSAI市場と大宮盆栽美術館の取り組みについて触れる。海外需要・インバウンド需要の増加が，盆栽の魅力を再認識するきっかけとなって，地域の活性化へとつながる可能性を探る。

1．盆栽の概要

盆栽の「盆」は皿や器，「栽」は植物を意味する。すなわち「盆栽」は「容器に植えられた樹木や草花」であり，人の手を加えて作品に創り上げるものである。樹高が20cmまでのものを「小品盆栽（しょうひんぼんさい）」，10cmまでのものを「ミニ盆栽」と呼ぶ。植える植物によって，いくつかの種類に分かれる。

まず盆栽の種類，主な産地と盆栽展，関連商品，グローバル市場のBONSAIについて概観しよう。

1－1．盆栽の種類

盆栽は樹種によって次のように分類される。

・松柏（しょうはく）盆栽：「松柏」は，松と真柏（しんぱく）（ヒノキ科の植物）を合わせた呼び名で，常緑針葉樹が代表格である。松は長寿のシンボルで縁起が良いとされる。

・雑木（ぞうき）盆栽：雑木とはモミジやカエデなどを指し，青葉から紅葉へ色を変える樹木である。

・花物（はなもの）盆栽：桜，梅，菊，藤，サツキなど花を楽しむ盆栽である。

・実（み）もの盆栽：ひめりんごやさくらんぼなど果実をつける木を使用した盆栽である。

・草物（くさもの）盆栽：主に草を使用する盆栽で，多年草，一年草，多肉植物，高山植物などが使われる。

この他にも，キノコを使ったキノコ盆栽という分野もある。

1－2．主な産地と盆栽展

日本を代表する盆栽の産地として，埼玉県さいたま市の大宮盆栽，香川県高松市の高松盆栽，栃木県鹿沼市のさつき，千葉県匝瑳（そうさ）市の植木などが知られている。

1－2－1．大宮盆栽

1923年（大正12年）の関東大震災を契機に，東京の盆栽業者が広い土地や新鮮な水と空気を求めて埼玉県大宮へ移り住んだのが，大宮盆栽の始まりといわれている。大宮盆栽村ができた時，住民協約が定められた。協約の中には「盆栽を10鉢以上もつこと」「門戸を開放すること」「二階家は建てないこと」「ブロック塀は作らず，家の囲いは生垣にすること」などの約束事があり，それを守ってきたことが現在でもさいたま市北区盆栽町の優れた景観と具体的な振興方策を維持することにつながっている[1]。

1989年大宮市（現在のさいたま市）で，World Bonsai Friendship Federation（WBFF）による第1回世界盆栽大会が開催された。大会は4年ごとに開催されており，2017年，28年ぶりにさいたま市で第8回世界盆栽大会が行われた。参加者の数は，第1回大会の時の31か国700人余りに比べると，第8回の時は約40か国4万5

千人と，各段に増加した[2]。

1-2-2．高松盆栽

香川県高松市は，銀八五葉松や高級品の黒松盆栽など日本一の松盆栽の生産地である[3]。香川県の気候は温暖で雨と風害が少なく，盆栽に適した立地条件を備えている。特に高松市鬼無（きなし）地区と国分寺地区で育つ松盆栽は樹形が美しく，水はけのよい砂壌土で育つため根腐れしにくく，傷まないという評価を得ている。苗木から完成品，一般向けから高級品までさまざまな盆栽が作られており，贈答品や記念品としても活用される。

2017 年 7 月，高松市は「高松盆栽の郷」基本構想を発表した。基本方針として，国内需要の拡大，輸出の拡大，産地基盤の強化など積極的な取り組みを行っている。

1-2-3．鹿沼のサツキ

サツキ（皐月）は，1 本の木に複数の色・柄・形の花を咲かせ，花物盆栽の代表といわれる。鹿沼市は日本有数のサツキの産地で，2019 年 5 月，バチカン市国で，市花であるサツキ盆栽をローマ法王に献上して話題になった。1 本の木に複数の色・柄・形の花を咲かせるサツキの特徴に，人類の多様性・差別解消という願いを込めているのだという。

地域ブランド推進の中核的な役割をはたしているのは，公益財団法人鹿沼市花木センター公社と，同市で活動している 10 以上のさつき園である。約 13 万坪（40 万 m^2）の広さを誇る花木センター公社は，毎年 4 月から 5 月上旬にかけて開催される「鹿沼さつき祭り」のメイン会場となる。このイベントでは，サツキや特産品の展示・販売が行われ，毎年 30～50 の新種のサツキが認証・登録されるそうである。一方，10 を超えるさつき園については，現在のところ，サツキの輸出販売まで手掛けているところは少ないものの，実際に手掛けている園によると，これからの海外市場の成長性は期待できるという。

今後，鹿沼市の地域ブランド推進は，サツキを中心としながらも他の園芸・花き産業・観光産業などと連携し，複合的なテーマパーク化の方向にある。

1-2-4．盆栽展

日本で開かれる主な盆栽展は，国風盆栽展（東京都），大観展（京都府），長浜盆梅展（滋賀県）などである。他にも各地で盆栽イベントが開催されている。

1-3．盆栽の関連商品

代表的な関連商品として，ここでは鹿沼土と根岸産業の如雨露を紹介する。他にも，盆栽鉢，肥料，殺虫剤，盆栽用のこけ，水石，盆栽に関する書籍などの商品，盆栽教室，展示会，輸出サービス，盆栽関連のツアーなど，関連商品・サービスのすそ野は広い[4]。

1-3-1．鹿沼土

栃木県鹿沼市を中心にとれる軽石のことを鹿沼土という。赤城山から噴出した軽石が風化したもので，鹿沼市全域で産出される。土と名前がついているが実際には軽石で，園芸用の土として，保水性，排水性，団粒構造で崩れない（粉になって流れない），土壌の酸性度（pH）などの条件において，最も盆栽に適した土と非常に高く評価されている。

1-3-2．根岸産業の如雨露

如雨露は盆栽や植木に水をかける道具で，愛好家にとって重要なアイテムである。ポルトガル語の jorro（噴水）が語源だという。

根岸産業有限会社は，東京都墨田区のブランド「すみだモダン」に認定されている如雨露の専門メーカーである。1944 年 4 月，神社仏閣の屋根職人であった初代が，トタンで園芸金物を製造する会社としてスタートした。2 代目が，銅，真鍮，ステンレス製の如雨露を考案し，園芸用如雨露の専門メーカーとなった。3 代目の現在，これまでの技術を継承しながら，デザイン性の優れた如雨露を開発している。

根岸産業へのインタビューより

2019 年 6 月に根岸産業を訪問して，同社の戦略について聞き取りをした。

根岸産業の代表的な商品は銅製如雨露である。高価な盆栽の水やりには非常に気を遣う。不適切な水やりで盆栽が枯れるということはしばしば起こるそうで，盆栽のプロや愛好家にとって，理想的な水やりができる如雨露は魅力的な商品である。

銅製如雨露は，銅の殺菌力により水を腐りにくくする上に，水に溶けだす銅イオンの効果により，盆上の苔の生育を促進する効果がある。また，長持ちするという特徴があり，30 年は使えるという。

競争戦略：

競争戦略の視点からは，差異化集中戦略に分類される。根岸産業が参入しているのはニッチ市場である。国内の市場では，盆栽のプロや愛好家からはもちろん，大手種苗メーカーからも注文が入る。海外の市場でも人気が高く，イタリア，ドイツ，フランス，オランダなどのEU諸国，イギリスや米国からも注文がくる。2019年にはフランスから170台の注文があったという。

競争力の源泉：

根岸産業の競争力の源泉は，第1に，軽くて使いやすい如雨露という機能性を追求していることである。如雨露には5～6リットルの水を入れるため，水やりは重労働といえる。毎日使うものなので，軽さと使いやすさが鍵となる。竿の部分を長くすることで水圧を一定にし，安定した水やりが可能になる。購入者の意見をとり入れて，絶えず製品の改善を行っている。銅製如雨露は水を腐りにくくするという点も強みである。

第2に優れたデザイン性である。根岸産業の如雨露は群を抜いて洒落ている。独特のオシャレ感がある如雨露は，水やりの道具としてだけではなくインテリア小物としての印象も放つ。

第3には，恵まれたプロモーション戦略といえる。根岸産業の如雨露は，自らが積極的に行うというより，周囲がプロモーションを担うケースが多い。墨田区のブランド「すみだモダン」に認定されているため，まず墨田区によるプロモーションがあげられる。大手企業の広報誌にも頻繁にとりあげられたり，欧米のガーデニング愛好家向けの雑誌にも紹介されたりする。

グローバル対応のタッチポイント：

根岸産業のウェブサイトは，会社の概要や如雨露の紹介を，日本語と英語で表記している。フェイスブックやインスタグラムでは積極的に意見を集め，分析するそうである。

海外でのフォローアップは非常に重要と考えている。年2回程度は海外へ出かけ，以前に如雨露を購入してくれた人を訪ねて挨拶したり，修理したり，相談に応じたりして，直接に何らかの要望を聞くようにしている。

海外の見本市・展示会については，パリとミラノに出かける。ミラノではホミー展（イタリアの代表的なギフト・インテリアの見本市），ミラノサローネなどに出展している。

1-4．グローバル市場のBONSAI

海外の市場では，BONSAIはアート作品として捉えられている。BONSAIは個人レベルの鑑賞や購入にとどまらず，愛好家ネットワークを通じてさまざまな活動につながっている。

1-4-1．アートとしてのBONSAI

BONSAIは単なる商品ではなく，アート作品として評価される。輸出統計上は農産物に分類されるが，文化的な要素が極めて強い。

Bonsai ArtあるいはArt of Bonsaiと呼ばれ，社会的にインパクトの強い有名人をはじめ，幅広い層にアート作品として注目されている。動かない作品として楽しむケースと専門家による盆栽デモンストレーションを楽しむケースがある。

1-4-2．グローバルネットワーク

BONSAIの代表的なグローバルネットワークは，前述のWBFFやBonsai Clubs International（BCI）などであり，BONSAIの国際大会の開催，英文の季刊誌の発行などの活動をしている。国際大会では，BONSAIのデモンストレーション，イベント，ワークショップなどが企画される。EUでは，European Bonsai Association（EBA）を始め，いくつもの盆栽協会や盆栽クラブなどが存在し，組織的な活動がみられる。各地で定期会合の開催，雑誌やニュースレターの発行，欧州での年次大会などが行われる他，愛好家同士の技術力向上やコミュニケーションの場である実践コミュニティという市場もある。

World Bonsai Friendship Federation（WBFF：世界盆栽友好連盟）

WBFFは1989年から4年ごとに世界盆栽大会を開催している。2017年，初回以来28年ぶりにさいたま市で第8回大会が行われた。次回の大会は2021年にオーストラリアで開催される予定である。

Bonsai Clubs International（BCI：国際盆栽クラブ）

BCIは米国に本部をおく会員組織で，会員向けの英文雑誌を年4回発行し，さまざまな情報提供を行っている[5]。会員以外の人にもBCIのイベント情報を提供している。季刊誌の編集には，イタリア，米国，カナダ，オーストラリア，台湾，中国，インドなどの愛好家が名を連ねている。同誌では時々，春花園BONSAI美術館（東京都）の小林國雄氏の活動が詳しくとりあげられる。

European Bonsai Association（EBA：ヨーロッパ盆栽協会）

EBA は 1980 年に設立された非営利団体である。2020 年 4 月段階で，イタリア，イギリス，オーストリア，オランダ，スイス，スウェーデン，スペイン，スロバキア，スロベニア，チェコ，デンマーク，ドイツ，フランス，ハンガリー，ベルギー，ポーランド，ポルトガル，モナコ，リトアニアの 19 か国が加盟している。活動目的として，メンバーの関係強化，盆栽のアート性・知識の向上，アマチュア盆栽家の技術力の向上などをあげている。毎年 EBA の大会でコンテストが行われる。その中の新人コンテストは，年齢を問わず才能のある人を発掘することを目的としている。

2．盆栽に関する研究・報告

盆栽については，幅広い分野から論じられている。ここでは，マネジメント分野とヘルスサイエンス分野の研究，イタリアにおける盆栽ブームの経緯に関する報告に触れる。なおここでは取り上げないが，他に農業や土壌の分野で，土壌線虫対策などの論文も散見される。

2-1．マネジメント分野の研究

片野・吉田（2015）は欧州を中心に，盆栽市場や EU での流通政策について論じ，盆栽の海外生産移転型を提案している。海外生産移転型とは，現地に盆栽生産工場を建設し，盆栽を生産・販売する戦略で，IT 技術を駆使した工場へ日本の盆栽家を派遣して管理するというものであり，そのメリットとデメリットも整理している。

第 1 のメリットは，低コストで大量生産が可能となり，盆栽を欧州の市場に流通させることができること，第 2 のメリットは，盆栽自体の生産を現地で行うことで検疫問題が解消されること，第 3 のメリットは，現地の盆栽家を雇うことによって海外の盆栽家の育成が進むことである。

デメリットについては，第 1 に，海外生産に移行すれば日本国内の盆栽産業が空洞化する可能性をあげている。次に，日本古来の盆栽文化が変容して逆輸入される懸念を指摘する。もう 1 つは，盆栽生産工場建設のための資金や工場システムの構築の問題を指摘している。

2-2．ヘルスサイエンス分野の研究

医療や福祉の分野でも盆栽に関心がもたれている。「ネイチャーセラピー」の1つとして，癒しの効果やリラクゼーションの効果に関する研究がされている。Song et al.（2018）は，盆栽が高齢者のリハビリに効果があるかどうかの実験として，64歳から91歳までの患者を対象に盆栽を鑑賞してもらう実験を行った結果，身体的な癒しの効果やリラクゼーション効果があることを検証している。

この他にも，Doyle, Tisdell, & Palmer（2019）は，盆栽は瞑想（meditation）のための手段として有効であると論じている。

2-3．イタリアの盆栽ブームの経緯

日本貿易振興機構香川貿易情報センター農林水産部（2010）の「欧州地域（イタリア，ベルギー）における盆栽輸出可能性調査」は次のように述べる[6]。以下，引用する。

「イタリアにおける盆栽の歴史についてのまとまった記録やデータはないが，盆栽に関する最初のイタリア語書籍が出版されたのは1964年に村田憲司著の「盆栽入門書」である[7]。また，本格的な日本盆栽がイタリアではじめて一般に公開されたのは，1966年に北イタリアの港町ジェノヴァで開催された花の国際見本市「EUROFLORA MONDIALE」に五葉松，シンパクなど日本産盆栽20点が展示された時とされている。

その後，イタリア国内に盆栽の愛好家が少しずつ増えていき，70年代後半から日本からの盆栽輸入が始まった。1979年にはイタリアにおける盆栽普及のパイオニア企業，CRESPI BONSAIがミラノで創業し，盆栽輸入を本格的に始めた。同時に，1980年初頭に盆栽愛好会などが誕生しはじめ，80年代末から90年代はじめにかけて各地に多数の愛好会ができるなど，一種の「盆栽ブーム」が生まれることとなった。愛好家や盆栽専門家による盆栽展なども各地で開催されるようになっている。

イタリアにおける盆栽普及・定着の大きな「分岐点」と考えられるのは1990年前後といえる。1989年に日本で開催された盆栽世界大会にイタリアのプロやアマの代表が訪れ，大きなインパクトを得てイタリアに戻った。翌年の1990年に，イタリアで第1回ヨーロッパ盆栽大会が開催され，日本盆栽界の巨匠とされる木村正彦氏が特別ゲストとして招聘されデモンストレーションを行い，関係者に強い感銘を与えた。その際，アシスタントとして同行した鈴木英夫氏に対し，イタリアに本格的な盆栽の学校をつくってほしいという要請があり，生まれたのが鈴木英夫氏による「スズキ・

スクール」で，その後「SCUOLA D'ARTE BONSAI」という名称の8年制の教育機関に成長した。同氏が20年近くイタリアに通い指導したこの学校から，70名近い卒業生が輩出され，現在イタリア各地で活躍している。

盆栽への関心が高まる中，1995年には，それまで国内に3つあった盆栽愛好家クラブの団体が合流して，「イタリア盆栽クラブ連盟 UNIONI BONSAI ITALIANI」が結成された。

90年代後半には日本からの盆栽を輸入するイタリア企業も増え，過熱する勢いをみせたが，90年代末をピークに日本からの盆栽輸入ブームは縮小し，2000年以降は安定期に入っている。

盆栽の愛好家，指導者などは熱心な活動を行っており，1996年には，盆栽と水石の専門インストラクターの団体である「イタリア盆栽・水石指導者会」（Colleggio Nazionale Istruttori Bonsai E Suiseki）が創立され，盆栽指導者の資格認定を行い，指導者層の資質向上のための活動を展開している。（以下略）」

他に，イタリアで盆栽に関心が寄せられるようになったきっかけには，映画「ベスト・キッド」とミュージシャンであるレッド・カンツィアン（Red Canzian）氏の影響もあるようだ[8]。

3．本章の分析モデル

日本の盆栽の方向性を，国内外の視点から探ってみよう（図表6-1）。分析に当たり，イタリアでは盆栽事業者に，日本国内ではさいたま市の大宮盆栽美術館（The Omiya Bonsai Art Museum），および盆栽愛好家のインバウンド客に対してインタビュー調査を行った。

3-1．イタリアでのインタビュー調査

2019年3月，トスカーナ州・ピストイア県・ペーシャ市にある盆栽事業者 Franchi Bonsai VIVAI を訪問し，BONSAI市場を取り巻く環境について，インタビューした[9]。ペーシャの近くには，ピストイアという植木の産地（クラスター）がある。

Franchi Bonsai VIVAI は1956年に設立され，現在は植木や庭木，その他関連商品の卸売りを中心に事業を展開している。日本，中国，韓国など海外から輸入したもの，イタリアでオリジナルに開発した植木や庭木の卸売りと，インターネットでの小

図表6－1　分析モデル

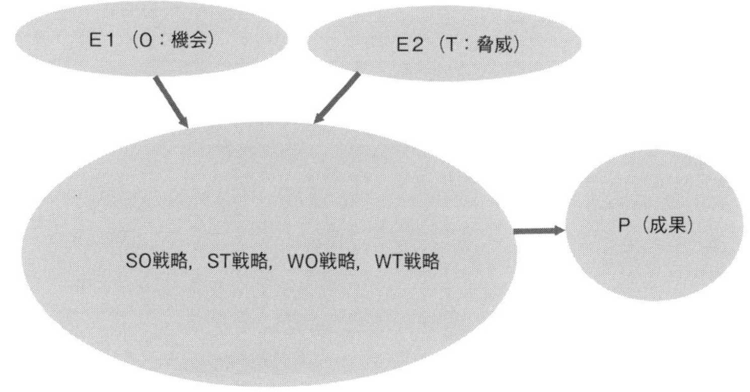

出典：筆者作成

売りを行っている。

3－2．日本でのインタビュー調査

まず2019年8月，大宮盆栽美術館を訪問してインタビューを実施した。同館は，2010年3月，埼玉県さいたま市北区土呂町に開館した公立の盆栽美術館である。日本を代表する盆栽を数多く展示するとともに，盆器，水石，盆栽に関する歴史資料などの展示，イベントの開催を行っている。近隣には盆栽園が多くあり見学して回ることができる。インタビューの内容は，公益社団法人さいたま観光国際協会の報告書によるSWOT分析を参考にしながら，クロスSWOT分析について問うものである。

次に2019年11月，盆栽展と盆栽園・盆栽美術館への訪問を目的に訪日したイタリア人盆栽愛好家にインタビューを実施した。質問の内容は次の2つである。

・日本の盆栽の強み（S）と弱み（W）は何だと思うか。

・盆栽目当てで訪日するインバウンド客のニーズは何だと思うか。

4．海外の市場と国内でのインバウンド需要

この節では，Franchi Bonsai VIVAIからみたイタリアの市場を取り巻く環境，大宮盆栽美術館におけるインバウンド需要とグローバル対応，およびイタリア人盆栽愛好家からみた日本の盆栽とインバウンド客としてのニーズを中心にまとめる。

4-1．イタリアのBONSAI需要

イタリアのBONSAIは，一時のブームは過ぎたといわれながらも，その人気には根強いものがある。ミラノ市内にある盆栽店CRESPI BONSAIでは，日本ブランド，中国のもの，韓国のもの，イタリアのものが並ぶ。イタリアのBONSAIとは，例えばオリーブの樹を盆栽にしたものである。イタリアでは，誕生日や記念日のプレゼントとして購入しやすい20～30ユーロの価格帯のBONSAIが好まれる。

4-1-1．BONSAI市場を取り巻く環境

Franchi Bonsai VIVAIからみた，BONSAI市場を取り巻く環境はどのようなものか。市場の追い風となる要因（促進要因）と障壁となる要因（阻害要因）についてきいてみた。

⑴　促進要因

第1に，イタリアだけでなく，フランス，スペイン，ベルギー，ドイツなどEU諸国では，庭の手入れや樹木・草花を楽しむ文化が根づいていることがあげられる。伝統的に庭木の栽培に親しむ傾向があり，BONSAIの愛好家が増えている。プレゼントとしてBONSAIを選ぶのが身近であることも促進要因の1つといえる。

第2にBONSAIは，購入後，維持するために技術と手間を必要とする。そのための関連マーケットの存在が，BONSAI市場にとって促進要因となっている。イタリアにはBONSAI SCHOOLがあり，イタリア人講師も多い。また，技術を学んだり，愛好家同士で知識を交換・共有したりする実践コミュニティのマーケットも存在する。

⑵　阻害要因

第1の阻害要因は輸入に関する規制である。日本から盆栽を輸入する時，日本とEUの両方の規制に阻まれるという。樹木によってはイタリアへの輸入が禁止されているものがある。輸入は認められていても，手続きの負担が大きい。中間業者を介すると，当然ながら高額になる。

第2の阻害要因は，イタリアでも日本でいうところのアパートやマンションに住む人が増えており，どうしてもBONSAIをおくスペースが限定されることである。小さくて手間のかからないものが好まれる傾向が強くなっている。庭のある家では犬を飼っている人が多く，犬がBONSAIにいたずらすることが問題になったりもする。

第3の阻害要因は，日本に限定されたことではないが，買い付け価格に大きなばらつきがあることである。仲介業者を介して交渉するが，価格の基準が不明瞭である。

4-1-2．競争力の源泉

Franchi Bonsai VIVAI の現在の経営は安定しており，急激な売上の伸びはないが成長傾向にあるという。かつては多くのイタリアの会社が BONSAI 市場に参入したが，現在は少ないようだ。Franchi Bonsai VIVAI が生き残った理由としては，商品のポートフォリオを考え，安い製品から高い製品までのラインアップを揃えているからだと分析する。低価格帯は中国商品，中価格帯はイタリアで自ら開発した BONSAI，そして高価格帯は日本ブランドの盆栽である。経営が安定している理由の1つは価格設定にあるという。品質の高さを重視しながらも，消費者の手の届く価格設定に気を配っている。もう1つの理由としては，ペーシャという地方都市に本社をおいていることをあげる。ミラノやローマなどの都市部は競争も激しく，管理コストが高額で経営を圧迫するからである。

4-2．大宮盆栽美術館のインバウンド需要とグローバル対応

大宮盆栽美術館におけるインバウンド来館者数は，2013 年に約 2300 人だったのが，2018 年には約 6200 人に伸びた。2018 年の米国からの来館者数は 1000 人を超えている（図表 6-2）。

年間を通じてイベントや展示会が豊富にあり，リピーターを呼ぶ工夫がされている。館内では日本人向けとインバウンド客向けに，「さいたま国際盆栽アカデミー」

図表 6-2　大宮盆栽美術館の国・地域別入館者数

（人）

順位	2013 年		2018 年	
1	フランス	340	アメリカ	1080
2	アメリカ	322	オーストラリア	650
3	オーストラリア	186	中華人民共和国	605
4	大韓民国	160	フランス	407
5	中華人民共和国	118	台湾	320
6	ドイツ	96	イギリス	309
7	スペイン	88	タイ	286
8	イギリス	80	イタリア	244
9	台湾	75	ドイツ	224
10	イタリア	69	スペイン	206
合計	70 か国・地域	2342	86 か国・地域	6212

出所：埼玉県「展覧会別入館者一覧」より抜粋

という，盆栽に関する知識と技術を体系的に学ぶ学習プログラムも開講している。

4－2－1．タッチポイント

2013年7月からフェイスブック，2017年12月からインスタグラムを日本語と英語で始め，展示中の盆栽画像，展示・イベント情報を発信しているそうである。

フェイスブックの「いいね！」の件数の約9割は，海外の閲覧者が占めているという。2019年7月現在，閲覧者数が多い国は，台湾，タイ，米国，ブラジル，ベトナム，マレーシア，フィリピン，イタリア，メキシコなどである。動画を投稿したところ大きな反響があり，今後も動画投稿数を増やす予定だそうだ。

館内の音声案内は，4か国語（日本語，英語，中国語，韓国語）で行われている。「国際盆栽アカデミー」などのパンフレットも日本語と英語で表記してある。通訳が必要な場合は，学芸員とボランティアスタッフによって，英語，フランス語，中国語の対応が可能となっている。

4－2－2．姉妹館提携

2019年8月大宮盆栽美術館は，米国にある国立盆栽・盆景園（The National Bonsai & Penjing Museum）と姉妹館提携を結んだ。同園は，米国・ワシントンDCの国立樹木園の敷地内にある。園の財政的プログラムおよび学芸的支援は，米国立盆栽財団（The National Bonsai Foundation：NBF）が行っている。この姉妹館提携によって，盆栽に関する交流の活発化が期待されている。

4－3．イタリア人盆栽愛好家からみた日本の盆栽

海外の盆栽愛好家は，日本の盆栽をどうみているか。また訪日の際に，どのようなニーズをもっているか。

4－3－1．日本の盆栽の強み（S）と弱み（W）

インタビューに答えてくれたイタリア人盆栽愛好家によると，日本の盆栽は総合的にパーフェクトだという。この愛好家はもともと自然を愛しており，盆栽を一目みて虜になったそうである。日本の盆栽は，美しさ，品質の高さ，土（鹿沼土，赤玉）などの関連商品の品質の高さ，手入れの技術の高さなど，すべてにおいて強みをもっている。

他方，盆栽そのものについて弱みは全く感じない。困難な点は，日本で盆栽を買っ

て帰りたい場合，検疫関係の手続きが非常に複雑で時間がかかることだという。

4-3-2．インバウンド客のニーズ

愛好家や盆栽に関心のある人は，訪日したら，剪定の仕方，水やりの仕方，肥料のやり方など，管理に必要な技術について細かくききたいという欲求が強い。そうしたインバウンド客は，盆栽に関する質問に丁寧に回答してくれることに魅力を感じる。実際，丁寧に対応してくれる盆栽展や盆栽園は増えているようである。

盆栽展や盆栽園の会場は中心地から離れていることが多く，その周囲にレストランや店がほとんどないということが珍しくない。しかし，そのような施設を整えることは重要ではないと思う，むしろ盆栽を鑑賞するには，観光地化されていない環境が良いのではないだろうか，とのことだった。

5．日本の盆栽の方向性：連携型デザイン

さいたま観光国際協会によるSWOT分析を２次データとして使いながら，大宮盆栽美術館へのインタビュー調査を行い，日本の盆栽の強み（S），弱み（W），機会（O），脅威（T）を整理した（図表６-３）。さらに，同インタビュー調査に基づくクロスSWOT分析から，日本の地域ブランドとしての盆栽の方向性について考察してみよう。

5-1．クロスSWOT分析

大宮盆栽美術館の指摘を踏まえると，国内外の盆栽市場における，SO戦略，WO戦略，ST戦略，WT戦略は，それぞれ以下のように整理される（図表６-４）。

5-1-1．SO戦略

世界的に，「盆栽は日本を代表するブランド」と認識されており，グローバルレベルで盆栽への関心が高まっている。すでに多言語対応によるウェブサイトやSNSで積極的に情報発信・動画配信を行っている盆栽園や組合があり，それを拡充する方向にある。

インバウンド愛好家は，日本の盆栽展を訪れた後，盆栽美術館や盆栽園をまわるという，連続的な行動パターンをとる傾向がみられる。盆栽ゴールデンルートと呼ばれるコースがあるが，新しいルートの開発はさらに魅力を増すことになるだろう。

図表 6－3　日本の盆栽の SWOT 分析

S（強み）	W（弱み）
・日本の盆栽は，世界が認める高品質 ・盆栽の種類・サイズが豊富 ・生産者がもつ高い技術・ノウハウ ・海外の愛好家に指導を行ってきた実績 ・海外からの研修生に指導してきた実績 ・産地が集積し，産地内でノウハウが共有・蓄積されている ・関連商品（土，盆栽鉢，盆栽鋏，如雨露など）も高品質	・盆栽生産者の高齢化（後継者不足） ・経営規模が小さい ・販売価格の設定が曖昧 ・輸出ノウハウをもつ盆栽園が限定される ・中国はじめ他地域の盆栽に比べ高額 ・実践コミュニティをリードする人材不足 ・海外の協会やクラブとの連携が弱い
O（機会）	**T（脅威）**
・欧米市場，アジア市場など海外での高い人気 ・海外の愛好家マーケットの存在 ・インバウンド愛好家の高いリピーター率 ・盆栽展・イベントの開催 ・テレビや映画での紹介 ・大手企業が参入しにくいマーケット ・産地の自治体による積極的な輸出振興策 ・日本政府の積極的な支援	・中国盆栽の台頭 ・日本国内では若者層に人気が低い ・庭のない居住環境の増加 ・輸出ルールが厳しい（栽培地検査） ・輸入側の植物検疫が厳しい ・大学などの高等教育機関で，体系的に盆栽を学ぶコースが限定される

出所：参考文献（公益社団法人さいたま観光国際協会「平成 23 年度 JAPAN ブランド育成支援事業（戦略策定支援事業）報告書」）とインタビュー調査を基に筆者作成

図表 6－4　日本の盆栽のクロス SWOT 分析

SO 戦略	WO 戦略
・グローバルレベルで盆栽への関心が高いという機会に対して，プロモーションの拡充と露出度を高くする戦略 ・インバウンド愛好家の盆栽に対する熱意という機会に対して，訪問できる盆栽関連施設の拡充という戦略	・可能性が高い潜在的マーケットという機会に対して，産地内の連携強化によるプロモーション戦略 ・インバウンド愛好家はリピーターになるという機会に対して，多言語対応ができるボランティアと連携する戦略
ST 戦略	**WT 戦略**
・輸出規制が複雑で難しいという脅威に対して，すでに輸出ノウハウを蓄積している盆栽関係者との連携を強化する戦略 ・国内外の実践コミュニティでの指導者不足という脅威に対して，指導者の育成を急ぐとともに，すでに盆栽のノウハウをもつ人材と連携する戦略	・安価な盆栽を大量に仕入れようとする海外のニーズという脅威に対して，高額な日本ブランドの盆栽は低価格競争のマーケットに手をださない戦略

出所：インタビュー調査を基に筆者作成

グローバルレベルで盆栽への関心が高まる環境下で，ホテルのロビーやイベント会場で盆栽を展示するノウハウは蓄積されている。さらに盆栽の露出度を増すには関係機関との組織的な連携が鍵となる。盆栽を目にする機会を増やして，日本人も含め盆栽について知識が浅い人たちに対しても，盆栽の魅力を積極的に発信することが大切である。

5-1-2．WO 戦略

海外の愛好家の需要，インバウンド需要などの潜在的なマーケットが見込まれる。しかし，特に言語の面でグローバル対応できる盆栽生産者は少ない。盆栽園や組合の間でも，タッチポイントの整備にばらつきがみられる。産地内での連携を強化して，日本の地域ブランドとしてのプロモーション戦略を展開する必要がある。

インバウンド愛好家は盆栽展や盆栽園を繰り返し訪問する。しかし，通訳者に依存することが多いため，行動が限定されることがある。通訳者だけでなく，例えば，盆栽の知識があって多言語対応ができるボランティアなどとの連携の強化が望まれる。

5-1-3．ST 戦略

盆栽の輸出に関しては，規制や検疫の手続きが国，地域，盆栽の種類などによって大きく異なり，非常に複雑で難しい。すでに輸出ノウハウを蓄積している盆栽関係者との連携を強化して，国，地域，盆栽の種類に応じて，個々に対応する必要がある。

日本国内と海外の両方で，実践コミュニティのマーケットにおける指導者が不足している。指導者の育成が急務であると同時に，全国にいる大宮盆栽，高松盆栽などの技術・ノウハウをもつ人材と連携して，これらの人たちを指導者として活用する取り組みも大切である。

5-1-4．WT 戦略

海外のバイヤーの間には，安価な盆栽を大量に仕入れようとするニーズもある。高額な日本ブランドの盆栽は低価格競争には不向きであり，そのようなマーケットには手を出すべきではないだろう。

5-2．連携型デザイン

大宮盆栽美術館へのインタビューに基づいて，クロス SWOT 分析をしてみた結果，日本の盆栽の方向性に関する共通のキーワードは，「連携」だということがみえてきた。

盆栽は，盆栽生産者・盆栽園・組合を中心に，土・盆栽鉢・盆栽鋏・如雨露といった関連事業，自治体，協会，盆栽美術館，盆栽の手入れのノウハウをもつ技術者，盆栽展・イベントにかかわる他業種など，日本中のありとあらゆる組織や個人によって支えられている。「日本ブランド・盆栽」を，グローバルレベルで推進するには，これらの組織や個人との連携が必要であり，それが大きな強みとなるだろう。

まず盆栽の産地内では，盆栽生産者，盆栽園，組合，自治体，そして大学・専門学校・高校などが連携して，日本の地域ブランドとしてデザインするという方向性が求められる。第2に，盆栽に密接に関連する事業に携わる企業・団体，またそれらの事業を地域ブランドとする自治体を含めて，組織的な連携を構築することが重要である。第3に，国内外の協会や美術館とのグローバルネットワークの強化も必要である。第4に，IT 企業や著名人との連携によるプロモーション，盆栽のノウハウをもつ人たちと連携して指導者として活用することなどが考えられる。また，盆栽展や盆栽ゴールデンルートなどに関しては，地域や業種を越えて，関係する自治体，旅行・観光業界，イベント関連企業などと，組織的に連携して進めることも大切である。

盆栽は，まさに日本を代表するブランドであり，潜在的なマーケットにも恵まれ，グローバルレベルで競争優位を獲得している。しかし，中国や韓国の低価格の盆栽という脅威がある。日本の盆栽の競争力をさらに高める方向性として，盆栽にかかわる組織や個人がもつ高い技術力やノウハウを総合的に活かす，連携型デザインが必要といえる。

本章のポイント

盆栽の捉え方には，日本と欧米諸国で大きなギャップがある。国内市場は愛好家に限定され，産地の後継者不足など抱える問題も多い。一方，イタリアを含む欧米市場では，BONSAI は世代を問わず人気が高い。国際的なネットワークとして，WBFF，BCI，EBA などがあり，定期的な活動も盛んである。

本章では，まずイタリアの BONSAI 市場について，トスカーナ州にある盆栽園 Franchi Bonsai VIVAI へのインタビュー調査の結果から，次の点を明らかにした。

市場の促進要因は，根強い愛好家の存在，ギフト商品として身近なこと，ガーデニング文化，実践コミュニティの存在である。他方，阻害要因としては，輸入の際の規制・検疫の厳しさ，居住環境の変化，中国や韓国の低価格の盆栽との競争，取引価格の不明瞭さが指摘された。

次に，「日本ブランド・盆栽」の方向性について，大宮盆栽美術館およびイタリアからのインバウンド愛好家へのインタビュー調査の結果に基づく考察は，次のようにまとめられる。

日本の盆栽の強みは，総合力（高品質・多品種の盆栽，高品質の関連商品，高度な技術）で群を抜いていることである。熱心なインバウンド愛好家は，盆栽展，盆栽美術館，盆栽園などを繰り返し訪問する。それらを連続的にまわるルートの開発，日本での実践コミュニティの整備などは，さらに日本の盆栽の魅力を増すことに貢献するだろう。

日本の盆栽が，さらにグローバルレベルでブランド力と競争力を高めるには，盆栽生産者間の連携にとどまらず，関連事業者（盆栽用土，盆栽鉢，如雨露など），技術者，アーティスト，学生など幅広い業種，組織，個人による連携型デザインが求められる。

注

1 大宮盆栽美術館編（2014）『〈盆栽〉の物語：古代から現代まで―盆栽のたどった歴史（増補改訂版）』p.29。

2 さいたま市（平成29年9月15日記者発表），日本盆栽の情報ポータルサイト「JAPAN BONSAI」。

3 高松盆栽については高松市のホームページを参照。また，高松市創造都市推進局編「高松盆栽の郷」（平成29年7月発行）。

4 関連用品については，「盆栽道具専門店」，「園芸用品専門店」で検索できる。盆栽道具の産地としては，新潟県三条市が有名である。

5 英文のBONSAI会員雑誌『BCI』参照。年4回発行されている。BCIは非営利の教育団体。

6 日本貿易振興機構香川貿易情報センター農林水産部は，「欧州地域（イタリア，ベルギー）における盆栽輸出可能性調査」というタイトルで，欧州市場の分析を行っている。2012年の調査では，イタリア，スペイン，ベルギーを調査。2015年度の報告書では，これ以外の国々（フランス，オーストリア他）を調査している。

7 村田憲司・村田圭司（1964）『盆栽を始める人のために』池田書店。

8 映画「ベスト・キッド」の影響については次の通り。ハリウッド映画「ベスト・キッド」は，イタリア系の生徒ダニエル（ラルフ・マッチオ）が学校でいじめられ，沖縄出身のミヤギ（パット・モリタ）から空手の指導を受けて空手大会で優勝する話である。一作目は1984年制作，続編も作られ，テレビ放送もされた。ミヤギが，ダニエルと会話しながらBONSAIを手入れするシーンが度々でてくる。BONSAIは小道具の1つだったが，“BONSAI”という言葉を定着させ，盆栽を印象づけた。レッド・カンツィアン（Red Canzian）氏の影響については次の通り。同氏は，1951年イタリア生まれの有名なミュージシャンである。シンガー，作曲，音楽プロデューサーを手掛け，長年Pooh（プー）というグループのメンバーだった。画家でもあり，BONSAIの愛好家・専門家である。盆栽に関する著書も複数ある。

9 ペーシャはピノキオの作者カルロ・コッローディの出身地でもある。

7

イタリアの大学発インキュベーターとスタートアップ

はじめに

イタリアの大学は，教育と研究の場であると同時に，それぞれ立地する地域の歴史的資源や観光資源であったり，イベントの場（国際会議や地域の多様な交流の場）になったりして，地域ブランドの一翼を担っているかのようである。大学発インキュベーターとスタートアップにも特徴がみられる。

イタリアの大学発インキュベーターの改革は1990年代から広がった。インキュベーターの拡充とともに，大学発スタートアップも2010年あたりから増え始めた。その領域は農業分野から製造業，ヘルスケア，バイオ，IT，サービス産業，地域の問題解決に至るまで幅広く，それぞれに地域的な特色をもつ。

EUの共通政策のもと，大学改革は「第3のミッション」と呼ばれ，技術移転，起業プログラムの開発，インキュベーターの拡充，スタートアップの奨励などが行われてきた[1]。本章では，ボローニャ大学，ミラノ工科大学，トリノ工科大学のインキュベーターとスタートアップを取り上げ，外部環境要因，競争力の源泉，成果指標などについて分析するとともに，地域活性化のためのエコシステムについて考察する。

1. イタリアの大学とインキュベーター

インキュベーターとは本来，卵の孵化器を意味する。そこから革新的スタートアップを育てるハードとソフトを提供する場という意味で用いられるようになった。インキュベーターの主体は大きく分類して，大学，企業，政府・自治体，インキュベーション事業を専門とする組織の4つがある。本書ではイタリアの大学を主体とするインキュベーターに焦点をあてる。

1-1. イタリアの大学の特色

イタリアの大学は第1に，歴史が古いという特色をもつ。欧州最古のボローニャ大学は1088年に創立された。また，パドヴァ大学は1222年，ローマ・ラ・サピエンツァ大学は1303年の創立である。大学の歴史的建造物は地域の観光資源になっている。

第2の特色は，州やコムーネ（日本の市町村に該当する基礎自治体）など地域社会とのかかわりが非常に深いことである。イタリアには個性的な産業クラスターが多く，大学もそれぞれの地域で産業クラスターの一角をなしていて，地元の商工会議所などと密接な関係をもっている[2]。

第3の特色は，大学が立地する地方都市がそれぞれの強みをもっていることである。例えばミラノ工科大学があるミラノは，交通の要所で国の内外とのアクセスが良く，ファッション・家具・デザインなどの国際見本市が年間を通して開かれ，生の情報が入ってきやすい。トリノ工科大学があるトリノは，自動車メーカー・フィアットの拠点で，自動車産業をはじめ幅広い産業基盤をもつ。トリノがあるピエモンテ州はスローフード発祥の地でもあり，農業や食品加工業が盛んである。

この他にも，イタリアの大学は，大多数が国立で学費が安いこと，EU圏内であるため「Erasmus（エラスムス）」という制度を利用して学生のEU内交流が積極的に行われているといった特徴がある。

1-2. 大学発インキュベーターの役割

地域の雇用創出に貢献するというのが，大学発インキュベーターの役割の1つである。イタリアは，経済・社会的にマクロの視点でみると，国の財政状態の悪さ，若年層の高い失業率，移民問題，少子高齢化，国内における南北の経済格差などの問題をかかえている。OECDのレポート「イタリアにおける若者の起業活動支援」によると，2014年の15歳から24歳までの失業率は40%以上である[3]。EUの平均失業率

20％に比べてもはるかに高い上，南イタリアの失業率はさらに深刻である。

大学発インキュベーターのもう１つの役割は，EUの競争力向上の推進主体となることである。イタリアは他のEU諸国に比べると出遅れた。Tola & Contini（2015）によると，1990年代から技術移転や知識移転を目的として，大学発インキュベーターが広まったとされる。EUには産業と大学の国際競争力の低下に対する危機感がある。EU全体のフレームワークプログラムとして“Horizon 2020”を策定し，研究活動とイノベーションを促進してEUの競争力を高め，雇用促進につなげようとしてきた[4]。

イタリアにおけるアカデミックインキュベーターの先進的な事例としては，ボローニャ大学のAlmacube（1999年設立），ミラノ工科大学のPoliHub（2000年設立），トリノ工科大学のI3P（1999年設立）などがある。このうち，ミラノ工科大学のPoliHubは，スウェーデン・ストックホルムに本部をおく機関が出しているUBI Globalという年次報告書で毎年，大学発スタートアップの総合評価で上位にランクインしている[5]。

インキュベーターの拡充とともに，大学発スタートアップ（アカデミックスピンオフ）も2010年頃から増えており，2016年には2008年の３倍になった[6]（図表７－１）。

図表７－１　イタリアのアカデミックスピンオフ（Italian USOs）の推移

年	2008	2009	2010	2011	2012	2013	2014	2015	2016	2017
累積数	457	532	633	734	869	989	1119	1246	1347	1373
設立数	72	75	101	101	135	120	130	127	101	26

注：すべて12月末時点の数。ただし2017年は10月31日時点の数。
出所：Netval（2018）*XIV Rapporto Netval*

２．先行研究

大学発インキュベーターとスタートアップに関する先行研究は少なくない。

Meoli, Pierucci, & Vismara（2017）は，イタリアの大学発インキュベーターを取り巻く環境要因として，大学政策の動向を論じている。それによると，大学は，インキュベーターの評価基準として，知識移転やイノベーションの促進という形で社会経済に対してオープンであることを重視する傾向を強めており，大学発スタートアップの数やそのパフォーマンスが大学の予算配分の評価基準に含まれるという。

Paniccia & Baiocco（2018）は，イタリアの大学発スタートアップの動向について，大学と産業界の関係性を軸に分析した。関係性を深める場の設定が，大学発スタートアップを活発化させると論じる。具体例として，2003 年に発足した協会 PNI Cube が，スタートアップの競争力の向上を目的として毎年開催するビジネスコンテストがあげられている。コンテストは大学と産業界の結びつきを強めるもので，大学発スタートアップの増加に影響を与えていると述べる。

Giaccone & Longo（2016）は，上述のビジネスコンテストの視点から，イタリアの大学発インキュベーターの競争力をユニークな方法で考察している。2007 年から 2014 年までのビジネスコンテストに出場したスタートアップのうちファイナリストに残った企業が入居したインキュベーターに着目して，どの大学がいくつのスタートアップを育ててきたか，その累積数を分析した。38 の出場者のうち，スタートアップ累積数で第 1 位はトリノ工科大学発 I3P の 20 件，第 2 位はミラノ工科大学発 PoliHub の 11 件，第 3 位はトリエステの研究機関 Area Science Park of Trieste 発の 6 件である。ボローニャ大学発の Almacube，パドヴァ大学発 Smartcube は，この後に続く。なおこの研究は，ファイナリストたちの受賞後の活動の成果についても追跡調査をしている。

Miranda，Chamorro，& Rubio（2018）は，いつ，どの国の研究機関に所属している研究者が，大学発スタートアップについて，どのようなテーマで論じているかをまとめた。この報告によると，大学発スタートアップに関する論文は 2000 年以降増えはじめ，国別には，論文数が多い順に米国，イギリス，イタリア，スペインとなっている。この結果から，イタリアの研究者たちにとっても，大学発スタートアップは関心の高いテーマであることがわかる。

Bolzani et al.（2014）は，パフォーマンスに関する実証研究として，2000 年から 2012 年までの期間に活動している大学発ベンチャー 935 社について，存続期間の長さやパフォーマンスを分析し，大学発ベンチャーの廃業率は，企業発ベンチャーに比べると低いと報告している。また，利益率が設立 6 年目でピークに達するベンチャーが多いことも明らかにした。

これらの他にも，個々の大学発スタートアップの成果の推移を考察した論文やイタリアのカトロン（ヴェネト州）に本部をもつ H-Farm の論文などもみられる。H-Farm は大学発には分類されないが，EU 全体から注目されているインキュベーターである[7]。

3．本章の分析モデル

第2節で紹介したように，イタリアの大学発インキュベーターとスタートアップに関して，いろいろな角度からの先行研究がみられる。本書では，ケーススタディを用いながら，「外部環境要因」「競争力の源泉」「成果指標」という視点からみることにする。

ケーススタディとしてとりあげるのは，ボローニャ大学（エミリア・ロマーニャ州），ミラノ工科大学（ロンバルディア州），トリノ工科大学（ピエモンテ州）の3つの大学発インキュベーターとスタートアップである。そのそれぞれに，2019年1月から5月にかけてインタビュー調査を実施した。質問の内容は主に次の4つである。

- 質問1：インキュベーター／スタートアップの活動を容易にする外部環境要因（促進要因）は何か。
- 質問2：インキュベーター／スタートアップの活動の障壁となる外部環境要因（阻害要因）は何か。
- 質問3：インキュベーター／スタートアップの競争力の源泉は何か。
- 質問4：インキュベーターの成果を測る指標は何か。

インタビュー調査の結果に基づいて，大学発インキュベーターとスタートアップを取り巻く環境要因，競争力の源泉，成果指標を，図表7－2に示す分析モデルにそって示してみよう。なお，スタートアップの場合は，補助金を受けていたり，実績を公表していないケースが多いため，成果指標に関する分析については，ミラノ工科大学のみとする。

図表7－2　分析モデル

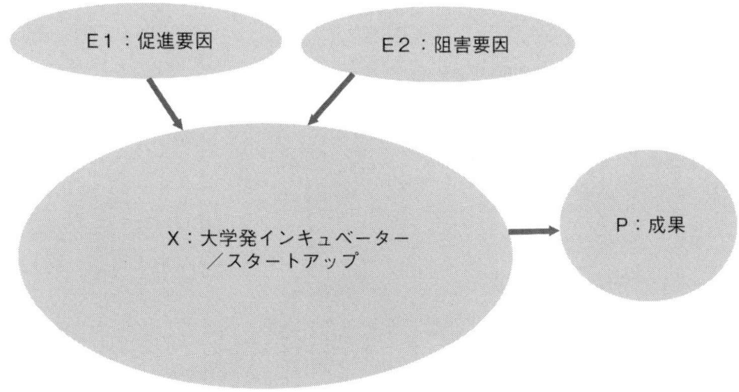

出所：筆者作成

イタリア・カラブリア大学発スタートアップ

イタリアの大学発スタートアップの中には活動の場を海外に拡げるものもある。成田国際空港では2018年9月20日より「NariNAVI」(ナリナビ)の配信が始まった[8]。これはカラブリア大学(カラブリア州)のスタートアップGiPStech(ジップステック)とNTTデータ技術開発本部が共同開発された技術を基に，NTTデータソーシャルイノベーション事業部で開発されたアプリである。一般に位置情報に使われるGPSは，信号が届かない屋内空間での機能に限界があった。NariNAVIの最大の特徴は，地磁気(地球上に発生している磁場)測位を実現して，高精度屋内位置情報サービスを可能にすることである。地図は平面で(2D)，または複数のフロアにまたがる複雑な空港施設内を立体的に(2.5D)，わかりやすく表現される。空港利用者が現在位置をリアルタイムで把握することを可能にし，円滑な移動を助けるという。

今後の方向性として，利用者のログイン情報から行動履歴の分析，空港内で働く人の業務改善，カートやベビーカーといった物品管理など，空港内サービスの向上につなげることを目指しているそうである。

4．3大学のケーススタディ

ボローニャ大学，ミラノ工科大学，トリノ工科大学の順に，大学および大学発インキュベーターとスタートアップの概要，インタビュー調査の結果を紹介する。

4-1．ケーススタディ1：ボローニャ大学

ボローニャ大学(Università di Bologna)は1088年創立の欧州最古の大学で，学生数8万人を超える[9]。詩人ダンテや天文学者コペルニクスなどを輩出した，イタリアを代表する総合大学で，現在11学部をおく。医学，法学，農学，経済学の分野が強く，他にも特徴的なプログラムを多く提供している。大学そのものが地域資源となっていて，解剖学教室をはじめとする施設は観光資源としても活用されている。

ボローニャがあるエミリア・ロマーニャ州は，食品産業，ロジスティクス，パッケージングのクラスターがある。

4-1-1．大学発インキュベーター：Almacube

ボローニャ大学のインキュベーターはAlmacube（アルマキューブ）といい，ボローニャ郊外にある農学部キャンパス内に設立された非営利組織である。主にConfindustria Emilia Area Centro（地元商工会）とIntesa Sanpaolo（イタリアの大手銀行）からの支援を受けて運営している。Almacubeの活動内容は多岐にわたるが，主要な活動を担う部門はスタートアップ部門，コーポレートアクセレレーション部門，スピンオフ部門の3つである。

スタートアップ部門は，ボローニャ大学の在籍者（博士課程の学生，ポストドクター）や卒業生からビジネスアイディアを募集し，選考を経て，市場に送り出す活動をしている。

コーポレートアクセレレーション部門は，オープンイノベーションと企業のイノベーションを支援する活動をしている。エミリア・ロマーニャ州のコンソーシアム加盟会員などを対象に，教育支援とプロモーション支援を行う。

スピンオフ部門は，Almacube内のスタートアップに次のような支援をする。

・契約関係のサポート
・オフィス，コワーキングスペース，会議室の提供と管理部門のサポート
・コンサルティング，アカウンティングのサポート
・EUやイタリア政府から研究・活動資金を獲得するためのサポート
・将来的に顧客となるステークホルダーや投資家との面談のためのサポート
・ビジネス研修，マーケティング，財務，IPR，法律に関するサポート

⑴　外部環境：促進要因

Almacubeにとっての最大の促進要因は，ステークホルダーとの強力なネットワークである。ネットワークには，銀行，ベンチャーキャピタル，地元の企業，卒業生，支援者などが含まれる。イタリアでは大学と地元地域の結びつきが強いが，ボローニャ大学は特にその傾向にあるそうだ。

第2の促進要因はEUとの連携である。ボローニャ大学内に，Erasmusの若手起業家向けプロジェクト（EYE）の支部がおかれているため，イタリア国外から起業家を受け入れる支援やイタリアの起業家を国外へ派遣する支援をしやすい環境にある。

第3に，イタリア政府認定のインキュベーターであるというお墨付きが，州政府との関係においても活動をしやすくしてくれるという。

第4に，ボローニャ大学が，施設，設備，資金面でサポートしてくれることであ

る。スタートアップ企業に対して，非常に低額の入居費での施設利用や各種サービスの提供を可能にしてくれる。

第5に大学のブランド力があげられる。ボローニャ大学発スタートアップであることを，ホームページ，マーケティングのツール（企業案内，パンフレットなど），名刺，口頭などで，ステークホルダーに対して発信することによって企業の信頼やイメージが向上する。このことは，起業家や起業希望者にとって魅力である。

⑵　外部環境：阻害要因

１つにはベンチャーキャピタルなど資金調達の基盤が未整備なことがあげられる。金融機関は，スタートアップへの融資に対して慎重である。

もう１つの阻害要因は，仕事量に対して人的資源に限界があることだという。

⑶　競争力の源泉

Almacubeが重視するのは，雇用創出とスタートアップが生み出す利益である。インキュベーターの魅力を高めることで支援が増大すれば，成長性のあるスタートアップが集まる。結果として，雇用創出数とスタートアップの利益が向上すれば，それが競争力につながると考えている。

⑷　成果指標

成果は，利益率，特許件数，ライセンス，雇用者数などの指標を用いて，報告書に記載する。雇用創出という点からみると，スタートアップによる雇用者数は，過去3年間50名弱で推移している。

4－1－2．大学発スタートアップ：Last Minute Market

Last Minute Market（ラスト・ミニット・マーケット）は，食品廃棄物の削減を推進する，ボローニャ大学発スタートアップである。2002年の設立時から代表を務めるセグレ教授（Prof. Andrea Segrè）は，農業・フードサイエンス学部（Department of Agricultural and Food Sciences）で教鞭をとるかたわら，イタリアとEUで多くの要職にある。農業経済学と地域評価（Agricultural Economics and Rural Appraisal）を専門分野とし，多数の論文・著書がある。

Last Minute Marketは，設立後6年間は大学のインキュベーターに入居していたが，現在は農学部の近くに活動拠点をおく。そのビジネスモデルは，売れ残った食品在庫を抱える側（生産者，食品加工業者，流通業者など）と食料を必要とする側（消費者，慈善団体など）のマッチング，余剰食品を出さないための食育，余剰食品を有効利用する取り組み，コンサルティングなどである。食品廃棄ゼロを目指して，学食における無駄の調査，食品廃棄物に関するデータ分析，モニタリング，研修・教育などを行っており，最近は医薬品廃棄物の削減にも取り組んでいる。企業，学校，自治体，第三セクター，地域住民などを対象に，以下の4つの領域で活動している。

- ・食品，医薬品，本などの余剰品を回収し活用する，リカバリと呼ばれる領域
- ・ロスや無駄に関する調査や支援を行う領域
- ・データや社会的インパクトを分析する領域
- ・企業研修や学校での食育を行う領域

⑴　外部環境：促進要因

メディアの力が促進要因になったという。設立当初はEUの補助金を得たことで，資金面だけでなく，多くのメディアに取り上げられたことが活動を後押しした。その後も積極的に取材を受けたり，労を惜しまず業界団体，企業，学校，自治体などへ足を運んだり，講演会での説明を積み重ねてきた。そうした活動がさらにメディアに取り上げられることによって認知度があがり，民間レベルや自治体の理解を得られるようになった。ステークホルダーの理解と支援は重要な促進要因になる。

⑵　外部環境：阻害要因

1つには，ステークホルダーの理解を得るまでに膨大な時間がかかったことがあげられる。ボランティア活動と誤解されたり，ビジネスモデルが業界団体や企業に受け入れられず反発を招いたりした。

もう1つの阻害要因は，仕事の処理時間の不足である。EU関連の仕事やイタリア政府関連の仕事を優先せざるを得ないため，限定されたスタッフ数で多方面からの要望に対応することに限界がある。

⑶　競争力の源泉

大学という専門性を活かして実態調査や分析を行い，研究結果に基づく研修やコンサルティングをすることが競争力につながる。外部環境に応じて活動内容を柔軟に変化させることも競争力の向上に必要だという。設立当初からの基本方針や活動の方向性は維持しながら，環境の変化に敏感に反応して，医薬品など食品以外の廃棄物削減とコンサルティングにも力を入れている。

4-2．ケーススタディ2：ミラノ工科大学

ミラノ工科大学（Politecnico di Milano）は1863年創立の国立大学である[10]。ハイテク，IT，ナノマテリアル，ロボット，建築，デザインなどの分野に強い。MBAコースもある。

大学が立地するミラノは，年間を通して国際見本市や展示会が多く開催される。観光やファッションの街として有名だが，多くの産業や交通・物流の要所で，世界的なハブである。

4-2-1．大学発インキュベーター：PoliHub

2000年ミラノ市と共同で，産学連携を目的としたPoliHub（ポリハブ）が創設された。アイディア段階からスタートアップの立ち上げ，会社運営まで非常に体系化されたプログラムを提供するインキュベーターである（図表7-3）。

大学キャンパス内にある施設に入居しているスタートアップは，先端技術，IT，建築，デザインなど多様性に富む。運営にはFondazione Politecnico di Milanoがかかわっている。最近の話題としては中国の清華大学との連携があげられる。PoliHubの具体的な活動内容は以下の通りである。

- ・オフィス，コワーキングスペース，事務機器，イベント会場，食事スペースの提供
- ・スタートアップキットによる情報の提供
- ・標準化された教育，戦略コンサルティング，プレゼンテーションのサポート
- ・投資家との面談，法律と税務，ネットワーキングのサポート
- ・メディアとマーケティングのサポート
- ・知的財産に関するサポート

これらの支援は，スタートアップの成長に応じて3つの段階に分けて行われる。

まず第1段階（アイディア）のアクセレレーションでは，アイディアを募集し，実現可能な段階まで引き上げる支援を行う。主な内容は，教育訓練，アイディアとビジ

図表7-3　PoliHubのスタートアップ支援体系

資金へのアクセス			テイラード
アクセラレーション	メンターシップ	アドバイジング	カスタマイズ
スタートアップツールキット			標準
施設と機材			
アイディア段階	スタートアップ段階	会社運営段階	

出所：ミラノ工科大学PoliHubの年次報告書“THE POLIHUB MODEL”p. 7を基に筆者作成

ネスモデルの構築である。

第２段階（スタートアップ）のメンターシップでは，マーケットやニーズの分析をサポートする。投資家や既に成功した起業家によって形成されたPoliHubのメンタークラブを中心に支援が行われている。

そして第３段階（会社運営）のアドバイジングでは，スタートアップした企業に対して，売上高の向上や販路の開拓などをサポートする。

なお３つのそれぞれの段階で，ビジネスプランの作成，自社の強みと弱みの分析，資金調達方法と調達先の選択に関する支援が行われている。

⑴　外部環境：促進要因

PoliHubにとって第１の促進要因は立地の良さである。ミラノは国際見本市や展示会の中心地の１つであり，生の情報を得やすいという利点がある。

第２には公的支援があげられる。イタリア政府の政策的な支援もあるが，州政府やミラノ市との関係性が強く，地元自治体との共同プロジェクトも少なくない。

第３に，ミラノ工科大学の支援も大きな促進要因である。資金面だけでなく，大学教員や職員の人的な協力が欠かせない。教員は自らスタートアップを立ち上げることもあれば，メンターやコンサルタントとして関与する場合もある。

第４の促進要因は公的資金とファンドの両方で，キャピタルマーケットに恵まれていることである。

第５には，企業，業界団体，銀行からの金銭的支援と非金銭的支援があげられる。なお，企業にはローカル企業だけでなく多国籍企業も含まれる。

最後にEUの支援が重要だという。EUの競争力強化プロジェクト“Horizon 2020”と“Horizon Europe”をはじめ，多くの支援プログラム，EUレベルのビジネスコンテストなどは，インキュベーターの推進力になっている[11]。EUの支援を受けているスタートアップはブランドイメージが良く，資金調達の助けにもなる。

⑵　外部環境：阻害要因

第１に，イタリア政権の不安定さが大きな阻害要因の１つとしてあげられる。政権が長続きしないため，政策が変わりやすい。マクロ的にみると，活動にマイナスの影響を与える可能性がある。

第２の阻害要因は，ベンチャーファンドなど資金調達の基盤が，EU全体で整備されているわけではないことである。現在は改善されつつある。

第３には，スタートアップに限ったことではないが，規制が厳格であったり，曖昧であったり，許認可に膨大な時間がかかることがあげられる。この点も現在は改善されつつある。

第4の阻害要因は，既存の市場における競合相手である。競争力のある新しいビジネスモデルが求められる。

(3) 競争力の源泉

意思決定の速さと，入居しているスタートアップがもつハイテク，IT，ナノマテリアルなどの高い技術力が競争力の源泉になっているという。

(4) 成果指標

PoliHubは，年ごとの活動の成果とそれまでに蓄積された成果を多面的に測定して公表している。年ごとの成果指標には，ビジネスアイディア数，アクセレレーションされたプロジェクト数，スタートアップ数，雇用数などを用いる。5年間のスタートアップ生存率，買収数，ランキング情報なども公表している。雇用数としては，正規雇用と非正規雇用を合わせて，2013年には200人だったのが，2015年には400人と倍になり，2018年は650人にまで増えた。

4-2-2．大学発スタートアップ：Zehus

PoliHubから生まれたスタートアップにZehus（ゼウス）という電動アシスト自転車を製造・販売する企業がある。このスタートアップは，大学地区とキャンパス生活の質の向上を目指し，持続可能なモデル地区としての地域づくりに貢献しようとする，地域密着型のプロジェクト（Città Studi Campus Sostenibile）の1つであり，ミラノ市と共同で電動アシスト自転車のレンタルサービスを行っている。設立当時のZehusの社長（現在はPoliHubのメンター）は，自動車部品メーカーの社員として1993年に来日して1年半勤務した後，コンサルティング会社や日本のメーカーで電動アシスト自転車の技術を学んだ経歴をもつ。この間，日本の大学院で修士号を取得している。イタリアへ帰国後，ミラノ工科大学の教員の協力を得て，欧州向け電動アシスト装置の基本的な技術を開発した。はじめは，かつて勤務していた日本のメーカーと連携していたが，最終的には大学が保有する技術を駆使して製品を開発しようと独立に至った。

Zehusの強みは，インフォイールモーターモジュール（バッテリー・センサー内蔵）といって，バッテリーが回生エネルギーで充電されるシステムになっている。これはペダルを回転すると充電，逆回転するとブレーキがかかるしくみで，充電はほぼ不要である。この装置は，自転車に先付けも後付けも可能だが，高価なので安価な自転車ユーザーへの直販は難しい。販売の98%がOEMである。

Zehusの企業方針に大きな影響を与えた要素に，シェアリングエコノミーのトレンドがあると指摘する。“Horizon 2020”のシェアリングビジネスを推進するための製品開発も含めた補助金を受けて，実際にバイクシェアリング用のシステムも開発した。

⑴ 外部環境：促進要因

Zehusにとっての最大の促進要因は魅力的な市場である。2000年当初，欧州に電動アシスト自転車はなかったが，この20年近くで，欧州の市場規模は日本の8倍程度になった。はじめは日本メーカーがマーケットリーダーだったが，淘汰されてしまった。その理由は，日本メーカーは日本市場の製品モデルを輸出していたが，日本の市場モデルの90％はいわゆるママチャリで，MTB（マウンテンバイク）をはじめ多様なニーズがある欧州では生き残れなかったという。

第2の促進要因は，“Horizon 2020”という大型予算をもつEUのイノベーションプログラムからの補助金である。これはスタートアップに必要な投資の70％までを援助してくれる。Zehusは4年間で250万ユーロの補助金を獲得した。“Horizon 2020”の審査は厳しいため，補助金を受給すると他の投資家からの信頼を得やすくなる。

第3に企業や自治体との強力な関係があげられる。このスタートアップもミラノ市との連携の下に立ち上がった。

第4に，大学という環境あるいは大学の知名度は重要な促進要因といえる。Zehusのように小さなスタートアップが多様な技術開発をできたのは，大学に研究で培われた技術があったからである。また，就職を希望する優秀な学生が多く人材の確保がしやすいこと，大学のブランド力が投資の意思決定にプラスにはたらくことも，大学でスタートアップする利点である。

⑵ 外部環境：阻害要因

Zehusにとっての第1の阻害要因は，発足当初の資金調達の難しさだった。エンジェルファンドやベンチャーキャピタル，企業などから投資を得たが，企業からの投資は技術開発が進んだ後だった。

第2に，EU以外で展開する際のリスクがあげられる。キックスクーターを開発し，米国のクラウドファンディングを介して70万ユーロ分の受注があったが，交通にかかわる規制が不明確で売上が安定しなかった。また，外部環境要因だけでなく組織内部の阻害要因もある。小規模なスタートアップにとって，量産のための設備や技術開発，組織的なアフターサービスは非常に難しく，直販には限界があるという。

(3) 競争力の源泉

スタートアップ企業の意思決定のスピードは，部門間の調整に手間取る大企業に比べると圧倒的に速い。スピーディな意思決定は競争力の向上に欠かせない。

もう１つの競争力の源泉は大学という環境である。教員や学生の協力を得られるため，人件費や開発コスト，結果的に製品コストを低くおさえることができる。

(4) 成果指標

成果を測る指標としては，売上高，利益，利益率など基本的な KPI を用いる。製造業のスタートアップの場合は，エグジットでの売却価格あるいは上場する時の評価額などで企業価値を測る。

4-3．ケーススタディ３：トリノ工科大学

トリノ工科大学（Politecnico di Torino）は 1906 年に創立された国立大学である[12]。その起源は 1859 年設立の技術者のための工業学校に遡る。工学，建築学，デザインなどのコースをもち，３万人以上の学生が在籍している。

4-3-1．大学発インキュベーター：I3P

トリノ工科大学は 1999 年，I3P（Incubatore Imprese Innovative Politecnico Torino）というインキュベーターをキャンパス内に設立した。活動内容は以下のようなものである。

・戦略や事業計画のコンサルティングとサポート
・技術，法律，知的財産に関するコンサルティング
・資金調達に関するアドバイス
・銀行との関係構築のサポート
・公的資金を獲得するためのサポート
・地域企業，多国籍企業，経営者団体とのネットワーク構築のサポート
・オフィス，家具，機材などの提供
・インターネットサービス
・管理部門サービス
・ミーティングルーム，コンファレンススペースの提供
・休憩などのためのスペースの提供

(1) 外部環境：促進要因

I3P にとっての促進要因は，第１にピエモンテ州の豊かな産業基盤があげられる。

図表7－4　I3Pの成果指標の例

	2011年	2012年	2013年	2014年	2015年	2016年	2017年	2018年
スタートアップの雇用人数合計（名）	672	778	1176	1408	1515	1597	1687	(データなし)
スタートアップ数（社）	136	143	156	170	190	205	222	235
うち活動中（社）	112	114	123	130	142	145	153	162
うちトリノ工科大学のスピンオフ（社）	47	50	54	57	59	60	62	63

出所：I3P-Innovative Enterprise Incubator of the Politecnico of Torino (2018, 2019)

自動車産業フィアットとその関連企業，航空機産業などの製造業，IT 産業，観光産業，映画産業など，産業基盤の裾野は広く層が厚い。ピエモンテはスローフード発祥の地でもあり，食品産業も盛んである。多様性に富むスタートアップの入居は I3P の活動の幅を拡げることになる。

第2の促進要因は立地の良さである。トリノはイタリアの各都市とのアクセスが良く，大学はトリノの中でも交通の便の良い場所に立地している。しかも I3P はキャンパス内の便利な場所にあり，関係者は非常にアクセスしやすい。

(2)　外部環境：阻害要因

I3P は阻害要因を特に認識していないという。

(3)　競争力の源泉

I3P は競争力の源泉としてトリノ工科大学の研究開発力のレベルの高さを指摘した。優れた教員や大学院のサポートは活動の推進力となっている。

(4)　成果指標

スタートアップの数と雇用数が重要な指標となっている。雇用創出効果については，他の関連指標とともに毎年データを公表している（図表7－4）。

4－3－2．大学発スタートアップ：Gnammo

トリノ工科大学の I3P に入居する Gnammo（ニャンモ）は，ソーシャルイーティングの領域に属するスタートアップで，2013年に設立された。主な事業内容は，一般家庭をレストランのように開放して客に料理を提供するための，プラットホームの開発と管理である。事業のビジネスモデルは2つある。

1つは，家庭で料理の提供を希望する側（ホスト）と，一般家庭を訪れて食事を希望する側（ゲスト）をマッチングするというビジネスモデルである。ホストはウェブサイトで，日時，場所，料金，募集人数などを登録する。ゲストは，ホストを選んで申し込み，料金を支払った上で指定の日時と場所で食事を楽しむという流れになっている。Gnammoは，ホストに代わって料金を徴収して12%程度の手数料を取る。このビジネスモデルの特徴は，サービスを提供する日時，頻度，料金（20〜100ユーロ程度）をホストが自由に設定できること，メニューの内容やサイト上の案内もホストが自由に工夫できることである。ゲストにとっても，一般家庭での食事や他のゲストとのコミュニケーションを楽しむというメリットがある。

もう1つは，多くの登録会員をもつことで，この分野に関心のある企業などとのネットワークを活用するビジネスモデルである。実際，Gnammoの登録会員はトリノに限定されず，イタリア全土で24万人を超えている。大量のデータは，食品関連やイベント関連の企業にとって多様なマーケティングを可能にするものである。例えばGnammoは，新商品のマーケティングやイベント案内の代行といったサービスにもかかわっている。

⑴　外部環境：促進要因

促進要因の1つは，マーケットがソーシャルイーティングという事業分野に属し，イタリア全土はもちろん国外にも展開できることである。ソーシャルイーティングは，シェアリングエコノミーの一角を形成するものである。

もう1つは，この新しい分野にいち早く参入したので，設立当初は競合相手が不在だったことである。Gnammoにとって先発参入は，短期間でマーケット拡大を可能にするものだった。

⑵　外部環境：阻害要因

Gnammoにとっての1つの阻害要因は，ソーシャルイーティングという新しい概念について，消費者の理解を得ることが簡単ではなかったことである。先発参入であるがゆえに，すべて手探りで進める間の手間は多大だったという。

もう1つの阻害要因は，ホストの家庭環境やゲストの行動をすべてモニタリングするわけにいかないことである。衛生上の問題やルール違反を把握しきれないというリスクがある。

(3) 競争力の源泉

先発参入したことが大きな競争力の源泉となっている。利用者が増加すると，規模の経済効果が働いて手数料を低く抑えることができ，さらに競争力の向上につながる。

5．ケーススタディから学ぶべきこと

以上に紹介した，イタリアの大学発インキュベーターやスタートアップによって指摘された外部環境要因，競争力の源泉，成果指標について分析した上で，学ぶべき点を探ってみよう。

5-1．外部環境要因

インキュベーターやスタートアップの活動を容易にする促進要因と，活動の障壁となる阻害要因にわけてみると，ケーススタディに共通する点は，以下のようにまとめられる。

(1) 促進要因

まず，促進要因としてあげられるのは，地元との良いかかわりだろう。地元の企業や自治体を含むステークホルダーとのネットワークを活用できる環境は，大きな促進要因となる。イタリアの多くの大学は歴史的に古く，地域と密な関係にあり，地元自治体との共同プロジェクトによるスタートアップなどがみられる。また，地元の産業基盤が豊かであることは，多様なスタートアップを生み出すきっかけになり得る。

他の促進要因としては，政府，EU，企業，大学などによる金銭的・非金銭的な支援，大学のブランド力，メディアに取り上げられる機会，立地条件の良さ，進出しようとする市場に競合相手がいないことなどが指摘された。

(2) 阻害要因

ケーススタディに共通して指摘された阻害要因は，資金調達の基盤の未整備，事務処理や購買後のタッチポイントに割く人的資源の不足，新しい分野の事業についてステークホルダーの理解を得るまでの時間と手間，規制の厳格さや不明確さ，市場における既存の競合相手などである。

5-2．競争力の源泉

ケーススタディとしてとりあげたイタリアの大学発インキュベーターやスタート

アップによると，競争力の源泉は，１つには大学の優れた人材にかかわるもので，専門性や技術レベルの高い人材に恵まれていること，大学内の人材を利用してコストを低く抑えられることなどが指摘された。もう１つの競争力の源泉は，何よりも意思決定の速さだという。この他にも，環境に対して柔軟に対応する力や，新しい分野で市場に先発参入することなどが，競争力の源泉となっていることがわかった。

5-3．成果指標

ケーススタディをみると，大学発インキュベーターやスタートアップの成果を測定するために用いられる指標は，売上高・利益率，雇用者数，特許件数，ビジネスアイディア数，スタートアップ数などの他，エグジットでの売却価格や上場する際の評価額などとされる。

5-4．地域活性化のためのエコシステム

日本とイタリアに共通してみられる環境要因に，産業と大学の国際競争力の低下への危機感，マーケットの成熟，少子高齢化，地域の雇用創出の必要性などがある。日本各地の地方大学発インキュベーターやスタートアップは，どうしたら地域の活性化に貢献できるか。日本とイタリアの両方の大学事情に詳しい IT 分野の専門家に，2020 年１月にインタビューをしたところ，次のような意見を聞くことができた[13]。

イタリアに比べると日本の大学発スタートアップ支援は体系的である。全般的な視点でみると，日本の方がイタリアより整備されているといってよい。

日本でもイタリアでも，大学発インキュベーターあるいはスタートアップはブランド力の高い有名大学に集中する傾向が強い。ブランド力が高い有名大学は資金調達力もあり，社会的なインパクトも大きい。一方，地方大学の場合は，獲得できるプロジェクト数も資金も限られる。だが，地元の自治体，地域の企業や住民の協力によって，地方の大学発スタートアップにも成功するチャンスはある。地元は真剣にコミットメントしてくれる。ただし，コミットメントだけではうまくいかない。地方の大学発スタートアップが生き残り地域の活性化に貢献するには，大都市圏の大学にとっては難しいとされるコンパクトなビジネスエコシスエムをデザインして，スピーディな意思決定で回していくことが大切である。

本章のポイント

大学発インキュベーター／スタートアップと地域活性化との関係について考察する上で，地域社会との関係性が強く，地域密着型のプロジェクトもよくみられるというイタリアの大学発インキュベーターとスタートアップをケースにとりあげた。

まず，ボローニャ大学発 Almacube と Last Minute Market，ミラノ工科大学発 PoliHub と Zehus，トリノ工科大学発 I3P と Gnammo に対して，外部環境要因，競争力の源泉，成果指標を問うインタビュー調査の結果は，次のように整理できる。

外部環境要因のうち，活動の促進要因となるのは地元との関係性，政府・EU・企業・大学からの支援，大学のブランド力などであり，阻害要因となるのは，資金調達の基盤の弱さなどである。競争力の源泉は，技術やサービスレベルの革新性だけではなく，意思決定のスピード，先発参入，環境の変化に対する柔軟な対応，大学院生の活用の有利性などのキーワードがあげられた。成果指標（KPI）としては，売上高・利益率や雇用者数のほか，エグジットでの売却価格などが指摘された。地域との関係性という点で特徴といえるのは，地元との関係性が促進要因となること，雇用者数が KPI として用いられていることなどである。

日本とイタリアの大学発スタートアップに詳しい専門家へのインタビュー調査では，日本の地方大学発スタートアップにとって，コンパクトなエコシステムをデザインして，それをスピーディーに回すことが，地域の活性化につながる鍵だということが指摘された。

注

1 「第３のミッション」とは大学の社会的関与を意味する。
2 OECD/EU (2019), Figure 2.6, p.59。
3 OECD（2016）“Supporting youth entrepreneurship in Italy” p.15。
4 “Horizon 2020” はフレームワークプログラムといわれる７年間のもので，期間は 2014 年から 2020 年まで。
5 The UBI Global World Rankings of Business Incubators and Acceleraters, *World Rankings 19/20 Report* 参照。UBI Global はスウェーデンにある機関で，世界中のイノベーションハブの調査を行っている。
6 Netval（2018）*XIV Rapporto Netval* 参照。また Paniccia & Baiocco（2018）も詳細に説明。
7 H-Farm には，2019 年４月 29 日に訪問し，活動の概要についてインタビューすることができた。日本語での情報は，「世界初ベンチャーインキュベータ『H-FARM』」『BTL』，2019 年，第 45 号。H-Farm は，イタリアのカ・フォスカリ大学と連携し，デジタルマネジメントの３年生プログラムも開講している。
8 詳細は「国内空港初！成田空港で地磁気を用いた高精度屋内測位を実現～複雑な空港内を訪日外国人でも円滑に目的地へ移動することが可能に」株式会社 NTT データの『ニュースリリー

ス』（2018 年 9 月 19 日）。

9　ボローニャ大学の Almacube へのインタビューは，2019 年 1 月 28 日に実施。セグレ教授へのインタビューは，2019 年 5 月 3 日に実施。

10　ミラノ工科大学の PoliHub へのインタビューは，2019 年 1 月 23 日に実施。Zehus 前社長へのインタビューは，2019 年 1 月 25 日に実施。2 回目のインタビューは鈴木薫氏（GLARE コンサルティング合同会社）の協力を得て同年 4 月 25 日に実施。

11　“Horizon 2020” に続くプログラムは “Horizon Europe” で 2021 年から 2027 年までである。

12　トリノ工科大学の I3P へのインタビューは，2019 年 3 月 15 日に実施。

13　日本とイタリアの大学発スタートアップに詳しい専門家へのインタビューは，2020 年 1 月 25 日に実施。日本とイタリアの大学発スタートアップの方向性について質問した。

本章は拙著研究ノート「イタリアにおける大学発インキュベーターとスピンオフの考察」『青山経営論集』54 巻，pp.61-80，2019 年 12 月号掲載をもとに，加筆修正を加えたものである。

8

養蚕にかかわるイノベーション

はじめに

かつて養蚕業は日本を代表する産業だった。今から約110年前の1909年（明治42年），日本は世界一の生糸輸出国となり，1930年代には日本の生糸は世界市場の80%を占めるまでに至った[1]。ピーク時には養蚕農家は220万戸あったが，今や300戸に満たない。養蚕業衰退の原因は，合成繊維の台頭，国際競争力の低下，後継者不足，和装人口の激減など環境の変化にある。そうした環境にあって，日本の養蚕業を再生しようとする新しい動きは，地域ブランドマネジメントの視点からも注目に値する。

養蚕にかかわるイノベーションの形は，繭から生糸を生産する工程を経る繊維型イノベーションと，それ以外の非繊維型イノベーションの２つに分類される。繊維型イノベーションは差異化戦略の領域に含まれ，非繊維型イノベーションは，第５章で紹介したいわゆるデザイン・ドリブン・イノベーションである。本章では，この２つの領域のイノベーションを地域の活性化へとつなげるためのデザインについて，モデルケースを取り上げながら考察する。

1．日本の養蚕業の歴史と現状

養蚕技術は紀元前200年ぐらいに中国から伝わったとされる[2]。明治から昭和初期にかけて，生糸は日本の輸出品の40%から70%を占めるようになり，1909年には中国を抜いて世界一の生糸輸出国となった。養蚕業は日本の近代化（富国強兵）に大きく貢献したといわれる。しかしその後，1930年代に米国でナイロンが開発されてからは，生糸の生産量が減少していった。第二次世界大戦後の復興時期（1955年～1965年頃）には再び養蚕業が盛んになったが，化学繊維の普及と服装文化の変化とともに衰退の一途をたどることになる。

1-1．養蚕業の推移

平成に入って30年余の間に，繭の生産量は激減した（図表8-1）。統計によると，平成30年（2018年）の養蚕農家数は300戸未満で，平成元年（1989年）の0.5%近くにまで減ってしまった。現在，戸数が最も多いのは群馬県で繭生産量は全国の40%を占める。他に福島県，栃木県，埼玉県，宮城県，茨城県，岩手県，山梨県，山形県，愛媛県にわずかながら養蚕農家が存在する[3]。

図表8-1　養蚕業の推移

暦年	平成元年	平成25年	平成30年
養蚕農家数（戸）	57,230	486	293
繭生産量（トン）	26,819	168	110
繭輸入量（トン）	1,062	8	7
国産繭価格（円/生繭kg）	2,531	2,267	2,487（乾繭換算 5,377）
輸入繭価格（円/乾繭kg）	2,795	2,340	3,319
器械製糸工場数（工場）	53	2	2
国産生糸生産量（俵（60kg））	101,301	409	339
生糸輸入量（俵（60kg））	34,127	9,332	5,038
国産生糸価格（円/kg）	15,322	7,475	9,000
輸入生糸価格（円/kg）	7,820	6,153	7,930

出所：農林水産省「新蚕業プロジェクト方針」（令和元年9月）より平成元年，25年，30年のみを抜粋

1-2．伝統的な養蚕業が衰退し続ける原因

日本の繊維産業の領域では今，養蚕業は衰退が進み消滅の危機にある。

その第1の原因は国際価格競争力の弱さである。1990年代から始まった貿易自由

化の波で急激に絹の輸入量が増え，市場は中国産やベトナム産の安価なシルクで占められてしまった[4]。

第２の原因は，何といっても後継者不足にある。蚕の餌となる桑の管理，蚕室の温度・湿度管理など，養蚕には多大な手間がかかる。それに加えて光熱費や稚蚕の購入費といったコストがかかるわりに，買い取り価格は十分でなく収入は低い。従事者の高齢化は進む一方だが，きつくて低収入の仕事は好まれず後継者不足という問題は解消されないままである。

第３の原因は，日本人の服装文化が変化し，和服を着る機会が極端に減ったことにある。その上，和装品に使われる素材が，従来使われてきた絹から化学繊維に代替される割合も高くなっている。

2．養蚕をめぐるイノベーションの種類

「養蚕農家が桑を栽培し，蚕を育て，繭を生産する一連の営みを養蚕業といいます」[5]。この中の「養蚕農家」「桑」「蚕」「繭」は「養蚕にかかわるイノベーション」のキーワードとなる。本書でいう養蚕にかかわるイノベーションとは，危機的状況にある日本の養蚕業を，新しい技術や新しい意味で再生しようとする活動を指す。今どのようなイノベーションが進んでいるか，この４つのキーワードにそってみてみよう。

2-1．「養蚕農家」をめぐるイノベーション

養蚕農家が激減する中，養蚕農家に代わって，企業による養蚕工場というイノベーションが起きている。

例えば熊本県山鹿市の新シルク蚕業構想は，山鹿市の株式会社あつまるホールディングス，農業生産法人株式会社あつまる山鹿シルクが主体となって，伝統蚕糸業の復活と革新的なシルク蚕業，「ジャパン・ブランドシルク」の創生，地域経済の活性化を目指すプロジェクトである[6]。この活動の中で，「周年無菌養蚕工場」が2017年４月に稼働を始めた（図表８-２）。

2-2．「桑」をめぐるイノベーション

伝統的に養蚕に必ず必要とされてきた桑の栽培や採桑は，非常に手間のかかる重労働である。現在，桑に代わる人工飼料にかかわるイノベーションや，桑を養蚕以外の

図表８－２　伝統的な養蚕業と無菌周年養蚕システムの比較

	伝統的な養蚕業	無菌周年養蚕システム（新シルク蚕業構想）
1	桑の生葉を餌とする限り，生葉の採れる時期のみの季節産業（年間３回程度）	・年間24回，蚕を飼育するバイオ産業化 ・季節産業から年間稼働型の産業へ
2	桑園管理・採桑・貯桑・１日３回給桑など一連の重労働	・繭まで人工飼料で30日間３回給餌で超省力化 ・重労働だった，一連の作業の省略が可能 ・生産性の大幅な向上
3	ウイルス病を含む伝染性蚕病（軟化病・硬化病）の発生	・蚕病を排除し，生産の安定化と高品質化を実現 ・半導体製造工場のようなクリーンルーム（無菌状態）で飼育することにより，病気に弱い蚕を守り，安定した生産が可能に

出所：株式会社あつまる山鹿シルクのホームページを基に筆者作成

用途に利用するイノベーションが進められている[7]。

２－２－１．人工飼料

安全で栄養バランスの高い人工飼料は，健康な蚕の成長に有効である。幼蚕期の蚕は病気に弱い。人工飼料の飼育効果を高めるための研究，天然の桑の葉と人工飼料の効果の比較研究などが進められている。桑以外の人工飼料の開発がさらに進んで価格競争力がつくことは，日本の養蚕業を活性化する１つの戦略になり得るだろう。

２－２－２．養蚕以外の桑の用途

桑は，桑科クワ属の落葉低木で多くの種類がある。養蚕用に栽培されるのはヤマグワという種類である。日本国内では北海道から九州，沖縄まで広く分布する。

昔から桑のもつ健康機能性は注目され，科学的にもその効果が検証されてきた[8]。現在，桑を養蚕だけでなく地域ブランドとして活用する取り組みが，日本各地でみられる。例えば，岩手県紫波（しわ）町の「城山に新たな里山を作る会」は「桑商品の開発」を積極的に進めている（図表８－３）。桑の葉と実（マルベリー）からは桑茶，桑茶サプリ，ジャム，桑酒などの商品が開発され，桑の木はカトラリーや家具に加工される。

２－３．「蚕」をめぐるイノベーション

伝統的な養蚕では，生糸の生産量と品質の向上のために，蚕の品種改良が重視されていた。現在は，消費者のニーズが多様化しており，それだけでは国際競争に太刀打

図表 8－3　桑関連商品開発体系

使用部位	加工方法	分類	商品名
桑の葉	乾燥	飲料	桑茶
			桑ジュース（青汁）
			桑の葉エキス
	アルコール漬け	リキュール	桑酒
	パウダー	飲料	桑粉茶
		洋風スイーツ	桑クッキー，桑ケーキ，桑パン
		和風スイーツ	桑餅，桑だんご，桑大福
		和風食品	桑そば，桑うどん
		洋風料理	桑パスタ，桑カレー
		ジェラート	桑ソフト
	飼料	鶏卵	桑たまご
桑の実	ジャム	ジャム	マルベリージャム，ゼリー
		ジェラート	マルベリーソフト
桑の木	アルコール漬け	リキュール	マルベリー酒
	木材加工	食器	桑箸，桑スプーン，桑皿，桑椀
		装飾品	桑お守り，桑じゅず，桑杖
		家具	桑テーブル，桑タンス
桑の根皮	粉砕		

出所：岩手県紫波町の「城山に新たな里山を作る会」

ちできない。

大きな話題の 1 つは，遺伝子組換え蚕である。独立行政法人農業生物資源研究所は，2000 年に蚕での遺伝子組み換えに成功したことを発表した。続いて 2008 年には緑色蛍光タンパク質によって光るシルクを作ることに成功した[9]。生物多様性にかかわるカルタヘナ法（遺伝子組換え生物等の使用等の規制による生物の多様性の確保に関する法律）があって，農家で飼育できる品種は限定されるものの，本格生産にむけての取り組みが進められている[10]。

他にも，医薬の分野における開発が注目されている[11]。蚕は体内にタンパク質を合成する絹糸腺という器官をもつが，そのタンパク質合成能力を活用した取り組みが行われている。

2-4.「繭」をめぐるイノベーション

本来，繭から生糸を生産することが養蚕業の最大の目的であった。生糸は主として絹織物に使われ，繊維の領域に属するものとされてきた。

現在，繭をめぐっては，従来の繊維の領域で進む「繊維型イノベーション」と，繊維の領域を離れて行われる「非繊維型イノベーション」の2つがある。

2-4-1. 繊維型イノベーション

繊維型は糸の種類，織り方，編み方，染色方法など繊維の領域における技術革新が中心となる。シルク素材としての品質の改善，生産性の向上，ブランディング，生産システムの改善などへの取り組みはもとより，アパレル以外にも医療・介護用品のガーゼ，包帯・マスクへの活用，導電性繊維の開発，光るシルク素材の活用など，先端技術を取り入れたさまざまなイノベーションが進められている。

2-4-2. 非繊維型イノベーション

非繊維型は，いわゆるデザイン・ドリブン・イノベーションである。例えば，繭に「健康や美容のために使うもの」という全く新しい意味をみいだすところから，食品や化粧品の分野で繭に関するイノベーションが生まれる（図表8-4）。例えばシルクの主成分であるフィブロイン（シルクタンパク質）を注出してパウダー化した「シルクパウダー」を，食品分野（原料や添加物），ヘルスケア分野（サプリ），化粧品分野（化粧水），日用品分野（石鹸や絹軽石）などに利用する研究開発が進められている。

図表8-4　非繊維型イノベーションの例

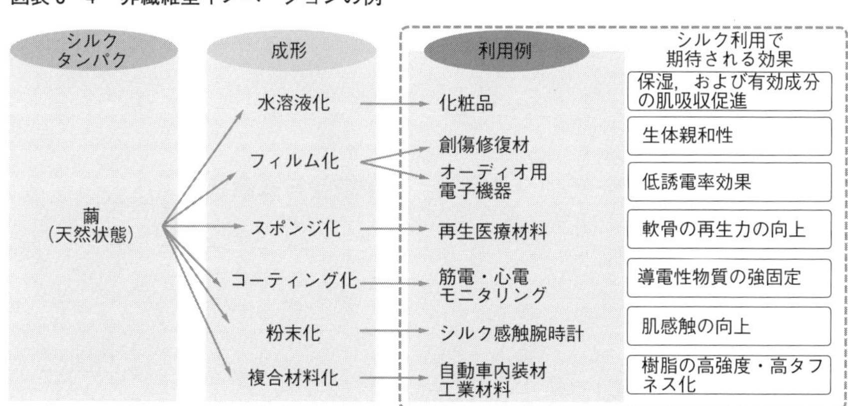

出所：農林水産省「新蚕業プロジェクト方針」（令和元年9月）

2－5．観光資源としての養蚕業

世界遺産「富岡製糸場と絹産業遺産群」(2014年登録）を有する群馬県富岡市では，伝統的な養蚕業と関連するイベントを開催したり，東京農業大学と連携して養蚕業をまちづくりにつなげるプロジェクトに取り組んだりしている[12]。他の自治体でも，養蚕を観光資源として集落の景観や宿泊施設と組み合わせたまちづくりを行う例がみられる。

観光資源としてだけでは養蚕にかかわるイノベーションの域までいかないかもしれないが，養蚕を教育分野に取り入れるプロジェクトや，先進的な養蚕技術の見学（テクノツーリズム）といった広い枠組みでみれば，1つのイノベーションとしての可能性もあるだろう。

3．繊維型／非繊維型イノベーションの事例

第2節で述べた通り，養蚕から競争力のある製品を生み出す取り組みは，繊維型イノベーションと非繊維型イノベーションによって行われている（図表8－5）。本節では，それぞれのイノベーションの事例をとりあげて，具体的にどのような活動をしているかみてみよう。

図表8－5　養蚕にかかわるイノベーション，価値の創造，競争優位の因果関係

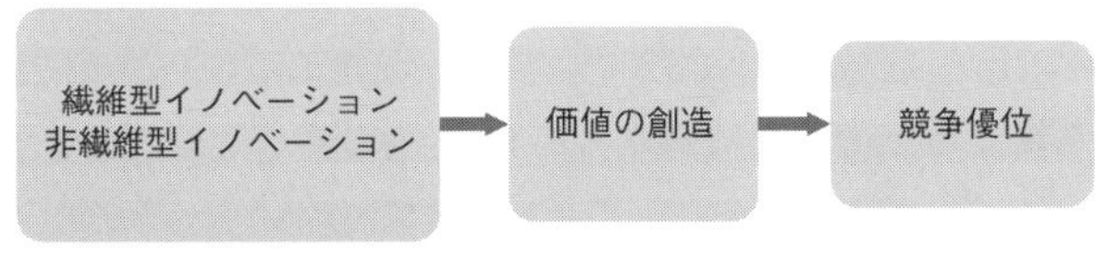

出所：筆者作成

3－1．繊維型イノベーションの事例：齋栄織物株式会社

齋栄織物株式会社（Saiei Orimono Co. Ltd.）は，1952年設立，本社・工場を福島県伊達郡川俣町におく中堅企業である。2012年にコーポレートブランドである「SAIEI SILK」を立ち上げた。伊達地方は養蚕に適した土地で，古くから養蚕業と機織り業が盛んであり，かつては東洋一と称された「川俣シルク」という伝統的な地域ブランドが存在する。

同社の主な製品は，世界一薄い絹織物（フェアリー・フェザー），先染絹織物，絹

織物和装裏地，寝装用絹布地，輸出羽二重，工業用資材，ストール・スカーフなどである[13]。2017 年，齋栄織物は J クオリティー（J ∞ QUALITY）認証企業となった。J クオリティーとは，一般社団法人日本ファッション産業協議会の下で行われる認証システムで，染色整理加工，縫製などのすべてを日本国内のものとする，純国産ファッション商品の統一ブランドである。

同社は，グローバル化にも積極的に取り組んでいる。タッチポイントについても，ホームページは日本語，英語，中国語に対応しており，Saiei Orimono というキーワードで検索すると，多くの情報をみることができる。

3-1-1．フェアリー・フェザーの開発

「フェアリー・フェザー」は「妖精の羽」という意味の，世界一薄い絹織物である。質量を感じないほど軽くて肌触りが良い。革新的だと話題を集めている齋栄織物のブランド商品で，商標登録もされている。2008 年，経済産業省の「地域資源活用事業」の認定を受けたことから開発が始まった。開発のきっかけの 1 つに，社長と親交のある有名ファッションデザイナーの「ウェディングドレスは重くて（通常 10 キロ以上）花嫁さんが疲れてかわいそう」という一言があったという。フェアリー・フェザーのウェディングドレスは 1 着 600 グラムだそうだ。

フェアリー・フェザーには髪の毛の太さ（約 50 デニール）の約 6 分 1 （8 デニール）の超極細絹糸が使用される。8 デニールの絹糸を作るには，1.6 デニールの生糸を撚り合わせる技術開発が必要だった。糸は先染めで，光沢のある多彩な色の表現を可能にする反面，切れやすいという弱点がある。糸の強度をあげるために油剤や染の技術の点でも試行錯誤があったという。こうした技術面での困難や，開発期間中の 2011 年 3 月に起きた東日本大震災を乗り越えて，同年 9 月商品化に成功し，機械織りによる量産も可能にした。

フェアリー・フェザーが話題になると，「商品を販売したい」という都心の百貨店からの引き合いが増え，2014 年からオンラインショップ事業を始めた。B to C の商品開発は同社にとって弱い事業分野であるため，有名デザイナーの協力を得て，フェアリー・フェザーのストールやポケットチーフを販売しているという。オンラインショップから B to B 事業につなげたいという意図もある。

3-1-2．工業用資材への活用

シルクを活用した工業用資材の生産も大きな事業の柱となっている。シルクがもつ

耐熱性，吸音特性，静電気解消の効果，紫外線吸収の効果などの特徴を活かし，印刷用のプリンターリボン，音響機器，空気清浄機のフィルター，海底ケーブル，光ファイバーのジョイント部分のテープなどの製品に使われている。工業用途の場合は，年間を通して安定した受注が見込める。中でもフィルターの受注割合は高く，海外からの注文もある。

ヘルスケア分野の開拓については関心はあるが，高い安全性や規制などのハードルが高いと認識しているそうだ。

3－1－3．グローバル市場の開拓

同社は1980年から，米国のブライダル市場向けに絹織物を輸出してきた。2008年のリーマンショックで落ち込み，現在は日本国内と海外での売上高比率は日本65%，海外35%である。2009年以降，リスク分散のためにEU市場に新しい販路を求めるとともに，2010年からは中国市場の開拓にも目を向けるようになった。輸出についてはJETROの「輸出有望案件発掘支援事業」に認定されている。

2011年，フェアリー・フェザーのウェディングドレスが反響を呼んだのを機に，欧州の見本市や展示会に出展し始めた。例えば，ミラノ・ウニカ（Milano Unica）への参加やミラノにあるセレクトショップへの出店（期間限定販売）を行っている。

ミラノ・ウニカは，イタリア・ミラノ市で年2回開催される世界最大規模のファッション素材見本市である。服地や服飾資材を展示し商談するイベントで，過去数年，継続的に出展している。セレクトショップへの出店は2020年1月から始めた。海外の一般消費者の反応をみる意図と，B to B事業につなげたいという意図がある。

齋栄織物の方針として，見本市・展示会に新規に出展する場合は，最低3年は続けることにしている。海外に拠点をもたない同社にとって，見本市・展示会で現地の良いエージェントをみつけることも重要な目的である。続けて出展する方が相性の良いエージェントと出会う可能性が高くなる。見本市には世界中のアパレルメーカー関係者やブランドのバイヤーが集まってくる。実際に，イタリアやフランスの大手ブランドメーカーの目にとまってサンプルオーダーへとつながり，EU市場への参入を果たした。イタリアやフランスにもシルクの産地があり，関係者はそれらと比較して判断する傾向にある。EUでは小ロットの注文が多く，スポット契約で継続的な取引につながらない難しさもあるという。

見本市・展示会への継続出展は，日本メーカーとのネットワークづくりや商談につながるメリットもあるという。日本では「海外で評価された」「ミラノ・ウニカで評

価された」といった評判がプラスにはたらくため，日本企業に対するマーケティングの手段にもなることから，出展の実績を積極的に開示している。

3-1-4．受賞歴

2012年第4回ものづくり日本大賞で「内閣総理大臣賞」，同年「グッドデザイン賞」，2015年「日本ギフト大賞」，Jクオリティー・アワード2019「ものづくりの達人たち」大賞などを受賞している。海外では，中国で多くの賞をとった他，2017年イタリアで，国際デザインコンペティション「A′Design Award（エーダッシュデザインアワード）」などを受賞した。受賞は，社員の誇りやモチベーションの向上につながっているという。

3-1-5．成功要因

齋栄織物の成功要因は，第1に，国産シルクへのこだわり，超極細絹糸，先染技術，量産体制など複合的に差異化戦略を推進していることだといえる。デザイナーの協力によるB to C商品開発とオンラインショップの開設も成功要因の1つである。

第2に，国内外の見本市・展示会に継続して出展していることも成功の要因だろう。継続出展は海外市場への参入を可能にするだけでなく，海外での受注が日本国内でのブランドイメージの向上にもつながっている。

第3に，国内外での多くの受賞を政府機関や新聞がとりあげ，日本語と英語の両方で齋栄織物を紹介していることも成功要因といえるだろう。

3-1-6．地域社会に与える影響

目にみえる影響は，地元企業の売上が2割〜3割程度アップしていることだという。雇用という点では，後継者が地元に戻ってきているそうである。若い世代のUターンは地域の活性化につながっているのではないかと評価できる。

養蚕業は，他の伝統産業と同様，分業体制で成り立つ。「川俣シルクは薄手のシルク」という概念が浸透してきており，「齋栄織物」という社名より「川俣シルク」という地域ブランド名を前面に出して活動するように心がけているという。

同社は，複数の大学との連携による商品開発にも積極的に取り組んでいる。大学との連携でビジネスチャンスにつながったケースがいくつもあり，現在も共同研究中のものがある。

3－2．非繊維型イノベーションの事例：沖縄高専発スタートアップ

2018年，国立沖縄工業高等専門学校（以下，沖縄高専）発で，「カイコ無細胞タンパク質合成系および新規高分子セリシンを活用した創薬・再生医療支援事業の運営」を主な事業とするスタートアップ企業，株式会社シルクルネッサンス（沖縄県名護市）が設立された。沖縄高専の伊東昌章氏（生物資源工学科教授，京都工芸繊維大学・学術博士）が代表取締役を務めている。同氏の専門分野はタンパク質工学である。

3－2－1．無細胞タンパク質合成法

非繊維型イノベーションは，医薬品，化粧品，食品など多様な分野で進められている。蚕は，「フィブロイン」というタンパク質と「セリシン」という水溶性タンパク質を組み合わせながら糸を出して繭をつくる。フィブロインにはコラーゲンに重要なアミノ酸が多く含まれる。セリシンには保湿作用が認められており，シルク化粧水などの用途に活用できるという。便秘改善や血糖値抑制効果もあって，シルクパウダーにして医薬品や食品分野への応用の可能性がある。

シルクルネッサンスの競争力の源泉は「無細胞タンパク質合成法」という，試験管の中で蚕の幼虫の後部絹糸線からタンパク質をつくる技術である。「無細胞タンパク質合成法」は，研究試薬市場での成長性が期待できる分野であり，市場規模，主なメーカーの販売価格などがみえる特性をもつ。グローバルレベルで創薬開発などにマーケットニーズがあるという環境要因も大きい。また，沖縄の自治体や地元の金融機関からの積極的な支援もある。

3－2－2．大手食品メーカーとの連携

シルクルネッサンスの技術と市場性に注目したのは，大手食品メーカーの大関株式会社（兵庫県西宮市）である。大関の主な事業内容は，清酒などのアルコール飲料，食品類の製造販売，化粧品・バイオ事業などである。2019年シルクルネッサンスから実施許諾を得て，「無細胞タンパク質合成サービス」を開始した。

連携によって両者にメリットがもたらされた。第1に，プロモーション，マーケティング，流通など市場参入に関するノウハウ面で，シルクルネッサンスの弱みが大関によって補完された。第2に大関にとっては，研究開発から事業化までの時間を短縮でき，新しい事業分野の強化につながった。シルクルネッサンスからみれば，使用許諾というライセンス方式を取ることで安定した事業収入を得ることができるように

なり，組織運営がしやすくなった。両者にとってウィンウィンの関係ができたことになる。

3-2-3．技術とサービスの見える化

大関のプレスリリース（2019年6月19日）は，「無細胞タンパク質合成法」の特徴を次のように紹介している（図表8-6）。

図表8-6　無細胞タンパク質合成サービス

ヒトなど哺乳類由来のタンパク質を高確率で可溶化合成可能です。迅速に合成できるため，短期間で目的タンパク質をお届けできます。
※細胞毒性のあるタンパク質の合成が可能です。
※本系は還元剤を添加していないため，ジスルフィド結合を有するタンパク質の合成が可能です。
※糖鎖修飾がないため本来と異なる糖鎖が付加されません。
※哺乳動物由来成分を一切含みません。

出所：大関ホームページより抜粋

「無細胞タンパク質合成法」が他と比べて何が違うのか，差異化のポイントを整理すると次のようになる。

・高確率である（他社製品と比べて合成量が多い）

・迅速である（約1か月営業日から15日営業日に短縮できる）

・従来できないものができる（細胞毒性のあるタンパク質も合成可能）

・他の影響要因を取り除くことができる（糖鎖修飾が付加されない）

プレスリリースでは，専門家以外の人にもわかりやすく技術を紹介しているだけでなく，サービスの内容と流れ（納品，納期，価格，オプション，問い合わせ先），スタートアップキャンペーン・展示情報などが一目でわかるように掲載して差異化を図っている。納期や価格も含め，顧客はどのようなメリットがあるか具体的にイメージしやすい。また，キャンペーンというマーケティング手法で，導入のハードルを下げている。

3-2-4．成功要因

成功の要因は，1つには市場のニーズという環境があることと，もう1つは差異化戦略の推進だと評価できる。差異化の特徴は，第1に他にはない優れた技術力があること，第2に専門家以外の人も理解しやすいように技術（特徴，メリットなど）を見

える化していること，第３にサービスの流れ（納品，納期，価格，オプション，問い合わせ先）を明確に整備していることである。

4．本章の分析モデル

養蚕にかかわるイノベーションを，地域の活性化につなげるためのデザインについて，事業のライフサイクルと複数事業の組み合わせという視点からみてみよう。

事業のライフサイクルとは，人の一生を事業のプロセスに重ねて，人の誕生から幼少期，成長期，成熟期，老年期をそれぞれ，事業の導入段階，成長段階，成熟段階，衰退段階という時間軸にして分析する手法である[14]（図表８－７）。現在（P時点）での，各曲線の高さの合計を地域活性化の度合いとする。

図表８－７　養蚕にかかわるライフサイクルと複数事業

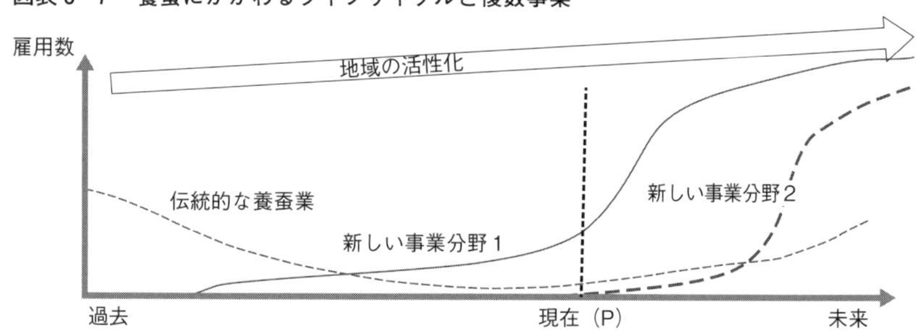

出所：筆者作成

地域の一事業が成熟段階に入り生み出すものが少なくなってくると，かつては，地域資源との親和性よりも雇用創出効果を重視する戦略がよくとられた。例えば工場を誘致したり，全く異なる分野の事業を始めたりして，地域雇用を支えようとしてきた。

いま伝統的な養蚕業は衰退段階にある。このまま何もしなければいずれ消滅して，地域の衰退にもつながりかねない。地域ブランドマネジメントの視点からみると，養蚕とは無関係の企業誘致や事業展開をしても，養蚕という地域資源の減少ひいては消滅を防ぐことにはならない。日本の養蚕業を守りかつ地域の活性化につなげるには，養蚕関連の新たな複数事業の組み合わせによるビジネスモデルが望ましい。とはいえ事業を軌道に乗せるまでには，多大な時間と金とノウハウが必要である。

本書では，非繊維型イノベーションを推進してきた岩手大学発スタートアップ企業，株式会社バイオコクーン研究所（岩手県盛岡市）と，バイオコクーンとの連携の下，複数事業を行って養蚕という地域資源の活用に取り組んでいる株式会社更木ふるさと興社（岩手県北上市）の2社へのインタビュー調査に基づいて，1つのイノベーションプロジェクトを契機に，複数事業による地域の活性化につなげるためのデザインについて分析する。まず，バイオコクーン研究所に対しては，事業内容，複数組織との連携，養蚕にかかわる外部環境要因，競争力の源泉などについて聞き取りをした。次に，更木ふるさと興社に対しては，複数事業の内容，および複数事業と地域活性化の関係について話をきいた。

5．バイオコクーンの養蚕イノベーション

岩手大学発のスタートアップ企業，株式会社バイオコクーン研究所（以下，バイオコクーン）は，複数の組織との連携によって非繊維型イノベーションを推進している。その1つが「養蚕イノベーション創出プロジェクト」における更木ふるさと興社との連携である。バイオコクーンの事業内容を一言でいうと「昆虫関連生産物から機能性食品と医薬品を開発する」というものである。前・代表取締役の鈴木幸一氏（現・代表取締役フェロー，岩手大学名誉教授）は，岩手大学農学部で昆虫バイオという研究領域を中心に，蚕や桑のもつ機能性の解明に長年取り組んできた。現在氏は，養蚕分野のカタリストとしての役割を担っている。カタリストとは本来，化学反応での「触媒」を意味するが，ここでは事業化のためのつなぎ役を指す。

5-1．バイオコクーンの歴史

バイオコクーンの歴史は2001年に遡る。前身は「東白農産企業組合」（福島県東白川郡棚倉町）だった。棚倉町は人口約1万4千人の町である。かつては養蚕が盛んで，明治21年（1888年）から大正年間にかけては棚倉製糸会社が稼働していた。カイコ冬虫夏草の生産事業も行われていた。2014年，研究の拠点を岩手県盛岡市へ移して，2016年に株式会社バイオコクーン研究所を立ち上げ，岩手大学発スタートアップ企業として正式に認定された。同大学理工学部キャンパス内にあるインキュベーター・盛岡市産学官連携研究センター（コラボMIU）の施設に入居している。

5-2．バイオコクーンの主要事業

主要な事業は，純国産原料のカイコハナサナギダケ「冬虫夏草」の商品開発である[15]。桑やシルクパウダーの研究開発事業も行っている。

冬虫夏草は，昆虫に寄生してその栄養分を摂食して育つキノコの一種で，認知症の予防やアンチエイジングに効果があるそうだ。バイオコクーンの冬虫夏草は，繭から生糸をとった後に残るさなぎを宿主として作られる。

社会的インパクトの面では，地域の活性化，健康寿命の延長，医療費の削減などの効果が期待できるという。

5-3．第一工業製薬との連携

2018 年バイオコクーンは第一工業製薬グループに加わった。第一工業製薬は 1909 年創業の化学メーカーで，事業の柱は「界面活性剤事業」「アメニティ材料事業」「ウレタン材料事業」「機能材料事業」「電子デバイス材料事業」である。

創業当時は「蚕繭解舒（かいじょ）液」という繭を洗う工業用薬剤を製造していた経緯もあって，2018 年「ライフサイエンス」事業に進出した。2019 年 12 月からバイオコクーン棚倉工場を稼働し，冬虫夏草（カプセルタイプ）が製造されるようになった。この工場では，ハサップ（HACCP）に対応した品質の保証と安定供給を目指している。ハサップは世界的に認められた食品衛生管理の手法で，問題のある製品の出荷を未然に防止する認証システムである。

5-4．東宝との連携

2018 年，東宝株式会社は，養蚕イノベーションの趣旨に賛同して，東宝怪獣「モスラ」の使用を許諾した[16]。プロジェクト名を「モスラ復活大作戦」とし，モスラは養蚕イノベーションのメインキャラクターになった。養蚕イノベーション推進のための啓発ポスター，チラシ，リーフレットなどで使用が許可されている。

モスラは，1961 年から東宝制作の映画に登場する架空の怪獣，および映画のタイトルである。これまでの映画作品としては，「モスラ」（1961），「モスラ対ゴジラ」（1964），「ゴジラ×モスラ×メカゴジラ東京 SOS」（2003）などがある。2019 年，モスラはハリウッド版ゴジラ映画の「ゴジラ　キング・オブ・モンスターズ」にも登場している。

なぜモスラが養蚕イノベーションに一役かうことになったか。東宝のプレスリリース（2018 年）によると，映画の中でモスラが繭を経て成虫になる描写があるのと，人類の味方となり敵怪獣と戦う「平和の使者」モスラの姿が，消滅寸前の養蚕業を救おうとするプロジェクトと重なり合うためだという。

5-5．更木ふるさと興社との連携

更木ふるさと興社との連携で進めている「養蚕イノベーション創出プロジェクト」も「モスラ復活大作戦」の１つであり，北上市や関係者が一体となって，桑や蚕を活用した産業の創出と地域の活性化をめざしている。

5-6．養蚕イノベーションを取り巻く環境

養蚕イノベーションをとりまく環境について，バイオコクーンの鈴木幸一氏にインタビューした結果をまとめてみよう[17]。

5-6-1．促進要因：養蚕イノベーションを容易にする要因

第１の促進要因は，一部上場の第一工業製薬のグループ企業になったことである。グループに加わることで役割分担され，商品プロモーションやその他マーケティング全般の活動は第一工業製薬が担当し，バイオコクーンは研究開発に集中できるようになった。

第２の促進要因は，岩手大学農学部の在職時代から構築してきたネットワークである。桑関連のネットワーク，シルクパウダーのネットワーク，天蚕（てんさん）のネットワークなどがある。天蚕は山繭とも呼ばれ，丈夫でしなやかな絹糸がとれる。

第３の促進要因は研究のための資金援助である。経済産業省，農林水産省，科研費基盤（S），岩手県の地域活性化支援事業など，多くの支援を受けてきた。難点としては，補助金は使い方に厳しいルールがあるので，補助金申請，報告，関係機関との調整をするコーディネーターがいないとうまく回らないことである。

第４の促進要因は東宝との連携である。東宝三大怪獣の１つであるモスラをキャラクターとして使用させてもらうことで，宣伝効果を期待できる。モスラは蛾の怪獣だが，蛾になる前は蚕，しかも日本生まれの蚕である。映画の中では守護神的な位置づけにあり，基本的には人間の味方である。

第５の促進要因は，いろいろなメディアでカイコ冬虫夏草が取り上げられることである。これまで大手テレビ局（フジテレビやTBS），全国紙，地方紙などに取り上げられた。取り上げられるたびに反響があるそうだ。

5-6-2．阻害要因：養蚕イノベーションの障壁となる要因

第1の阻害要因は日本の養蚕業の衰退である。世界一の生糸輸出国となった時代もあったが，今では全国に300戸足らずの養蚕農家しか存在しない。カイコ冬虫夏草は，カイコが桑葉を食べて繭を作り，繭から生糸をとった後に残ったサナギを培地として製造されるというサプライチェーンになっている。桑の栽培と養蚕というサプライチェーンの最初のステップが崩れると，原料の確保ができなくなる。

第2の阻害要因は自然災害である。台風や集中豪雨のせいで，桑の葉の安定的供給が脅かされるリスクがある。地元に根ざしながらも，ある程度地域を分散して桑の葉を確保できるようにしておくことも必要である。

第3の阻害要因には，「中国製造2025」という中国政府の国家戦略がある[18]。中国は10の重点課題を策定していて，その1つに漢方などのバイオ医療が含まれている。中国が政府主導の下でバイオの分野を強化すれば，品質や価格の面で脅威になる。

第4の阻害要因は，将来的に偽装品や模倣品が出現するリスクである。

5-7．バイオコクーンの競争力の源泉

競争力の源泉は含有物質そのものである。カイコ冬虫夏草には「老化促進マウスの実験で海馬の傷を修復し，記憶を改善する機能」があることが認められている[19]。海馬修復機能をもつというのが最大の強みである。海馬は脳の記憶と関係した器官で，海馬がうまく機能しなくなると新しいことが覚えられなくなる。

研究の土台となっているのは，長年の学際的分野の医師・研究者との共同研究である。共同研究による技術の蓄積があり，これまでに日本，EU，台湾で特許を取得しており，2020年米国でも取得した。

また第一工業製薬との連携も競争力の源泉になっている。戦略を共有し，ある程度時間をかけて研究開発に取り組む体制が強力な支えとなる。これは日本の研究開発全般に共通していえることだと思う。米国のように短期的な成果を求めるやり方ではうまくいかなかっただろう。

5-8．第一工業製薬にとっての課題

バイオコクーン代表取締役社長の首藤拓也氏は，第一工業製薬にとっての課題について，次の点を指摘した。

これまでの事業は主にB to Bであったが，ライフサイエンス事業はD to C（Direct to Consumer）の領域になる。D to Cという新しい領域で，どのように事業

の柱を形成するかということが養蚕イノベーションの大きな課題である。

もう１つの課題は事業の後継者にかかわることである。会社組織であるから，組織を安定的に運営していくことが第一である。将来的に，バイオコクーンの後継者や研究者の育成も含めて，養蚕イノベーションの継続のしかたも視野に入れておく必要がある。

6．更木ふるさと興社の複数事業と地域の活性化

バイオコクーンと連携して，「養蚕イノベーション創出プロジェクト」を推進している更木ふるさと興社は，養蚕にかかわる複数の新しい事業を手掛けている。

6－1．更木ふるさと興社の事業方針

2009 年 5 月に岩手県北上市更木（さらき）町に設立された株式会社更木ふるさと興社は，桑を使った 6 次産業（第 1 次×第 2 次×第 3 次産業）を推進し地域振興を目指している。事業方針は，地域の農産物の振興，農産物の加工・販売にとどまらず，地域雇用の拡大，農業経営の受託による農地の有効活用となっている。

- ・第 1 次産業：同地域で桑を育て収穫する。
- ・第 2 次産業：同地域で桑を加工し商品を製造する。主力商品は桑茶である。
- ・第 3 次産業：商品（桑茶ティーバッグ，桑茶パウダー，桑のつぶタブレット，更木桑麺シリーズなど）を販売する。レシピを開発し提供する。

6－2．更木ふるさと興社の設立と複数事業

更木地区は伝統的に養蚕が盛んな地域で，2009 年に地元の人たち 40 名以上が出資して，更木ふるさと興社を設立した。設立の背景には，人口減少が深刻化して，放置された桑園を何とかしたいという強い思いがあったという。

興社が柱とする養蚕の新しい事業は，桑の栽培と桑加工品の製造・販売，将来の養蚕経営者（地域おこし協力隊）の採用と育成，バイオコクーンとの連携プロジェクトに基づく養蚕である。

6－2－1．新しい事業分野 1：桑関連事業

養蚕の新しい事業の主要な柱は，桑園管理，桑葉生産，桑加工，農産物加工・製品の販売などである。もう１つの重要な事業の柱は，将来の養蚕経営者（地域おこし協

力隊）の採用と育成である。更木ふるさと興社が受け入れ団体となって，隊員の募集を行っている。20代から40代の隊員は養蚕技術を学び，スキルに応じて養蚕体験プログラムの企画や，新商品の開発にあたる。

6-2-2．新しい事業分野2：養蚕イノベーション創出プロジェクト

更木ふるさと興社は設立当初から，カイコ冬虫夏草の製造を事業とするバイオコクーンと連携して，冬虫夏草の原料となる養蚕の生産拠点化をめざしている。バイオコクーンとの「養蚕イノベーション創出プロジェクト」の下，更木地区のビニールハウスで養蚕を行っている。とれた繭は群馬県の製糸会社に出荷されて生糸になり，残ったさなぎはバイオコクーンに納入される予定である。養蚕は，温度・湿度管理などの環境が生産量に影響するため，まだまだ改良の余地はあるという。

6-3． 複数事業と地域の活性化

地域の活性化について，地域の雇用創出，関係者の所得水準向上，関係者の意識変革，地域の知名度やイメージの向上，地域への訪問者の増加という5つの視点から，更木ふるさと興社の関係者2名に複数事業と地域の活性化の関係についてインタビューをした結果，個人としての立場から得られた回答を，次にまとめてみよう[20]。

6-3-1．インタビューその1

北上市更木地区は，複数の新しい事業によって養蚕業の再生と地域の活性化を実現しつつある。その過程には2つの節目があったという。1つは2009年の更木ふるさと興社の設立，もう1つは2018年の「養蚕イノベーション創出プロジェクト」のスタートである。

更木ふるさと興社立ち上げの経緯とこれまでの活動の概要は次の通りである。

地元住人が鈴木幸一氏（当時，岩手大学教授）の「桑から桑茶ができる」という記事をみつけたのをきっかけに，氏にアドバイスを求めたことから，桑の栽培と桑加工品の製造・販売の事業化が始まった。3年間は桑茶の製造・販売に補助金を獲得できたし，鈴木氏の紹介で東京都内にある桑茶メーカーの協力を得て，地元に桑茶の製造工場を稼働させることができた。

興社の社員やその友人・知人を通して桑茶の販売活動を行ったり，北上市による桑茶の紹介，地元新聞の連載記事，NHK盛岡放送局の特集などで取り上げられたりしたおかげで，初年度から予想以上に売れた。

4年目からは補助金がなくなって経費を削減する必要があった上，リーマンショック（2008年），東日本大震災（2011年）などの悪影響も続いた。経営の基盤が安定してきたのは2016年～2017年頃からである。最近はリピーターを含め顧客の数が増えている。人気商品は粉末タイプの桑茶である。青汁感覚で購入する消費者が多いそうだ。

地域の活性化という点では次のように認識している。

・地域の雇用創出：「地域おこし協力隊」事業に関していうと，2020年11月現在は2名が採用に至り，織物の仕事に従事している。本格的な取り組みはこれからだという。

・関係者の所得水準向上：所得の向上はまだ実感されない。2018年から「養蚕イノベーション創出プロジェクト」がスタートし，経済的な効果はこれからだと期待している。

・関係者の意識変革：地区住民の意識の変化を感じる。小学校でのイベントなどを通して，子供から大人まで冬虫夏草と養蚕への理解が深まってきた。

・地域の知名度やイメージの向上：「更木の桑茶」あるいは「更木桑茶」というブランド名が浸透してきた。健康志向から桑茶および他の新商品への需要が増加すること，ふるさと納税の返礼品をきっかけに消費が拡大することを期待する。養蚕も生産量を増やす計画であり，地域の活性化につながることを期待している。

6-3-2．インタビューその2

もう1名の回答者は，複数事業による地域の活性化について，次のように指摘した。

・地域の雇用創出：若者の働く場所ができた。更木ふるさと興社が設立される前は地元での働き場所はほとんどなかった。他にも繁忙期には，桑の葉摘みに障がい者施設の人たちの協力を仰いだり，退職した人たちの協力を得たりしている。季節は限定されるが，働きたい人の雇用機会創出には貢献している。

・関係者の意識変革：2009年に更木ふるさと興社がスタートして，地域の一体感が増した印象を受ける。桑を使って地域をみんなで盛り上げようという気持ちが強くなり，忙しい中でも桑のことを一番に考えてくれるようになった。ゆるキャラ（くわちゃん）を選ぶ投票や，桑を使ったレシピコンテストを通しても一体感が高まった。2018年「養蚕イノベーション創出プロジェクト」が始まってからは，イベントなどで地元の子供たちが，桑からお茶ができる過程や，蚕からいろいろな商品が生まれる過程を知る機会が増えた。それまで子供たちに桑や蚕に対する知識・意識はなかった。桑茶の販売は高年齢層に集中しがちだが，イベントは更木地区以外の子供や保護者といった若い層に桑茶を知ってもらう機会になる。

・地域の知名度やイメージの向上：桑茶に関しては，「更木桑茶」という地域ブランド名が浸透し，今後の事業の広がりを感じる。全国的に桑茶を生産・販売する地域が増えたし，中山間地域の振興という面にも波及効果がみられる。桑を栽培しそれを活用することは更木地区以外の地域にもプラスになる。一方，事業が他の地域に拡大するということは競合相手が増えることも意味する。品質の高さと他にない特徴をだす差異化が地域の活性化につながるだろう。

「養蚕インベーション創出プロジェクト」には，桑茶とは違う新しい事業の柱として，地域資源の活用および地域の活性化への貢献を期待している。

本章のポイント

本章では，日本の養蚕業にかかわるイノベーションを軸に，複数事業による地域活性化について考察した。

養蚕業とは，伝統的な定義では「養蚕農家が桑を栽培し，蚕を育て，繭を生産する一連の営み」を指す。現存する日本の養蚕農家はわずか300戸足らずであり，衰退産業に位置づけられる一方で，2つの大きな変革がみられる。1つは繊維型イノベーションといって，糸の種類，織り方，染色方法，糸としての新機能の活用など，繊維分野における革新である。もう1つは非繊維型イノベーションと呼ばれ，蚕・繭・さなぎに繊維の領域以外の新しい意味をみいだして，食品・化粧品・サプリ・薬品などを開発する，いわゆるデザイン・ドリブン・イノベーションである。

非繊維型イノベーション（冬虫夏草の商品開発，桑やシルクパウダーの研究開発）を推進する，岩手大学発スタートアップ・バイオコクーンへのインタビュー調査の結果は，次のようにまとめられる。

外部環境要因のうち，促進要因となるのは，幅広いネットワーク，公的支援，企業との連携である。第一工業製薬との連携によって，バイオコクーンのマーケティング分野の弱みが補完され，さらに研究開発に集中できるようになった。また東宝との連携によって，養蚕イノベーションを推進しやすい素地ができた。他方，阻害要因としては，日本の養蚕業の衰退，自然災害，中国との競合などが指摘された。

次に，バイオコクーンとの連携下での「養蚕イノベーション創出プロジェクト」関連の事業など，桑にかかわる複数事業に取りくむ事業者である，更木ふるさと興社関係者へのインタビュー調査の結果を紹介した。複数事業の推進は，地域における子供たちとの養蚕の知識共有，地域の雇用創出，地域ブランドの認知度の向上など，地域資源の活用と地域の活性化に貢献していると評価できるだろう。

注

1 農業生物資源研究所編（2015）『カイコってすごい虫』は，歴史から先端技術の動向まで解説している。
2 大日本蚕糸会のホームページ。
3 農林水産省「新蚕業プロジェクト方針」（令和元年9月）の資料および大日本蚕糸会の資料。
4 世界のシルク産業については，世界養蚕委員会（International Sericultural Commission）という国際機関があり，この機関のホームページと統計データから知ることができる。絹製品の信頼できるデータは不足していると記されている。また，詳細は，各国の統計を参照するしかない。絹の主要生産国は，中国，インド，ウズベキスタン，ブラジル，タイ，ベトナム，朝鮮民主主義人民共和国，イラン，その他である。消費国は，米国，イタリア，日本，インド，フランス，中国，イギリス，スイス，ドイツ，アラブ首長国連邦，韓国，ベトナム，その他とされている。絹は世界の繊維市場の0.2%と報告している。
5 農林水産省のホームページ。
6 英語のプロジェクト名は，“SILK on VALLEY YAMAGA”。
7 「桑の風味，岡谷の味　水耕栽培工場内にレストラン開業へ」『信濃毎日新聞』（2018年7月19日）。
8 シラパコング＆鈴木（2016）pp.69-74。
9 農業生物資源研究所遺伝子組換えカイコ研究開発ユニットホームページ。
10 池田真琴（2019）「遺伝子組換えカイコの農家飼育が始まって」『シルクレポート』2019年1月号，pp.23-26。
11 農林水産省委託プロジェクト研究「絹糸タンパク質を用いた小口径人工血管の開発」「絹糸タンパク質を用いた創傷被覆材，角膜再生材料等新素材の開発」「カイコによる人・動物用医薬品開発」コンソーシアム編『カイコを利用した医薬品や医薬品機器等の開発の手引き』（平成28年3月）。
12 群馬県富岡市「東京農大との連携協定調印式」『広報とみおか』No.107（平成27年2月）。
13 齋栄織物へのインタビューは，2020年2月12日実施。齋藤泰行「世界一薄い絹織物への挑戦」『シルクレポート』2016年11月号（51号），pp.5-9。「シルクの齋栄織物　大型発注つかみ輸出比率6割に」『織研新聞』（2017年8月15日）。
14 大分大学経済学部編（2010）『地域ブランド戦略と雇用創出』pp.70-78。
15 冬虫夏草は英語で，caterpillar fungus, cordyceps といわれる。大手通販サイトをみると，100種類以上もある。サプリ・漢方に分類されている商品が多い。中にはペット向け冬虫夏草商品もある。冬虫夏草酒というものも販売されている。主な生産国は，中国，韓国，チベット自治区である。
16 東宝のプレスリリース（PRtimes）「モスラ復活大作戦」（2018年2月7日）。
17 バイオコクーンの鈴木氏へのインタビューは，2019年12月12日に岩手大学を訪問し実施。
18 概要は，科学技術振興機構，中国総合研究・さくらサイエンスセンター編（2018）「中国の10大重点製造業とトップ企業の現状と動向」（2018年9月）。
19 バイオコクーン研究所のホームページ。
20 電話によるインタビューは，2020年1月17日に実施。

追記

「養蚕イノベーション」は，バイオコクーン研究所の登録商標（登録番号第6244652号）です。

9

姉妹都市交流を通したまちづくり

甘楽町とチェルタルド市のケース

はじめに

「姉妹都市交流を通したまちづくり」とはどのようなものか。モデルケースとして，群馬県甘楽（かんら）町（以下，甘楽町）とイタリア共和国トスカーナ州フィレンツェ県チェルタルド市（以下，チェルタルド市）の交流事業をとりあげる。

最初に甘楽町に興味をもったのは，JETRO「イタリア進出日本企業リスト」(2015) に「群馬県甘楽町チェルタルド駐在事務所（姉妹都市）」という記載をみた時である[1]。甘楽町は人口約1万3千人の小さい町であるが，自治体の公式ホームページは多言語表記となっており，画面上のイタリア国旗のマークがイタリアの情報を提供していることを示している。自治体が企業リストに掲載されていることが不思議であったし，一地方の町が海外に駐在事務所を開設するのは珍しいと思い，調べてみることにした。

甘楽町とチェルタルド市は，「一粒の麦」を育むという共通理念の下，1983年から現在に至るまで姉妹都市交流を継続しており，交流は35年以上の歴史と実績をもつ[2]。その活動は，地域ブランド力の向上や地域の活性化につながっていると評価できるもので，「平成19年度姉妹自治体交流表彰（総務大臣賞）」を受賞している[3]。

1．甘楽町とチェルタルド市・姉妹都市交流の概要

甘楽町とチェルタルド市の姉妹都市交流の開始は1983年に遡る[4]。その年，群馬県主催の「ふるさと巡回サロン」というイベントが甘楽町で開催され，イタリアからジャーナリストのカルラ・ヴァシオ女史と在日イタリア文化会館のエットレ・コロー氏が招待された。その折，ヴァシオ女史が甘楽町を気に入り，どこか甘楽町と似たところのあるチェルタルド市との姉妹都市協定が提案された（図表9－1）。

図表9－1　甘楽町とチェルタルド市の概要

	甘楽町	チェルタルド市
人口	約13,000人	約16,000人
面積	58.61㎢	75.24㎢
アクセス	東京からJRで約2時間。世界遺産・富岡製糸場で有名な富岡市は隣町。	首都ローマから北へ210km，ミラノから南へ約250km，フィレンツェ，シエナから30km。ワインで有名なサン・ジミニャーノは隣町。
主な観光資源	国指定名勝「楽山園」（織田信長の次男，信雄により城下町を築く際に造られた庭園），日本名水百選の雄川堰，武家屋敷，こんにゃくパークなど。	作家ジョヴァンニ・ボッカチオ（Giovanni Boccaccio，1313～1375年／代表作「デカメロン」）の生誕の地。 プレトリオ宮殿（Palazzo Pretorio），ボッカチオの生家（Casa di Boccaccio）など。 オリーブオイルと赤玉ねぎが有名。赤玉ねぎのジャムもある。

出所：両自治体の資料を基に筆者作成

1－1．姉妹都市とは

姉妹都市に関する定義やデータは，「一般財団法人自治体国際化協会」がまとめている[5]。同協会のホームページによると，日本における姉妹（友好）自治体の定義は，法律上定められているものではない。同協会では，次の3つの要件すべてに該当する時は「姉妹（友好）自治体」として取り扱うとしている。

・両首長による提携書があること

・交流分野が特定のものに限られていないこと

・交流するに当たって，何らかの予算措置が必要になるものと考えられることから，議会の承認を得ていること

姉妹自治体提携の歴史は，1955年（昭和30年）12月に長崎市とアメリカ合衆国セントポール市との間に交わされたのが始まりで，提携数は年々増加し1994年には

1000件，2019年には1700件を超えた。日本とイタリア間の姉妹自治体提携は，県・市町村レベルすべて合わせて2020年2月現在39件である。

姉妹自治体提携の成果は何か。同協会は，相互理解や国際親善の推進，地域の振興・活性化，さらには国際社会の平和と繁栄への貢献といったことにつながることが期待されるとしている。

1-2. 甘楽町とチェルタルド市の交流の歴史

1983年10月，甘楽町とチェルタルド市は友好親善姉妹都市協定を締結して，第1次甘楽町使節団（11名）がチェルタルド市へ派遣されたのを皮切りに，翌1984年には第1次チェルタルド市使節団（10名）が甘楽町を表敬訪問して以後，現在に至るまで交流が続いている。2018年には，姉妹都市協定35周年を迎え，記念式典とともにイベントが開催された。両自治体がどのように姉妹都市交流を積み重ねてきたか，事業内容の流れを年表形式にまとめてみよう[6]。

1983年4月	甘楽町にて群馬県主催のイベント「ふるさと巡回サロン」開催。イタリアのジャーナリスト，カルラ・ヴァシオ女史を招待。
10月	ヴァシオ女史の提言で，甘楽町とチェルタルド市は友好親善姉妹都市協定を締結。第1次甘楽町使節団（11名）をチェルタルド市へ派遣。
1984年4月	第1次チェルタルド市使節団（10名）が甘楽町を表敬訪問。
8月	町企画課長がチェルタルド市を訪問，ワインの輸入などについて協議。
1985年3月	チェルタルド市から直輸入したワインを物産センターにて販売開始。
7月	甘楽町でイタリア語教師一ノ瀬俊和氏による「イタリア語文化講座」を開催。
1986年4月	財団法人甘楽町国際交流振興協会を設立，第一回総会を開催。
7月	甘楽町から第1次中学生国際交流研修団をチェルタルド市へ派遣。
8月	第2次チェルタルド市使節団が甘楽町を訪問。
1993年10月	チェルタルド市プレトリオ宮殿にて，友好親善姉妹都市協定締結10周年共同宣言書に調印。甘楽町国際交流振興協会からチェルタルド市へ茶室を贈呈。

1994年3月　交流10周年記念事業として記念誌『一粒の麦』を発行[7]。

2004年2月　第6次チェルタルド市使節団を甘楽町へ迎え，20周年記念事業を開催。友好親善姉妹都市協定締結20周年共同宣言書への調印をはじめ，町道の小川上野線を「イタリア街道」と命名したことを記念する碑の序幕式と記念植樹が行われた。「イタリア街道」には，イタリアをイメージしたポプラ，イトスギ，オリーブが，北から南にかけて植樹された。

2008年11月　第10次甘楽町使節団が，25周年記念事業に参加するためチェルタルド市を訪問。友好親善姉妹都市協定締結25周年共同宣言書に調印。茂原荘一甘楽町町長，一ノ瀬俊和氏にチェルタルド市名誉市民の称号が授与された。

2013年4月　財団法人甘楽町国際交流振興協会が公益財団法人へ移行。

10月　チェルタルド市プレトリオ宮殿にて友好親善姉妹都市協定締結30周年記念式典を開催。共同宣言書が調印され，交流の歴史を振り返るとともに，交流の継続を互いに確認。「イタリアに日本の桜を植樹する会」の協力を得て，「友好の桜」の苗木40本をチェルタルド市に贈呈。

2018年6月　チェルタルド市にて友好親善姉妹都市協定締結35周年記念式典を開催。甘楽町国際交流振興協会とチェルタルド市国際交流推進協会の理事長の出席の下，両自治体と両協会が今後とも一体であることを誓い，「一粒の麦」を育むことを宣言。記念式典の後6月から7月にかけて，チェルタルド市の象徴ともいえるプレトリオ宮殿で，日本国大使館の後援による35周年記念事業「木工芸・書道展『清雅と品格』」を開催。この展覧会には，甘楽町町長を団長として，出展者である須田賢司氏（木工藝家・人間国宝）と桐生楽山氏（書家）を含む総勢10名が参加。

7月　チェルタルド市主催の「メルカンティア（国際大道芸の祭典）」に，甘楽町から獅子舞使節団（天引獅子神楽舞保存会のメンバー9名）が派遣され，獅子舞（町指定重要無形民俗文化財）を披露。

ジャーコモ・クチーニ市長を団長とする第10次チェルタルド青年使節団が甘楽町を訪問。ホームステイやイベントを通して，甘楽町の住民との交流を深めた。

8月	第17次中学生国際交流研修団（22名）をチェルタルド市へ派遣。ホームステイやイベントによる交流を体験。

公益財団法人甘楽町国際交流振興協会の会報『国交振会報』（2018年9月28日号）によると，中学生国際交流研修団として参加した生徒数は，2018年の第17次派遣の時点でのべ296名となった。

1-3．交流事業におけるビジネス活動

甘楽町のサイト「道の駅甘楽」には次のようなメッセージが掲載されている。

「イタリア直輸入ワイン・エキストラ・バージン・オリーブオイル等　姉妹都市イタリアチェルタルド市から直輸入し，販売しています。日本ではここだけでしか手に入らないキャンティワイン等やエキストラ・バージン・オリーブオイル，バルサミコ酢，ワインビネガーが勢揃いしています」。

甘楽町は，チェルタルド市周辺の特産品を直輸入し，道の駅（旧・物産センター）で販売するというビジネスモデルを実践している。1984年，町の企画課長がチェルタルド市を訪問してワインの輸入について協議し，翌年3月にはチェルタルド市からワインを直輸入，物産センターでの販売を開始した。以来このビジネスモデルを継続してきた。交流が始まって間もなく，その事業内容は，互いの町への訪問やイベントを開催する文化・教育交流から，地域ブランドに関連するビジネス交流へと拡がったわけである。1980年代半ばに，地方の小さな自治体がイタリアからワインを直輸入するという発想は，かなり斬新だったといえるだろう。

1-4．海外駐在事務所の設置

甘楽町は2015年，チェルタルド市に駐在員を配置した。当時のプレスリリースには，「従来の姉妹都市交流の充実はもちろんのこと，新たな経済交流や文化交流を推進するため，（中略）海外駐在事務所を開設しました」と記されている[8]。

駐在員の仕事は，甘楽町からの使節団・交流研修団の受入れ業務，交流活動の報告，チェルタルド市からのワインやオリーブオイルの輸入にかかわる業務，甘楽町からの輸出にかかわる調査，観光推進などを目的とする双方へのPR活動などである。定期的に（ほぼ毎月），チェルタルド市の暮らしや文化・歴史を伝える『イタリア海外駐在員だより』が発行されており，2020年9月には第64号を数えた。

姉妹都市交流の効果

姉妹都市関係が何らかの効果をもたらすかについて，過去に行われた，代表的な調査・研究を紹介する[9]。

タイトル："The Economic Benefits of Sister City Relationships"

調査実施機関：NZ Institute of Economic Research

これは，アンケートとケース研究で，姉妹都市関係の経済効果を中心に，2003年に調査したものである。経済効果について11の項目から選ぶ形式になっていて，教育研修の効果が最も高く，外国人学生の受け入れ（foreign-fee-paying students）の増加，姉妹都市との知識共有化の促進，観光客の増加があげられている[10]。

この調査は2019年にも行われており，姉妹都市関係の効果として，お互いの信頼関係の構築は，姉妹都市間のビジネスの取引コストを低くすると述べている。

2．本章の分析モデル

日本の自治体で，海外の地域と友好協定を結んでいるところは他にも多くあるが，交流事業の継続には時間とコストがかかるため，マンネリ化や形骸化に陥るケースが少なくない[11]。甘楽町とチェルタルド市は，どのようにして長く交流を続けているのか。そこにはどのような外部環境要因の影響があったのか。長期的な事業によってどのような成果が得られたか。交流の継続について，次のような視点から分析してみよう。

2-1．分析の視点

交流事業を継続しやすくする要因（促進要因），障壁となる要因（阻害要因），交流の特徴，信頼関係の構築，知識共有，経済効果について関係者にインタビュー調査を実施し，経営学の視点から分析モデルにしたがって考察してみよう（図表9-2）。

2-2．インタビュー調査の対象

チェルタルド市，甘楽町，東京の各地でインタビュー調査を1回ずつ行った。まず2019年1月チェルタルド市へ赴き，駐在員の稲葉美代子氏とチェルタルド市の担当

図表９－２　分析モデル

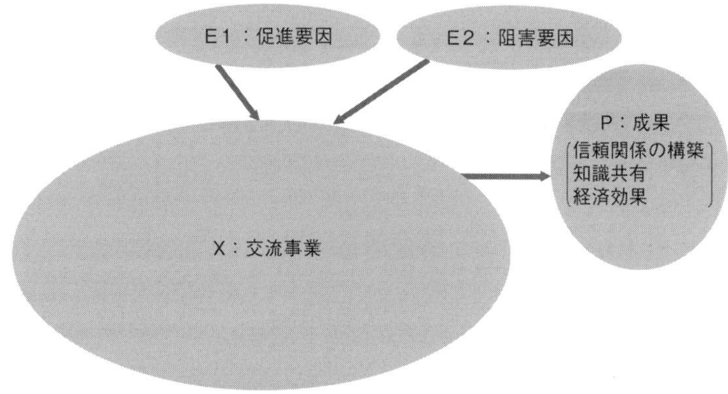

出所：筆者作成

責任者にインタビューを実施した。2019年4月には甘楽町を訪問して，副町長の森平仁志氏にインタビューを行った。同5月東京で，両自治体の交流事業に深くかかわってきた一ノ瀬俊和氏にインタビューした。

2－2－1．イタリアでのインタビュー

⑴　駐在員・稲葉美代子氏

1997年イタリア・シエナ外国人大学へ留学して以来，現在に至るまでチェルタルド市に在住している。2013年，チェルタルド市国際交流推進協会設立と同時に会員となり，2015年6月，甘楽町によって駐在員に任命された。駐在員として働く傍ら，チェルタルド市で日本語を教えたり，地元の小学校で創作折り紙のアートアクティビティを行ったりしているそうである。

⑵　チェルタルド市の担当責任者

1990年から同市と甘楽町の国際交流事業の仕事に従事してきた。はじめはチェルタルド市長の秘書として働いていたが，交流事業の仕事量が増えて交流事業の担当者となった。仕事内容は，全般的な企画と調整，チェルタルド市からの派遣と甘楽町からの受け入れに関する業務，周年事業やイベントの開催などである。

2－2－2．日本でのインタビュー

⑴　甘楽町副町長・森平仁志氏

1983 年から甘楽町とチェルタルド市の国際交流事業を担当してきた。これまで定期的な異動はあったが，全般的に交流事業にかかわってきたという。自身，チェルタルド市へは 8 回訪問したそうである。

(2) 一ノ瀬俊和氏

1983 年の姉妹都市協定締結時から現在までの，甘楽町とチェルタルド市の交流の歴史をよく知る人物である。氏は大学教員や外務省研修所講師などを歴任している。1983 年当時講師をしていたイタリア文化会館（東京）で同僚から協力を求められたのをきっかけに，通訳者，コーディネーター，甘楽町でのイタリア語講座の講師，チェルタルド市への派遣前オリエンテーションの講師などとして，現在に至るまで両自治体の交流事業を支えてきた。

3．交流事業の分析：環境・特徴・成果

4 人の関係者に行ったインタビューから，甘楽町とチェルタルド市の交流事業における促進要因と阻害要因，交流の特徴，信頼関係の構築，知識共有，経済効果について，以下に整理してみよう。

3－1．駐在員とチェルタルド市担当責任者へのインタビュー

両自治体の窓口ともいえる，駐在員の稲葉美代子氏とチェルタルド市の担当責任者は，交流事業について次のように答えた。

3－1－1．促進要因

甘楽町側とチェルタルド市側が共通して指摘した促進要因は，「公的機関の支援」と「住民の積極的関与」だった。

(1) 公的機関の支援

公的機関からの金銭的・非金銭的な支援は交流事業を後押しするものである。チェルタルド市側は，市や公的機関からの継続的な補助金あるいは活動資金という金銭的支援をあげた。積極的に支援してくれる企業や団体もあるという。甘楽町側は，非金銭的な支援として，2008 年「誠実に交流を続け，節目の記念事業にも工夫がある」と評価されて，「平成 19 年度姉妹自治体交流表彰（総務大臣賞）」を受賞したこと，2018 年に一般財団法人自治体国際化協会の交流支援事業に採択されたことをあげている。他にもイタリア共和国大使館の後援によるイベントも交流事業の促進につな

がっているという。

⑵　住民の積極的関与

甘楽町とチェルタルド市の交流の核をなしてきた事業は，双方からの住民の派遣と双方の自治体での受け入れである。チェルタルド市のホームページには，両自治体は「双子の関係」と表現されている。

甘楽町からは中学生が派遣される。そうなると，生徒だけでなく親や学校の理解と協力など，周囲の人たちの関与が必須である。逆に，チェルタルド市からの使節団を受け入れる時は，町役場をはじめ，ホームステイ先，イベントの企画・実行にかかわる団体，見学・訪問先，地域に住む芸術家や工芸家など，幅広く住民を巻き込むことになる。チェルタルド市も同様に，市民からの積極的な協力を得てきたという。特に2013年にチェルタルド市国際交流推進協会が設立されてからは，交流事業を進めやすくなったそうである。

両自治体の首長はじめ，年齢層も立場も異なる住民まで交流事業に関与して，自治体全体で互いを知る機会の積み重ねが新たな視点や次の活動への意欲を生み，交流事業の一層の進展へとつながっているようである。

稲葉氏は，両自治体の「類似性」と，甘楽町での「イタリア物産販売」もまた促進要因になっていると話す。甘楽町とチェルタルド市は，自治体の面積と人口規模が同程度で，大都市の近郊に位置するという類似性がある。1983年にヴァシオ女史によってチェルタルド市が紹介された時，国や文化は異なるものの両自治体の類似性が互いの共感を生み，友好親善姉妹都市協定の締結へとつながった。姉妹都市協定締結後の初期段階で，チェルタルド市からワインを直輸入して，旧・物産センターで販売するという発想も，事業の継続に重要な役割を果たしたと思われる。国際交流は成果がみえにくいため，継続が非常に難しい活動である。物産販売のようなビジネス交流を通して，経済的にも成果を認識することが，交流事業の充実と継続を支えてきたのではないだろうか。

3-1-2. 阻害要因

甘楽町側とチェルタルド市側にとって，共通の阻害要因は第1に「金銭的負担」，第2に「交流人材の変化」である。それに関連して制度的問題も指摘された。

⑴　金銭的負担

甘楽町の場合，国際交流振興協会が徴収する年会費も運営にあてられているが，自治体の規模が小さいため会費収入も限定される。人的交流での航空券代・宿泊費・食事代，周年事業やイベントの開催などの諸費用がかかる。継続して活動するとなると毎年予算化する必要があるが，予算化も負担になる。チェルタルド市では交流事業の予算が削減されているという。国と市の両行政組織の予算があるが，上限額が設定されているし制度的にフレキシブルな対応はしてもらえない。

稲葉氏は，選挙や人事異動による自治体の首長や職員の交代が，活動に対する方針や予算配分に与える影響も指摘する。この制度的仕組みは両自治体に共通することで，長期間になればなるほど安定的に交流事業を続けるのは難しい。

(2)　交流人材の変化

別の阻害要因として，甘楽町側から交流人材の変化があげられた。少子高齢化が進んで，甘楽町でも中学校は統廃合され，交流の役割を担う中学生の数自体が減少傾向にある。また交流事業を始めた時代に比べると，個人レベルで海外研修や留学を体験しやすくなった現在，海外との交流には他の選択肢もある。地域の人口減少や選択肢の増加は阻害要因になり得ると考えている。

この点チェルタルド市側は，同じように地域の人口減少や交流事業を担う人材不足という問題を抱えてはいるが，阻害要因とは認識していないという。

3-1-3．交流の特徴

甘楽町とチェルタルド市の交流の特徴については，次のような回答を得た。

第1に両自治体の首長が積極的に交流事業にかかわっていることである。チェルタルド市では「イタリアと日本の国際交流」の位置づけが高く，イベントなどの交流活動に市長が積極的に参加するそうである。甘楽町の町長もまた，これまで10回以上チェルタルド市を訪問している。

第2の特徴は，節目となる周年事業を重視した活動を行っていることである。10周年記念，20周年記念，25周年記念，30周年記念，そして35周年記念というように，周年事業を重ねてきた。周年事業は，それまでの交流活動を振り返り，次の周年目標を明確にして，交流事業の継続を互いに認識し合う機会となっている。周年事業では，両自治体の首長による共同宣言，音楽・芸術・伝統文化の紹介などといったイベント，交流のシンボルとなる記念品の寄贈，モニュメントの設置や植樹などが行われ，メディアにも取り上げられる。メディアの報道は住民の関心を高め，長期的な交流事業の継続に貢献することになる。

第3の特徴は，文化・教育交流とビジネス交流の両方を重視していることである。甘楽町は，姉妹都市協定が締結されて間もなくチェルタルド市からのワイン直輸入を始め，今では他の特産品もチェルタルド市から直輸入して道の駅で販売するというビジネスモデルを実践している。

3-1-4．信頼関係の構築

甘楽町が，両自治体の信頼関係が深まったという印象を特に強くもったのは，東日本大震災の時だったという。チェルタルド市は，日本の震災の報道を知ると同時に募金活動を開始した。募金活動は，チャリティーディナーやサッカーのチャリティー試合などさまざまな形で行われた。青年交流研修団に参加したチェルタルド市の学生たちも積極的に募金活動をしたそうである。こうして集まった総額約5千ユーロは，甘楽町を介して被災地（岩手県）へ届けられた。

一方，2016年8月24日にはイタリア中部地震が発生，ラツィオ州リエーティ県とその周辺の町が被災した。チェルタルド市に大きな被害はなかったが，甘楽町は即座に対応した。いち早く義援金を募り，チェルタルド市を介して被災地へ送られた。甘楽町でも，交流研修団に参加した生徒たちが積極的に義援金集めをしたという。

互いを思いやり助け合う精神が，両自治体の深い信頼関係を構築しているようである。

3-1-5．知識共有

甘楽町とチェルタルド市は「一粒の麦」を育むという共通理念の下，長年の交流を続けてきた。その結果，互いの国や文化に対する関心と理解のレベルは非常に高くなったと評価できるという。チェルタルド市民から日本語を学びたいという要望もあるようだ。

3-1-6．経済効果

甘楽町はチェルタルド市からワインを直輸入して道の駅で販売している。売上本数は年間6千本に達する。現在は，ワインの他にもオリーブオイルや焼菓子も販売されており，これらの輸入販売には地元の企業5，6社がかかわっている。反面，甘楽町は地酒の輸出を希望しているが，EUの厳しい食品規制に阻まれて実現に至っていない。

観光については，チェルタルド市あるいは甘楽町へ個人旅行をするケースはみられるが，地域の活性化に結びつくという評価にまでは至っていないという。

3－2．甘楽町副町長へのインタビュー

当初から一貫して交流事業にかかわってきた，甘楽町副町長の森平仁志氏は次のように述べる。

3－2－1．促進要因

第1に指摘された促進要因は，両自治体の首長が積極的に交流事業に関与してリーダーシップを発揮してきたことである。

第2に，交流を通して町民の理解が深まったことが，交流事業を進めやすくしているという。

第3に，甘楽町国際交流振興協会とチェルタルド市国際交流推進協会によって運営が組織化されてから，交流事業を継続しやすくなったと評価する。

3－2－2．阻害要因

町役場ではこれといった阻害要因は認識していないそうである。予算が不足する時は足りないなりの工夫をして運営してきたという。

3－2－3．交流の特徴

交流の特徴として，チェルタルド市における「イタリアと日本の国際交流」の位置づけが高いこと，両自治体の首長が積極的にかかわっていること，節目の周年事業を重視していることなどがあげられた。周年事業は，町民からの同意を得やすく，関係者の動機づけをしやすい。

姉妹都市協定が締結されてすぐから子供たちの相互交流を開始して，継続してきたことも大きな特徴と考えている。副町長は，35年以上におよぶ交流の歴史の長さと深さを感じさせるエピソードを紹介してくれた。

甘楽町は2014年3月，それまでの物産センターを「道の駅甘楽」としてリニューアルオープンし，ピザ窯を入れて地粉ピザを販売することにした。ピザ販売を始めるに当たって，チェルタルド市の国際文化交流推進協会の会長が経営するレストラン「イル・フィアーノ」で，ピザ作りの技術を習得するべく，一般財団法人甘楽都市農村交流協会の職員を3か月のピザ作り研修へ派遣した。この職員は，中学生時代，交流研修団の一員としてチェルタルド市でホームステイを経験していた。これは両自治体の交流事業が長く続いていることを実感させる話である。

3－2－4．信頼関係の構築

両自治体の深い信頼関係を感じたのは，やはり東日本大震災の時だったという。最も驚いたのは，チェルタルドの市民から直接「誰々さんは大丈夫か？」という安否確認の問い合わせがあったり，チェルタルド市役所を介して「友人の誰々さんは大丈夫か？」というメールが届いたりしたことである。災害時に組織間で連絡と取り合うことは通常だが，個人レベルで安否確認の電話やメールを受けるという体験をした時，信頼関係が構築されていることを実感したそうである。

3－2－5．知識共有

互いに知識を共有するということに関しては，広がりと深化を非常に感じている。

交流事業が開始された当初は，極東の地，日本についての知識が不足しており，チェルタルド市から派遣される研修団の家族の中には過剰に心配する人もいた。しかし交流の回数を重ねるうち，そのような心配は徐々にされなくなっていった。他にも，互いの文化への理解の程度が低かった頃は，甘楽町でのホームステイ先で，チェルタルド市からの研修団の学生が風呂に入って栓を抜いてしまったとか，湯船の中で石鹸を使ったというトラブルもあったそうだ。

現在では，両自治体の住民の間で交流事業に関する知識共有が進んだだけでなく，ローマの日本国大使館も甘楽町とチェルタルド市の交流をよく理解しており，長年の実績が評価されたものと考えている。

3－2－6．経済効果

甘楽町には「道の駅甘楽」がある。1985年以来，農産物直売所兼食堂として営業してきた物産センターを，2014年に「道の駅甘楽」にリニューアルして，チェルタルド市から直輸入したワインやオリーブオイルの販売を強化してきた。直輸入のワインとオリーブオイルは，今や「道の駅甘楽」の目玉商品となっている。

また「道の駅甘楽」にはピザ窯が設置され，地粉ピザも販売されている。ピザ窯のタイルはチェルタルド市で製作されたものである。

2019年には，町営のイタリアンレストランもオープンした。交流事業が直接オープンにつながったというわけではないが，プラスの効果に作用していると考える。

3－3．一ノ瀬俊和氏へのインタビュー

両自治体の交流の歴史を熟知している一之瀬氏は，事業を振り返って次のように

語った。

3-3-1．促進要因

第1に，互いに小さな自治体で，人口規模も大体同じということが促進要因になっていると考える。人口規模がほぼ同じという条件の下で，自治体や他の公的機関から補助金や活動資金が継続的に得られたこと，積極的に交流支援をしてくれる企業や団体があること，両自治体の首長がリーダーシップを発揮してきたこと，幅広く住民が協力してくれたことが，交流事業を長く牽引してきたと思われる。

第2に，姉妹都市協定を締結した当時の甘楽町町長の考え方も，交流事業を推進させた。「群馬県は海に接していない県である。目を世界に向けるためには，海外との交流活動を積極的に進めるべきだ」というのが，当時の町長の基本方針だった。それに呼応するように，町の企画調整課長が情熱をもって交流事業を推進したことも大いに促進要因になったといえる。

第3に，甘楽町が富岡市と合併しなかったことが，結果的に交流事業を促進することになったと考える。合併をしていたら，富岡市の理解を得られたとは限らず，今のような形での姉妹都市交流は実現していなかったかもしれない。

3-3-2．阻害要因

第1の阻害要因は，交流事業の予算が削減されていること，地域の人口が減少していること，交流事業を担う人材が不足していることである。

第2に，交流を始めた当初は，議会における反対派議員の存在という障壁があった。反対派は，「姉妹都市交流の効果はあるのか」「どうしてイタリアという地理的に離れた国と交流する必要があるのか」「もっと他の事業に予算を使った方が有効活用できる」などと主張した。当時の町長は，あえて反対派議員たちに使節団への参加を要請して，実際にチェルタルド市の人たちと交流してもらった。交流を体験した反対派議員たちは，次第に交流の意義を理解するようになり，反対派から賛成派に転じたという。

3-3-3．交流の特徴

交流の特徴は，チェルタルド市における「イタリアと日本の国際交流」の位置づけが高いこと，両自治体の首長が積極的に活動に参加していること，節目の周年事業を重視していること，何より関係者たちが情熱をもって交流事業を推進していることである。節目の周年事業は，日頃の地道な交流活動の積み重ねの上に成り立っていて，決して形式的なものではない。子供たちの交流活動を通して，親をはじめ両自治体の住民同士が顔見知りになっているので，周年事業で交流を深めることを楽しみにしている人達が多いのも特徴といえるだろう。

3-3-4．信頼関係の構築

東日本大震災の時，チェルタルド市はサッカーのチャリティー試合などを行って義援金を集め甘楽町に送った。反対に 2016 年のイタリア中部地震の際は，甘楽町が義援金をチェルタルドに届けた。安否確認や「日本は危険だから，イタリアに住んではどうか」と声をかけるなど，親身になって心配し合うことが個人レベルで行われるまでになっており，両自治体の信頼関係は力強く構築されていると評価する。

3-3-5．知識共有：社会関係資本の蓄積

甘楽町からチェルタルド市へ，チェルタルド市から甘楽町へ，これまで多数の使節団と研修団が双方の自治体を訪問した。交流事業から学ぶことは多い。特に中学生や青少年は，ホームステイを通じて互いの自治体とその周辺を観光するだけでなく，相手国の文化や暮らしを体験する。子供たちだけでなく，ホームステイの受け入れ家族をはじめ周囲の大人たちも一緒に，互いの生活スタイル，考え方，料理などについて多くを学び，共有する知識の幅と深さが増していく。ホームステイをした子供たちが，帰国してから異文化の体験談を家族に話すと，家族も異文化について知識を共有するようになる。両自治体の交流が始まって 35 年以上になった現在，甘楽町では，かつての中学生研修団の参加者が親となって子供たちに知識を伝えるというケースもあり，好循環が生まれている。

自治体レベルでも知識の共有と蓄積が進んでいる。交流がスタートした直後は，文化の違いから不満や不安を生むこともあり，両自治体は 1 つずつ学んでいくことになった。例えば，チェルタルド市からの訪問団を受け入れるに当たって，甘楽町が用意していた滞在中のプログラムは朝から晩まで予定がびっしりで，イタリア人にとっては自由度のない窮屈なものだった。「夕食後は解散」というプログラムもまた困惑を招いた。夕食の時刻がイタリア人にとってかなり早いものだったため時間をもて余してしまうという不満がでた。逆に，甘楽町からチェルタルド市への訪問団は，用意されていたプログラムが非常に大雑把で驚いたという。午前と午後それぞれに主要なプログラムがぽつんと組まれているだけで，日本人にしてみると出発の時間すらわか

らず，心細いものだった。結果的にはうまくいくのだが，こうしたイタリア的な計画のたて方に不満を覚えたようである。

互いに小さな文化摩擦の体験を繰り返していくうちに，どのようにすれば不満や不安を招くことなく交流活動を進めることができるかという知識が蓄積され，次第にこなれた良いプログラムになっていった。現在甘楽町は，ある程度の余裕と選択肢をもつ受け入れプログラムづくりに努めているし，チェルタルド市も，日本的な考え方を取り入れたプログラムづくりをしている。これは，交流プログラムに関して相互学習し，知識の共有と蓄積が進んだ例である。一連の交流活動は，社会関係資本（ソーシャル・キャピタル）の蓄積とみなすことができるだろう[12]。

3-3-6．経済効果

現在，甘楽町は多くの種類のイタリアワイン，オリーブオイル，菓子などをチェルタルド市から輸入し，道の駅で販売している。道の駅では本場イタリアのピザも販売し，好調な売上をあげている。始めからすべてうまくいったわけではない。ワインの直輸入については，すぐには酒類販売の許可が下りなかった。輸入し始めてからは，当時の物産センターが窓口になって，結婚式場に売り込むなどの努力を重ねて，少しずつワイン販売を定着させていったという。

観光ビジネスについては，個人レベルで互いの町へ旅行するケースはあるようだが，公式プログラム以外に民間交流が促進されたとまではいえない。

3-3-7．最後に

氏は，「1983 年 10 月チェルタルド市で姉妹都市交流協定の調印式がとり行われる半年前から現在まで交流のお手伝いをしている身としては，当初播かれた『一粒の麦』が今やしっかりと根付き，たわわな実を結んでいる姿をみて，非常に感慨深いものがある」と話した。

4．交流の成果と地域ブランドマネジメント

最後に，インタビュー調査の結果，甘楽町のプレスリリースなどに基づいて，姉妹都市交流の継続によってもたらされる成果と，姉妹都市交流による地域ブランドマネジメントのデザインについて考察してみよう。

4－1．甘楽町にみる交流の成果

姉妹都市交流の事業は，大きく文化交流，教育交流，ビジネス交流の３つに分類される。一般論としては，文化交流と教育交流には人的交流やイベントが含まれ，ビジネス交流は物産販売，観光ビジネス，企業誘致，技術移転などによって進められる。そこから得られる成果として考えられるのは，信頼関係の構築，知識共有，および産業発展や雇用創出といった経済効果などである。

甘楽町とチェルタルド市の姉妹都市交流の場合，文化交流と教育交流の主要な活動は，使節団・青少年の交流研修団の派遣と受入れ，および周年事業であり，ビジネス交流の活動は，ワインやオリーブオイルの輸入販売を柱としている。

ここでは，35 年以上にわたる姉妹都市交流を通して，甘楽町はどのような成果を認識しているか，またどのような新たな活動につながっているか分析してみよう（図表９－３）。まず文化交流と教育交流においては，災害時にみられたように，互いの国を大切に思う信頼関係の構築，および互いの生活スタイル・文化に関する知識の共有と蓄積という成果がみられる。さらに，チェルタルド市以外の地域との交流という新しい活動にも発展しているようだ。次に，ビジネス交流の成果としては，輸入を通して，輸入品（ワイン，オリーブオイルなど）の販売拡大と，輸入ノウハウの蓄積があげられる。また，道の駅での本場イタリアのピザ販売は好調で，ピザ作りのノウハウも獲得した。地酒など甘楽町の産品の輸出には至っていないが，輸出にかかわる

図表９－３　甘楽町にみる交流の成果

大分類	主な活動	成果	新しい活動
文化交流 教育交流	・周年事業 ・使節団・交流研修団の派遣・受入れ ・語学講座・オリエンテーション	・チェルタルド市との信頼関係の構築 ・異文化に対する知識の共有・蓄積	・チェルタルド市以外の地域との交流
	海外駐在事務所の設置 駐在員による情報発信		
ビジネス交流	・輸入販売 ・ピザ作り研修への派遣 ・観光推進 PR	・輸入品（ワイン，オリーブオイルなど）の販売拡大 ・輸入ノウハウの蓄積 ・道の駅でのピザ販売 ・ピザ作りのノウハウの獲得 ・輸出にかかわるフィージビリティスタディ	・町営レストラン「プレトリオ」開業（地元の農産品とイタリア料理のコラボ事業）

出所：筆者作成

フィージビリティスタディは行われている。一方，観光ビジネスについては，交流プログラム以外に開発されるまでには至っていない。新しい活動という点では，地元の農産品とイタリア料理のコラボ事業として，2019 年に町営レストランを開業したが，その経済効果はまだ不明である。

4－2．姉妹都市交流による地域ブランドマネジメントのデザイン

一般に，地域ブランドの推進は広域市場をターゲットとして，地名や地域資源を広く認知してもらうための活動にウエイトがおかれ，自治体間の関係性より経済効果が優先される。また，姉妹都市交流というのは，事業の継続が難しくマンネリ化・形骸化しやすいものである。

しかし，モデルケースとして取り上げた甘楽町とチェルタルド市は，1つの自治体との関係性，「一粒の麦」を育むという共通理念，文化交流・教育交流・ビジネス交流のバランス，周年事業，駐在員による情報発信などを重視して，実りのある姉妹都市交流を 35 年以上も続けてきた。

甘楽町にみる「姉妹都市交流を通したまちづくり」は，哲学・戦略・オリジナリティをもつ地域ブランドマネジメントのデザインの一例として注目に値するだろう。

本章のポイント

ケースにとりあげた甘楽町とチェルタルド市は，1983 年から 35 年余にわたって，文化・教育交流とビジネス交流の両方で，実態のある姉妹都市交流を継続している。甘楽町，チェルタルド市，東京のそれぞれで行ったインタビュー調査の結果から，次のような点について考察した。

第1に，両自治体がマンネリ化しないで交流を継続できる理由としては，チェルタルド市における「イタリアと日本の国際交流」の位置づけの高さ，両首長の積極的参加，保護者・関係者を巻き込んで行われる青少年の定期的な派遣交流，周年事業の工夫，両自治体の組織的な対応方法，活動にかかわる通訳者の存在などが確認された。また外部環境要因に関しては，公的資金の活用という促進要因がある一方で，特に大きな阻害要因はみられない。

第2に，地域活性化に関連する成果としては，両国における災害時の対応などを通して信頼関係の構築を確信できたこと，自治体レベルで知識の共有・蓄積が進んだことがあげられる。また主な経済効果は，道の駅における輸入品の販売拡大，本場イタ

リア仕込みのピザ販売が好調なこと，およびそれらにかかわるノウハウの蓄積などにみられる。

注

1 JETRO「欧州進出日系企業実態調査（2015年度調査）」（2016年02月）。

2 甘楽町国際交流振興協会パンフレット。「一粒の麦を育む」は聖書『ヨハネによる福音書』12章24節からきている。

3 平成19年度姉妹自治体交流表彰（総務大臣賞）の記者発表資料。

4 甘楽町企画課「群馬県甘楽町とイタリア共和国チェルタルド市の友好親善姉妹都市交流」『グローカル通信第77号』（2015年6月）。

5 一般財団法人自治体国際化協会のホームページ「自治体間交流」。

6 群馬県甘楽町／公益財団法人甘楽町国際交流振興協会（2018）「平成30年度甘楽町中学国際交流研修団報告記」。

7 群馬県甘楽町記念誌『姉妹都市30年の歩み　UN CHICCO D 'ORZO ― 一粒の麦』p.14。

8 甘楽町企画課『グローカル通信第77号』p.1。

9 NZ Institute of Economic Research（2003）The economic benefits of Sister City relationships. 同（2019）From Sister to Global Cities: Key Findings and Learning from 2003 and 2019., Conference hand out, 21 March 2019, p.3。

10 この他にも以下の論文でその効果が述べられている。Cremer, R. D., De Bruin, A. & Dupuis, A.（2001）International sister-cities: bridging the global - local divide, *American Journal of Economics and Sociology*, 60, pp.377-401.

11 Robert Eldridge氏は，ジャパンタイムズ紙の"Japan needs a sister city strategy"という記事の中で，日本には姉妹都市戦略が必要と述べている。この記事の中で，日本の姉妹都市交流は，名前だけで実態がない，継続性がないところもあるのではないか，また哲学や戦略が感じられない点も指摘している。

12 社会関係資本とは，社会や地域社会の信頼関係や結びつきを意味する。コーエン＆プルサック（2003）によれば「ソーシャル・キャピタルは，人々のあいだの積極的なつながりの蓄積によって構成される。すなわち，社交ネットワークやコミュニティを結びつけ，協力行動を可能にするような信頼，相互理解，共通の価値観，行動である」と定義している。

10

地域ブランドマネジメントにおけるガバナンス

パルマハム協会のケース

はじめに

地域ブランドの競争優位のためには，ガバナンスという概念も大切である。マネジメントの領域で議論されるコーポレートガバナンス（企業統治）は，企業の持続的成長，企業価値の維持・向上，株主の利益の保護，コンプライアンスの強化，社会的信頼の獲得などを理念とする。企業のマネジメントと地域ブランドマネジメントでは，ガバナンスの歴史や議論の枠組みで異なる点があるが，適正な管理という点では共通する。

地域ブランドのガバナンス戦略の1つは地理的表示（GI）の登録・維持である[1]。本章ではEUと日本の両方でGI登録をしているイタリアのパルマハム協会のケースから，地域ブランドマネジメントにおけるGI登録の効果を考察する。

1．ガバナンスの概念

まず，コーポレートガバナンスと地域ブランドマネジメントにおけるガバナンスについて整理してみよう。

1-1．コーポレートガバナンスとコンプライアンス

コーポレートガバナンスは，日本語では「企業統治」と呼ばれる。経営活動が持続的に適正に行われているかをチェックしたり，組織の不正行為を防止したりするためのシステム作りを，企業が担うことを意味する。具体的な活動や取り組みは，公式ホームページ，コーポレートガバナンス報告書，プレスリリースなどで公表される。取り組み内容は企業や業種によって異なるが，次のような共通のキーワードが見受けられる。

・持続的な成長と中長期的な企業価値の向上
・経営の透明性と健全性の向上
・迅速な意思決定と事業の遂行
・アカウンタビリティ（説明責任）の明確化
・コンプライアンス（法令遵守）の強化
・公正な情報開示
・権限と責任の明確化

コーポレートガバナンスの重要な柱の１つがコンプライアンス（法令遵守）である[2]。コンプライアンスに反する例として，不正会計，粉飾決算，法令違反，脱税，談合，贈収賄，個人情報漏洩，不正雇用（賃金未払い，人権侵害など），偽装，不法投棄，不正受給，過剰営業などがあげられる。コンプライアンスの強化には，トップのリーダーシップ，社員や構成メンバーの教育，ルールの整備と定期的な見直し，問題を発見した時の通報システムの整備などを必要とする。

1-2．地域ブランドマネジメントにおけるガバナンス

地域ブランドに関するガバナンスの方向性は主に３つある。

・長期にわたって商品やサービスの質を維持・向上すること
・生産者や組合員の利益や地域固有の知的財産を守ること
・組織として不正な行為を防止すること

その取り組みとしては，品質管理を含めた商品・サービスの差異化，商標登録，組合メンバーの不適切な行動を防止するためのシステム作りなどが考えられるが，本章では，これらの取り組みと深くかかわる地理的表示（GI）保護制度について詳しく取り上げる。

2．地理的表示保護制度

地理的表示（Geographical Indications：GI）保護制度は，それぞれの地域に根づいた産品の名前を知的財産として登録し保護する制度である。「知的所有権の貿易関連の側面に関する協定（略称：TRIP 協定）」第22条第1項は，地理的表示を「ある商品に関し，その確立した品質，社会的評価その他の特性が当該商品の地理的原産地に主として帰せられる場合において，当該商品が加盟国の領域又はその領域内の地域若しくは地方を原産地とすることを特定する表示」と定義する[3]。

2-1．EUのGI保護制度

EUは1992年，高品質な農林水産物，食品の原産地呼称および地理的表示の保護に関する仕組みを導入した[4]。

JETROブリュッセル事務所の報告書（2015）では，EUの地理的表示（GI）保護制度を3つに分類して解説している[5]。そのうち，原産地呼称保護（Protected Designation of Origin: PDO）と地理的表示保護（Protected Geographical Indication: PGI）における対象商品と条件は次の通りである。

・PDO：特定の地理的領域と密接に関連した農産物，食品，飲料が対象で，生産工程のすべてがその地域で行われること。このPDOの基準が最も厳格である。

・PGI：特定の地理的領域と密接に関連した農産物，食品，飲料が対象で，生産工程の一部がその地域で行われること。

2-2．日本のGI保護制度

農林水産省ホームページにおけるGI保護制度の記載をまとめると，以下のようになる。

地域には，伝統的な生産方法や生産地等の特性（気候，風土，土壌など）が，品質等の特性に結びついている産品が多く存在する。これらの産品の名称（地理的表示）を知的財産として登録し保護する制度が，GI保護制度である（図表10-1）。

日本では2014年6月，生産者の利益の増進と需要者の信頼の保護を図ることを目的として「特定農林水産物等の名称の保護に関する法律（地理的表示法）」が成立し，2015年6月1日から同法律に基づくGI保護制度が運用されている。

この法律は，生産者・加工業者自身による登録申請を不可とし，団体を組織し定款などに組織への加入の自由を定めることを要件とするとともに，正当な理由なく加入

図表 10-1　日本の GI 制度概要

制度の大枠
① 産品（特定農林水産物等）をその生産地や品質の基準等とともに登録。（登免税として９万円要。更新料は不要）
② 登録内容を満たす産品には,「地理的表示」を使用可能。また, 地理的表示と併せて登録標章（ＧＩマーク）の使用が可能。 ※ 登録内容を満たさない商品へのＧＩマークの使用や, ＧＩマークのみの使用は不可。
③ 地理的表示の不正使用は行政が取締り。
④ 地域の生産者は, 既登録団体への加入や, 新たに登録を受けた生産者団体の構成員となることで, 地理的表示を使用可能。

出所：農林水産省ホームページ

を拒み困難な条件を付すことを禁じている。

3．本章の分析モデル

本章では, 地域ブランドマネジメントにおけるガバナンスのモデルケースとして, パルマハム協会をとりあげ, イタリアでのインタビュー調査の結果に基づいて, 外部環境と戦略と成果の因果関係を分析する（図表 10-2）。

日本でも, パルマハムインフォメーションセンターへのインタビュー調査の他, インポーターを対象とするアンケート調査とインタビュー調査を実施し, SWOT 分析を行うとともに, GI 登録と成果の因果関係について考察する。

3-1．外部環境, 戦略, 成果

パルマハム協会のガバナンス推進にかかわる, 外部環境要因, 戦略, 成果について, 次のような視点から分析を行う。

3-1-1．外部環境要因

地域ブランドのガバナンスを推進しやすくする要因（促進要因）と障壁になる要因（阻害要因）について, 以下の内容を中心に調査する。

(1) 促進要因

・知的財産保護の基盤の整備

図表10-2　分析モデル

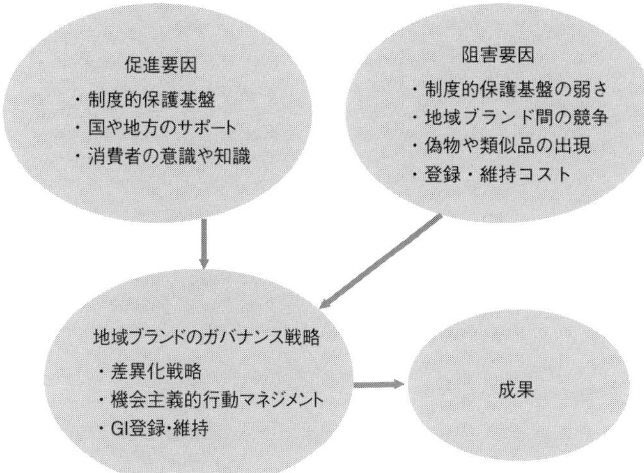

出所：筆者作成

・GI登録やガバナンス推進に対する政府・自治体による金銭的・非金銭的な支援
・偽物や模倣品を買わない，本物を重視するという買い手の態度

(2)　阻害要因

・知的財産保護の基盤の未整備
・地域ブランド間の競争
・GIと地域ブランド価値に関する買い手の知識不足
・偽物や類似した商品・サービス
・GI登録・維持などにかかるコスト

3-1-2．戦略

地域ブランドのガバナンス戦略として，差異化戦略，機会主義的行動のマネジメント，GIの登録・維持にどのように取り組んでいるか探る。

(1)　差異化戦略

商品・サービスに関して高い品質と安全を維持することは差異化につながる。例えば，原材料の調達から，加工，品質管理，販売に至るサプライチェーンの全体像を消費者に対して可視化するために，タッチポイントを整備することは1つの差異化となる。

(2) 機会主義的行動のマネジメント

機会主義的行動とは相手を騙す行動である。例えば，組合の会員であるにもかかわらず品質やサービスの基準を守らない行動や，価格の設定を勝手に変える行動をいう。機会主義的行動をなくすことはできないとしても，Wathne & Heide（2000）によると，次のような４つの方策で減らすことができるという[6]。

・選抜：問題を起こす，あるいは起こしそうな組織や個人をメンバーに入れない
・教育：組織や個人に対する教育，啓蒙活動をしっかり行う
・モニタリング：適正に行動しているか，定期的あるいはランダムに監視する
・インセンティブ：適正な行動を促すための金銭的・非金銭的インセンティブを付与する

(3) GI の登録・維持

地域ブランドの領域では産地偽装や模倣品が出現しやすい。特に農林水産物や加工品は形状や製造法が似ていて，本物との区別がつきにくい。地域によっては知的財産に関する知識・ノウハウの蓄積が少なく，人材と資源が限定される中，権利保護や権利侵害への対応が不十分になることがある。厳しい要件が課される GI への登録・維持は，地域ブランドの知的財産の保護，地域ブランド価値の向上，ステークホルダー（自治体，銀行，取引相手，消費者など）への安心材料の提供などに貢献する。

3-1-3．成果

GI の登録・維持と成果の因果関係を検証するために，売上高の向上と地域ブランドマネジメントにおけるリスク軽減という２つの成果指標を使うことにする[7]（図表10-３）。横軸は時間（t），縦軸は売上高とリスク（P，R）を表している。X1 は GI 登録した時点，X2 は一定期間登録を維持した時点である。P1（実線）は売上高の向上があったこと，P2（実線）はなかったことを示す。R1（点線）は地域ブランドマネジメントにおけるリスクが軽減したこと，R2（点線）は軽減しなかったことを示す。

図表 10-3　GI 登録と成果の因果関係（売上高とリスク軽減）

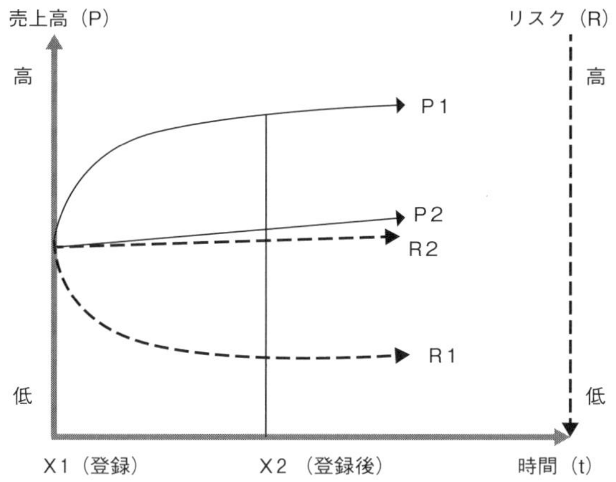

注：実践は売上高，点線はリスクを表す。
出所：筆者作成

4．パルマハム協会の取り組み

パルマハムは，北イタリアのエミリア・ロマーニャ州パルマの地域ブランドである。イタリア語で Prosciutto di Parma（プロシュット・ディ・パルマ）と呼ばれ，塩漬けした豚モモ肉の生ハムを指す。世界全体での売上高は 7 億 4000 万ユーロ（約 1000 億円），製品加工に携わる従業員数は約 3000 人（業界全体では 5 万人）だという[8]。

4-1．ガバナンスのフレームワーク

ガバナンスは，EU という広域の枠組み，イタリアという国家の枠組み，パルマという自治体の枠組み，生産から市場に至る過程における関係者（豚生産農家，食肉処理業者，ハム製造業者，インポーターなど）の枠組みによって構成される（図表 10-4）。

4-2．パルマハム協会

1963 年，パルマハム協会が設立された。その役割は，地域の枠組みで，イタリアの生産者から海外の消費者までグローバルレベルで，サプライチェーンに関するガバ

図表 10-4　パルマハムのガバナンスのフレームワーク

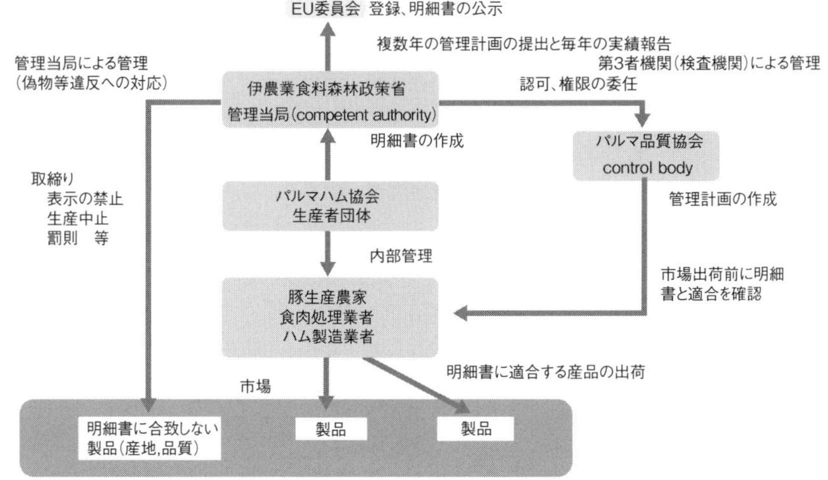

出所：農林水産政策研究所地理的表示チーム（2012）p. 17

ナンス（chain governance）を強化することである。協会の任務と役割は次の通りである。

・原産地呼称保護「パルマハム」の製造にかかわる規則の管理と保護
・経済政策の管理
・品質管理スケジュールの定義
・養豚場，屠殺場，生産者及び，関係業者が法律及び規則で定められた規定を順守しているかどうか（モニタリング）
・「パルマハム」の名称と王冠マークのブランド保護
・関係会社の支援
・製品の促進・向上

協会によると，「パルマハム認定生産者は，エミリア街道から5km以上南に離れ，海抜900m以下であり，かつエンザ川（東端）及びスティロネ川（西端）に挟まれた地域に位置しなければなりません」というように，生産地域が厳格に決められている。同地域で生産されても協会の定めた条件を満たさないものには，正式な認定マークである「パルマの王冠」は与えられず，「パルマハム」と名乗ることもできない。

4－3．生産工程のトレーサビリティ

原料となる豚は，協会会員の養豚場で生まれ飼育された品種（ラージホワイト種，ランドレース種，デュロック種）に限定される。生後30日以内に子豚の後両足に生誕地，養豚業者コード，生誕月を示す入れ墨を施す。パルマハムの原料となるには豚の体重，与えられる飼料，生後月数（年齢），体重など細かい規定がある。と畜場で切り分けられたもも肉をチェックし，識別コードの烙印に「パルマハム」を意味するPPマークとと畜場のIDが記される。そして，協会の頭文字CPPと加工開始年月が表示されたメタルシールが取りつけられる。

パルマハムは，協会会員の工場で伝統的技術をもつ職人のみの手によって製造される。製法は，①分離，②冷却，③トリミング，④塩漬け，⑤レスティング（寝かし），⑥洗浄／乾燥，⑦前熟成及びトリミング，⑧グリーシング（ラード処理）⑨最終熟成／品質検査の工程による。品質のチェックは，パルマハム品質協会（現在はCSQA，IPQ）という独立機関が行っている。最終ステップで，CSQAの検査官による厳しい検査で合格したパルマハムにだけ５つ星の王冠マークが烙印され市場に出荷される。生産を司る規約と規則は，パルマハム協会のホームページに英語でも公開されており，仕様書（specifications），スライス包装工程（slicing and packaging operations），テクニカル・ファクトシート（technical fact sheet）の概要を知ることができる。

4－4．日本市場への参入

パルマハムは1996年，日本のマーケットに参入（輸出開始）し，2007年に日本の地域団体商標の登録，2017年にGI登録に至った[9]。地域団体商標の登録にはある程度の知名度が必要なので，見本市，デパートでの催事，店頭試食会，プレス向けイベントなど，さまざまな活動を通して登録への環境を整えた[10]。日本市場に参入して以来，「パルマハム」という地域ブランドが広く認知されるように努め，売上を伸ばしてきた。マーケットシェアはイタリア国内70%，海外30%であり，日本のマーケットの位置づけは高い。現在，対日輸出量（スライスパックと原木の両方で集計）は10万本前後で推移しており，安定した需要を保っている[11]。

5．イタリアと日本における調査

パルマハムという地域ブランドのガバナンス推進について，イタリアでパルマハム協会，日本でパルマハムインフォメーションセンターへのインタビュー調査を行っ

た。日本では，インポーターへのアンケート調査とインタビュー調査も実施し，さまざまな角度から，GI 登録と成果の因果関係を中心に，地域ブランドのガバナンスの方向性を探る。

5-1．パルマハム協会へのインタビューより

地域ブランドのガバナンス推進という点から，パルマハム協会に，外部環境要因，戦略，GI 登録と成果の因果関係についてきいたところ，次のような回答を得た[12]。

5-1-1．外部環境要因

協会は，ガバナンスの推進に対する促進要因と阻害要因を次のように指摘した。

⑴　促進要因

参入マーケットが存在する国や地域で GI 保護制度が整備されていることが促進要因となる。地域ブランドの知的財産を守るという点において，輸出先の国や地域の GI 登録はガバナンスの推進に有効である。

知的財産権の侵害に関する問題は，EU では欧州連合司法裁判所（European Court of Justice）という機関を通じて，日本では地域団体商標と日本の GI のルールに基づいて，法的な手続きにそって解決されるというシステムは，ガバナンス推進の促進要因になる。

⑵　阻害要因

第 1 の阻害要因はガバナンスコストである。EU では年間 15 万ユーロ，EU 圏外では年間 80 万ユーロかかるといってよい。地域ブランドの登録制度が整備されていない国や地域では，調査や問題解決に 5 倍から 10 倍の手間がかかりさらにコストが増す。

第 2 の阻害要因は，参入したマーケットに既に「パルマハム」の呼称で商標登録された商品が存在することである。実際にメキシコやブラジルでそのような経験をした。

第 3 には新たな模倣品の出現があげられる。流通経路は 1 つではないので，末端の小売店や外食店まですべてを管理することは，国や地域にかかわらず困難である。今のところ大きなトラブルは発生していないが，グレーな領域は常に存在する。

5-1-2．ガバナンス戦略

パルマハムという地域ブランドの競争優位を持続するために，どのようにガバナン

スを推進しているか。差異化戦略と機会主義的行動のマネジメントという２つの視点から整理しよう。

⑴　差異化戦略

第１の差異化は，地域の風土と伝統的な製法を厳格に守って出される味と高い品質を維持している点である。生産に欠かせない材料は，厳選された豚，塩，空気，そして時間とされる。着色料や亜硝酸塩などの添加物の使用は，パルマハム協会で禁止されており，オーガニック食品に属する。

第２には，EU だけでなく海外でも，他に先がけて GI への登録を済ませた点が差異化につながったという。1996 年に EU の GI で最も厳しいとされる PDO を取得した。日本では，2007 年に地域団体商標，2017 年 GI に登録された。本物のパルマハムであることを示して消費者が選びやすいように差異化してきた。

第３の差異化は，料理協会，外食産業，インポーターなどを対象としたセミナーやトレーニングを通して，地域ブランド価値の維持や品質管理に努めている点だという。例えば，店舗でパルマハムの GI マークを目立たせる陳列や，原木を吊り下げてディスプレイ効果をあげる陳列の仕方を推奨している。

⑵　機会主義的行動のマネジメント

パルマハム協会では選抜，教育，モニタリング，インセンティブを次のように行っているそうである。

- 選抜：会員資格を厳格に定めている。加入要件を明確に設定しており，問題を起こしそうな生産者の加入を認めない。加入した後，要件を満たさない会員や問題を起こした会員に対しては，会員資格をはく奪する。
- 教育：会員に対する教育活動を定期的に行う。情報共有は非常に重要で，会合，機関誌，調査レポートなどを通して，マーケット情報，調査結果や専門家によるアドバイスの共有などに力を入れている。
- モニタリング：品質管理および会員の適正な行動について，CSQA の専門家が定期的またはランダムに監視する。
- インセンティブ：優良会員の表彰というような具体的な制度は特にないが，会員は規模にかかわらず公平に扱われるということが大きなインセンティブになる。要件を満たさない会員の資格はく奪も１つのインセンティブといえるだろう。

5-1-3．パルマハム協会からみた GI 登録と成果の因果関係

地域団体商標や GI の登録と，売上高の増加，販売価格の維持，模倣品の減少など

といった直接的な因果関係は不明である。

GI 登録の効果と感じられることは，1つには日本のマーケットでの認知度が高くなったことである。政府の広報，新聞，雑誌などいろいろなメディアでとりあげられ，間接的に販売促進につながった。もう1つの成果は，模倣品の出現など知的財産権の侵害に対して法的な手続きが用意されているので，「自分自身ですべてやる」という余計なガバナンスコストをかけなくて済むようになった点である。

5-2．パルマハムインフォメーションセンターへのインタビューより

東京都内にパルマハムインフォメーションセンターが開設されている。品質管理や知的財産の保護に関する活動はパルマハム協会がイタリア国内で一元的に行い，日本市場での PR やマーケティングをパルマハムインフォメーションセンターが担っている。

日本市場でのパルマハムを取り巻く環境，競争力の源泉，タッチポイント，GI 登録と成果の因果関係について，同センターに質問した[13]。

5-2-1．取り巻く環境

日本市場でパルマハムという地域ブランドを推進するに当たって，促進要因と阻害要因は何だろうか。

(1)　促進要因

第1に，日本ではイタリア料理の人気が衰えないことである。イタリア食材の輸入にかかわる専門商社が多数あって，市場の拡大に熱心である。味・品質への情熱やこだわりをもつイタリア料理関係者も多い。これらの要素が日本のマーケットでパルマハムの安定需要を支えている。

第2の促進要因は，日本側とイタリア側の間に良好な関係性があることだという。日本の関係者は熱心で要求水準が高い。また日本からの要望に対するイタリアの生産者側の対応も誠実といえる。

(2)　阻害要因

第1に，競合相手が多く価格競争に陥りやすい環境下にあることである。マーケットには，GI に登録していないイタリア産ハム，スペイン産ハム，日本産ハムなど多くの競合相手がいる。

第2に，日本では賞味期限の基準が厳しいことである。スーパーや小売店は，賞味期限が短い商品は取り扱いにくく，避ける傾向にある。

5－2－2．競争力の源泉

日本のマーケットでパルマハムの競争優位を支えている要素は何か。

第1にパルマハム協会の存在が大きい。基本方針を明確に示して品質管理を徹底している。売上のために品質面で譲歩して価格を下げるという発想は全くない。ガバナンスが機能しており，安定した生産量と適正な品質が維持されている。欠品もなく日本でも安心して取引できる。

第2に，生産者と日本のインポーターの間に協力的な関係を構築していることである。年に1度くらいの頻度で，パルマハム協会の関係者が来日する。協会スタッフと一緒に生産者が来ることもよくある。来日中はインポーターとのコミュニケーション，日に数件程度のストアチェックやストアオーディットを行う。

5－2－3．タッチポイント

デジタルタッチポイントについては，パルマハムの概要から保存方法や調理方法に至る情報，見本市の情報などを，多言語で動画配信している。

ヒューマンタッチポイントに関していえば，購買前から購買時のプロセスにおいて，積極的にセミナーやトレーニングを実践している。料理協会との連携，大手レストランチェーンやインポーターを対象にした商品説明や調理方法の実演などを通して理解が深まるようにしている。

5－2－4．GI 登録と成果の因果関係

パルマハムインフォメーションセンターとしては，日本での地域団体商標・GI 登録，売上増加といった具体的な成果の間に，因果関係を認識しているわけではない。ただ登録する前は，イタリアで実践されているガバナンスの基準を日本でも守るように注意喚起するのみだったのが，登録後は日本での法律のしばりができたので，知的財産の保護が強化されたといえる。

5－3．インポーターへのアンケート調査より

パルマハムインフォメーションセンターの協力を得て，2019 年 11 月から 12 月にかけてパルマハムのインポーターの方々を対象にアンケート調査を実施し，11 社から回答を得ることができた。インポーターは，パルマハムおよびハムという食品について深い知識をもち，日本のマーケットの反応を最も敏感に感じとる人たちである。アンケート調査では，インポーターからみた SWOT 分析，および GI 登録と成果の

因果関係について回答を求めた。

5-3-1．SWOT 分析

インポーターが示す日本市場におけるパルマハムの SWOT 分析からは，次のような共通点がみられた（図表 10-5）。

・S（強み）：ブランド力，高い品質と無添加・無着色という安全性など

・W（弱み）：パルマハムは高価で他との価格差が大きいことなど

・O（機会）：イタアリアンレストランの増加など

・T（脅威）：少子高齢化，価格競争，パルマハム以外のハムの市場参入など

5-3-2．GI 登録と成果の因果関係

アンケート調査では，日本における GI 登録の効果について，「プラスの効果があった」「プラスの効果はない」「わからない」の３つから１つを選択する形式の質問をした。インポーターの半数以上がプラスの効果を認識していた（図表 10-6）。

プラスの効果があると認識している７社のインポーターに，その具体的内容について質問した（図表 10-7）。回答の選択肢は「認知度の向上」「売上の増加」「価格の維持」「偽ブランドの出現防止効果」「ガバナンス機能の強化」の５つである。複数回答で３つを選択してもらった。共通に認識される第１の効果は認知度の向上だった。偽ブランドの出現防止効果とガバナンス機能の強化がそれに続くが，この２つはどちらもガバナンスの枠組みに含まれる。

5-4．インポーターへのインタビューより

アンケート調査に回答したインポーターのうち１社に対し，日本市場でのパルマハムの SWOT 分析，GI 登録と成果の因果関係について詳しく聞き取りをした。また，競争力とガバナンスの方向性についても話を聞いた[14]。回答の内容は，次のようにまとめられる。

5-4-1．SWOT 分析

パルマハムの強み，弱み，機会，脅威について，次のような分析が示された。

(1) S（強み）

最大の強みはネームバリューである。1990 年代の「イタメシブーム」で多くのメディアにとりあげられ，パルマハムの知名度が高まった。もう１つの強みは，パルマ

図表 10-5　インポーターからみた SWOT 分析

S（強み） ・ブランド力，ネームバリュー ・味，品質，安全性 ・食卓を華やかにできること ・オシャレ感がある ・パルマハム協会の PR 戦略	W（弱み） ・価格が高いこと ・ノンブランド品との価格差 ・会社や店舗の販売管理状態による品質のばらつき ・流通業者の商品価値への理解不足
O（機会） ・イタリアンレストランの増加 ・東京オリンピック・パラリンピックの開催 ・EU との自由貿易協定 ・日本における GI の取り組み ・少量高品質需要の高まり	T（脅威） ・低価格商品との競合 ・地域ブランドに登録されていないハムの増加 ・スペイン産の生ハムの輸入 ・低温調理品との競合 ・高級総菜品間の販売競争激化 ・需要増加による食品衛生関連事故 ・消費税アップ

出所：筆者作成

図表 10-6　インポーターからみた GI 登録の効果

項目	回答数（社）	割合（%）
プラスの効果があった	7	63.6
プラスの効果はない	1	9.1
わからない	3	27.3
合計	11	100.0

出所：筆者作成

図表 10-7　インポーターからみた GI 登録の具体的効果（複数回答）

項目	回答数（社）	割合（%）
認知度の向上	7	100.0
売上の増加	0	0
価格の維持	1	14.3
偽ブランドの出現防止効果	6	85.7
ガバナンス機能の強化（品質・ブランドの維持・向上）	4	57.1
合計	7	

出所：筆者作成

ハム協会のガバナンス体制である。地域ブランドマネジメントにおいて，品質管理や知的財産の管理に非常に力を入れて取り組んでいる。例えば輸入に関していうと，「パルマハム」は原木またはスライスパックを輸入したものに限っており，原木を輸入した後，それを日本でスライス加工してパックした商品には，もはや「パルマハム」という呼称を使えない。かつてそうした商品をつくったところ，協会の弁護士から「パルマハムと名乗らないように」という指摘を直ちに受けた経験がある。

⑵ W（弱み）

弱みとしては価格差があげられる。パルマハム協会の中でも，製造者によって2倍近くの価格差がある。これは原材料となる子豚の仕入れ価格，飼料の仕入れ価格の差からくるものである。スペイン産など他の地域のハムと比べると，価格差はさらに大きくなる。

⑶ O（機会）

長期的なトレンドとして日本市場が拡大していることがあげられる。ブームは去ったというが，日本ではイタリアンレストランの数が増え続けている。

⑷ T（脅威）

1つには模倣品が脅威といえる。プロでも一見しただけでは本物か偽物か見分けがつきにくいものがある。パルマハムの価値が高くなるほど模倣品が出回りやすくなるわけで，その対策に多大なコストがかかる。もう1つの脅威は，生産工程，保存方法，スライス方法などの知識が十分に伝わっていないことである。食材関係者やレストラン関係者といったプロの人たちの間でも，講習会などに参加して高い知識と技術を習得している人とそうでない人がいる。プロにも一般消費者にもパルマハムの価値をもっと理解してもらえると，インポーターとしては仕事をしやすくなる。

5-4-2．GI登録と成果の因果関係

インタビューに回答してくれたインポーターは，全体としてはGI登録と成果の間に明確な因果関係は認識できないが，一般消費者とプロの人たちに分けてみると，GIへの評価に違いがみられるという。GI保護制度という言葉は，一般消費者の間にはまだ浸透していないのが実情である。地域ブランドへの理解が不十分だと，価格，内容量，色味などの要素が購買の判断基準として優先され，GI登録はあまり意味をもたないことになる。他方，プロでGI保護制度の知識が豊富な人はブランドの価値をよく理解している。日本のGI登録によってプロの間でパルマハムの評価が高くなったことは成果といえる。GI保護制度が広く一般に認知されるようになれば，そ

の成果はもっと期待できるだろう。

5-4-3．パルマハムの競争力とガバナンスの方向性

競争力の向上には第1に市場の拡大が欠かせない。今後も市場が拡大すれば，インポーターとしても経営しやすい。第2に教育と啓蒙が必要である。講師として調理学校へ赴くことがあるが，「パルマハムの原料は何ですか」という質問に「牛肉」と答返されたことがある。「生ハムとは何か」「GI保護制度とは何か」などの知識をプロの人たちにも一般消費者にもよく理解してもらうことが，競争力の向上につながる重要な要素である。調理学校では，パルマハムに関心をもってもらうために，原木をみせて「これは右足でしょうか左足でしょうか」という質問をすることもあるそうだ。

インポーターの視点からみると，規模の小さいインポーターにとっては，買い手との信頼関係の構築が競争力の向上に欠かせない要素だという。日頃からコミュニケーションを密にして，専門的なアドバイスをしたり，ニーズにきめ細かく対応することが大切である。大規模なインポーターは，スケールメリットを活用して，大量に仕入れて価格を抑えて販売する方法で競争力を高めることもできる。マーケットの成長性が維持されれば，小規模のインポーターも多様なニーズにきめ細かく対応することで生き残っていけるだろう。

ガバナンスについていうと，市場に模倣品が出回ることは，パルマハム協会にとってはもちろん，消費者にとってもインポーターにとってもリスクである。一般消費者を含め，市場で疑わしい商品を発見したら即座にパルマハム協会に通報するという行動によって，スピーディに対応すればリスクは低減できるだろう。本物と偽物を見分けるには，日本でもトレーサビリティの普及が進むことが重要といえる。

6．パルマハム協会のガバナンス戦略の検証

本章で取り上げたパルマハム協会は，EUのGIで最も厳しいとされるPDOに，日本では地域団体商標とGIに登録されている。そのガバナンス戦略について，イタリアにある協会，日本にあるパルマハムインフォメーションセンター，および日本のインポーターへの調査から総合的に，分析モデルに沿って検証してみよう。

6-1．外部環境要因

パルマハム協会にとって，ガバナンスを推進しやすくする外部環境要因（促進要

因）は，第1には参入マーケットにおいてGI保護制度が整備されていることである。第2に，GI登録に対する買い手の態度という点では，日本市場をみると，イタリア食材を扱うプロの間ではGIが重視されるが，一般消費者の間にはGIに関する知識が広く浸透しているわけではないのが実情である。このことから，日本市場では，買い手の行動は未だ促進要因とはいえないだろう。他方，ガバナンス推進の障壁となる要因（阻害要因）としては，高いガバナンスコストや模倣品の出現があげられた。

また，日本市場での地域ブランド「パルマハム」を取り巻く環境に関していうと，機会としては市場の拡大があり，脅威としては競合相手による低価格競争があるなどの指摘がみられた。

6-2．戦略

パルマハム協会のガバナンス戦略を，差異化戦略と機会主義的行動のマネジメントという2つの視点からまとめると，次のようになる。

まず差異化戦略としては，第1に，伝統・材料・技術・基準などすべてにおいて高い品質管理を徹底していること，第2に，参入マーケットにおいて競合相手より先にGI登録をすることなどがあげられる。次に，機会主義的行動については主に，厳しい会員資格，知識共有，専門家によるモニタリング，公平性などによってマネジメントを行っている。

他にも調査から，日本市場におけるパルマハムの強みは，高品質と安定供給はもちろん，日本の関係者とパルマハム生産者の間の良好な関係，タッチポイントの整備などであることがわかった。

6-3．GI登録と成果の因果関係

参入マーケットでのGI登録は，パルマハム協会のガバナンス戦略の1つである。GI登録によって売上高が向上するといった直接的な成果はみられないというが，認知度の向上という成果があり，間接的に販売促進につながることが考えられる。またGI登録をすると，法的な枠組みに組み込まれることによって，ガバナンスコストの削減，知的財産の保護強化，リスク軽減などの成果がもたらされるという。これらは結果的に，ガバナンス機能の強化に結びつくという好循環につながっていると評価できる。

日本の地域ブランドマネジメントにおいても，ガバナンス戦略としてGI登録を進

めると同時に，GI に関する教育・啓蒙によって一般消費者の間に GI を重視する態度を広めることができれば，地域ブランドの競争力をさらに高めることになるだろう。

本章のポイント

本章のテーマ，地域ブランドにかかわるガバナンスには，長期にわたって商品・サービスの質を維持・向上すること，生産者・組合員の利益や地域固有の知的財産を守ること，組織として不正な行為を防止することが含まれる。日本においても，地理的表示（GI）保護制度は，代表的なガバナンスの制度的枠組みである。

イタリア・パルマハム協会は，積極的なガバナンス戦略を推進しており，1996 年に日本市場へ参入（輸出開始）後，2007 年に日本の地域団体商標の登録，2017 年に日本での GI 登録に至った。イタリアでのパルマハム協会へのインタビュー調査の結果を簡単に整理すると，次のようになる。

外部環境要因のうち，ガバナンスを強化しやすくする促進要因としては参入先で GI 保護制度が整備されていること，阻害要因としては高いガバナンスコストや模倣品の出現が指摘された。ガバナンス戦略としては，サプライチェーン全般にわたる品質の維持，トレーサビリティによる差異化と，機会主義的行動のマネジメントを推進している。

また，東京でのパルマハムインフォメーションセンターへのインタビュー調査，インポーターへのアンケート調査およびインタビュー調査では次の点が指摘された。

まず日本市場において，地域ブランド「パルマハム」の強みは，オーガニックで高品質であること，イタリアの生産者との関係が良好であることなどであり，弱みは，高価格帯にあること，機会は市場の拡大，脅威は競合相手による低価格競争などである。次に，日本での GI 登録がもたらす成果として，売上高の向上という効果は認識されないものの，認知度の向上，ガバナンスコストの削減，知的財産の保護強化，リスク軽減などの成果が指摘された。

注

1　GI のガバナンスというさらに広い概念が，論文のタイトルで使用されている。Kizos, T., Koshaka, R., Penker, M., Piatti, C., Vogl, C.R., & Uchiyama, Y. (2017) The governance of geographical indications: Experiences of practical implementation of selected case studies in Austria, Italy, Greece and Japan, *British Food Journal*, 119(12), pp.2863-2879。Kizos らの論文では，日本の GI 保護制度にはどのような特徴があるか，他の諸国の GI 保護制度と国際比較調査をして考察している。日本の特徴としては，制度づくりが EU などに比べて遅れてスタート

したこと，政策的な意図で進められていることなどを指摘している。

2 コンプライアンスについて具体的には，個々の企業，組合，業界，自治体等で定められているが，東京商工会議所「企業行動規範対応チェックシート」(平成26年7月発行）がわかりやすい。この行動規範対応チェックシートは10項目に分類されている。①法令の遵守，②人権の尊重，③環境への対応，④従業員の就業環境整備，⑤顧客・消費者からの信頼獲得，⑥取引先との相互発展，⑦地域との共存，⑧出資者・資金提供者の理解と支持，⑨政治・行政との健全な関係，⑩反社会的勢力への対処である。

3 TRIP協定とは，著作権を含む知的財産全般について定めた協定。WTO加盟国が一律に遵守することが求められる。

4 国別の地理的表示の登録状況については，次のデータベースで確認できる。DOOR (for foodstuffs), E-Bacchus (for wines), e-spirit-drinks (for spirits).

5 日本貿易振興機構ブリュッセル事務所（2015)「EUの地理的表示（GI）保護制度」。農林水産省・食料産業局ホームページ。

6 機会主義的行動のマネジメントはWathne & Heide (2000）の論文の分類に従った。

7 報告書“Italian case study: Local and golobal cured ham chains (Task 3.5) Global and local assessment”は，非常に詳しくパルマハムのサプライチェーンや，付加価値や製造コスト，その効果まで分析している。特記すべき点は，付加価値と製造コストの関係である。付加価値の上昇を指摘しながらも，それと同時に製造コストが上昇していることをあげている。なお，これは原材料コストの上昇としている。

8 パルマハム協会のホームページ。

9 パルマハム協会のトレードニュースレター（2019年5月10日）によると，海外マーケットは大きい順に米，仏，独，英，ベルギー，日本となっている。

10 特許庁編（2017)「地域団体商標事例集」。

11 パルマハムインフォメーションセンターのプレスリリース。原木とは，骨付きの生ハムの塊のこと。

12 インタビューは2019年3月8日に実施。

13 インタビューは2019年8月7日に実施。

14 インタビューは2019年12月5日に実施。

インポーター調査は，パルマハムインフォメーションセンター様のご厚意により実施することができました。厚く御礼申しあげます。

11

むすび
地域ブランドのグローバル・デザイン

本書は，日本の地域ブランド（Made in Japan/Product of Japan）の魅力，そしてその競争力を，グローバルレベルで高めるための方向性を探ってきた。その鍵は，強みの強化と弱みの補完にあるといえる。それを実現するような地域ブランドのデザインについて，全10章を通して考察したことを踏まえ，以下にまとめる。

まず，日本の地域ブランドを取り巻く環境の変化について整理した上で，地域ブランドのグローバル・デザインの方向性を，7つのアプローチから示す。

1．環境の変化

日本の地域ブランドを取り巻く環境の変化は，主に次の5つに整理される。

第1に，グローバリゼーションの流れの中で，「リスク管理」や「安全・安心対策」が，これまでにないほどクローズアップされるようになった。リスク・安全・安心への取り組みに関する話題が日常化し，消費者は，それを企業や自治体の評価基準にするといった，ダイナミックな変化がみられる。

第2に，消費者のニーズはさらに多様化して，「Made in Japan」「Product of Japan」や日本の「地域産」を，非常に高く評価するマーケットが存在感を増している。

第3に，市場の細分化も進んでおり，新たなニッチマーケットの可能性が増している。規模の経済を追求した商品が市場にあふれる一方で，そうした市場には魅力を感じない消費者が存在する。

第4に，IT基盤が整備されてきて，地域ブランドマネジメントの領域でも，IT

ツールを活用したプロモーションをしやすい環境になった。越境 EC のインフラも整備されつつある。

第5に，日本の地域ブランドの人気が高くなるほど，海外市場を含めて模倣品・類似品，にせものなどが出回りやすくなり，誤った情報が共有されるリスクが増大している。

2．地域ブランドのグローバル・デザインの方向性

日本の地域ブランドの強みを最大限に活かし，その弱みを補完するようなデザインの方向性を，7つのアプローチから述べる。

2-1．プロモーションとリスクマネジメントを視野に入れたタッチポイント戦略

日本の地域ブランドは，品質・技術の高さにおいて，世界が認める強みをもつものが多い反面，プロモーションの領域は弱みとなっており，タッチポイントの整備は緊急性の高い課題である。特に，デジタルタッチポイントは弱みであり，それを補完することは急務で，そのための関係者間の連携が必要といえる。

もう1つの弱みは，リスクマネジメントの領域である。地域ブランド商品・サービスは，購買に人の移動，滞在，体験などをともなうものを含むため，自然災害（地震・台風・異常気象・火山噴火など），感染症，事故といった潜在的なリスクが常に存在する。リスク関連のタッチポイントの整備もまた急がれるところであり，自治体との連携が鍵となる。

タッチポイント戦略は，地域ブランドの推進にとって最も重要であるにもかかわらず，現時点では弱みに属する。地域ブランドマネジメントにおけるタッチポイントのデザインの方向性としては，いかに差異化するかが課題であり，そのためには第1に，弱みの補完を可能にする連携関係を構築すること，第2に，プロモーションとリスクマネジメントを1つの議論の枠組みで捉えること，第3に，カスタマージャーニー（購買前，購買時，購買後）にそったタッチポイントを整備すること，第4に，ヒューマンタッチポイントとデジタルタッチポイントの両方で，利用しやすさを追求することが必要だろう。

2－2．競争戦略とブランディグの統合型デザイン

地域ブランドが競争優位を獲得するには，競争環境の分析，差異化戦略および集中戦略・ニッチ戦略，そしてブランディングが重要なポイントとなる。ところが，公的資金が投入されると，「他の自治体で成功しているから，うちでもしよう」という発想に陥りやすい。それは，類似の商品・サービスが，類似のブランド戦略で，広く市場に出回ることを意味する。つまり，差異化戦略や集中戦略・ニッチ戦略に逆行し，競争優位を獲得しにくい環境を生み出すという結果を招くものである。

そこで，地域ブランドの競争戦略とブランディングについては，次のような方向性が考えられる。まず，日本の地域資源はオリジナリティに富み，潜在的に強みをもつものが多いことを再認識する必要がある。その上で，競争戦略としては，商品・サービスのオリジナリティの重視による差異化と，ターゲットと市場に関する戦略の策定，そして研究領域を異にするブランディングの面では，その分野に強い組織・人材との連携が必要となるだろう。つまり，競争優位をもつ地域ブランドを創出するには，競争戦略とブランディングの統合型デザインが重要だということである。

2－3．成果測定のデザイン：KPI の再検討

地域ブランドにとっても，競争優位を獲得するためには，成果を的確に把握し，それを意思決定に活かすことが重要である。成果の測定には KPI が重視されるが，外部環境の不確実性（異常気象，パンデミックなど）の増大によって，KPI の意義や存在そのものの再考を迫られるようになった。

地域ブランドマネジメントにおける成果測定の方向性としては，KPI を使用するにしても，指標の絞り込み，知的財産・リスクマネジメント・SNS マーケティングなどの成果を測定するための KPI，KPI の枠組みに縛られない指標など，状況に合わせたフレキシブルでわかりやすいデザインが必要になるだろう。

2－4．ものづくり体験と実践コミュニティ

地域ブランドの領域には，経験財の要素を含む，優れたものづくりという分野が存在する。また，見学・ものづくり体験というサービスや，技術力・アート性の向上や知識共有を目的とする「実践コミュニティ」市場もある。ものづくり体験や実践コミュニティは，日本の地域ブランドへの理解，愛好家・ファンの増加，さらには市場の安定にもつながると期待できる分野である。ところが，地域ブランドと体験サービス／実践コミュニティの関係性は，希薄であることが少なくない。

本書で紹介した東京・荒川ブランドの石川金網は，おりあみを使ったクラフト（折り鶴やアクセサリー）作りのセミナー開催や，おりあみアートクラブという実践コミュニティの支援を行っている。それに対し，グローバルレベルで人気の高い盆栽（BONSAI）については，海外で実践コミュニティが盛んだが，日本の産地からの距離的な問題もあり，コミュニティへの関与が希薄な感がある。

地域ブランドにおいて，ものづくり本来の強みを強化するデザインの方向性は，体験サービスや実践コミュニティとの関係性を密にするところにある。そのためには第1に，生産者・組合，企業・団体，関連する協会，関連業種，他業種，大学，関連する自治体など多方面にわたる連携が，第2に，ものづくりの根底に流れる文化・歴史・ストーリー・哲学を多言語で伝えるコーディネーターや多言語対応ができるインストラクターの確保・育成が，重要な課題となるだろう。

2-5．地域密着型のイノベーション

地域ブランドの取り組みを地域活性化につなげるための基本は，地域資源の活用と伝統産業のイノベーションといえる。

本書で紹介した養蚕にかかわるケースは，衰退産業といわれる中，かつて養蚕業が盛んだった地域において，繊維型／非繊維型イノベーションや，6次産業によるイノベーションで，養蚕業の再生と地域活性化を目指すプロジェクトを示してくれた。また，それらのケースでは，大学発スタートアップ，企業，専門家などが連携して，それぞれの弱みを補完し合うというウィンウィンの関係もみられた。同じく本書でとりあげたイタリアの大学発インキュベーターとスタートアップのケースをみても，地元との関係性や地域の雇用創出を重視していることがわかる。

地域活性化につながる地域ブランドの推進に必要なことは，地域資源と伝統産業を活かす地域密着型のイノベーションといえる。そのデザインの方向性としては，大型プロジェクトではなく，コンパクトなエコシステムを回すこと，弱み（グローバル対応を含むタッチポイントなど）を関係者間の連携によって補完すること，地域密着型の複数事業に取り組むこと，デザイン・ドリブン・イノベーションを積極的に進めることなどが鍵となるだろう。

2-6．姉妹都市交流と地域活性化

海外の特定の自治体と姉妹都市協定を結ぶ日本の自治体は多いが，その交流は，マンネリ化・形骸化する傾向にある。本書では，群馬県甘楽町とイタリア・トスカーナ

州・チェルタルド市のケースから，マンネリ化しないで姉妹都市交流を継続する秘訣や，交流と地域活性化の関係について考察した。

両自治体が実りのある交流を続けてきた背景には，自治体が主体となって，「一粒の麦」を育むという共通理念の下，住民・企業・関係機関など地域全体を巻き込む戦略があった。それを35年以上も続けることによって，信頼関係の構築，知識の共有・蓄積，ホスピタリティの醸成など，社会関係資本（ソーシャル・キャピタル）を育み，地域活性化につなげている。

姉妹都市交流を通した「まちづくり」もまた，地域ブランドのグローバル・デザインの1つといえる。その方向性としては，明確な理念，自治体のリーダーシップ，地元の学校やベンチャー・団体との幅広い連携，そして交流で蓄積された関係性を活用した地域密着型のイノベーションなどが必要といえる。

2-7．ガバナンス戦略：地理的表示保護制度

地域ブランドマネジメントにおいて，地域固有の知的財産を守ることは極めて重要であり，そのためにはガバナンスの強化が必要である。地域ブランドにかかわるガバナンス戦略として，地理的表示（GI）保護制度の意義は大きい。しかし，日本ではGIの歴史がEUと比較して浅く，未だ認知度が低い。日本の地域ブランドにとって，ガバナンスの領域は弱みといえる。

本書で紹介したイタリアの地域ブランド「パルマハム」のケースは，原材料の調達・生産から販売に至る全プロセスでのガバナンス推進が，グローバルレベルで競争優位の獲得と，さらなるガバナンスの強化に貢献することを示している。

地域ブランドマネジメントにおけるガバナンスの方向性としては，生産者・組合・企業・団体・業界および自治体・国などの連携によるフレームワークの構築，基準・規定の明確化，モニタリングなどを行う専門機関の活用，日本国内でのGI制度に関する教育・啓蒙活動が必要だろう。

おわりに

地域ブランドのグローバル・デザインについて，本書が最も伝えたいメッセージは，次の5つである。

第1に，日本の地域ブランドの強みは，「地域資源」「伝統技術」「Made in Japan/Product of Japan」にある。それらへの徹底したこだわりが差異化につながる。

第2に，日本の地域ブランドの弱みは，主にタッチポイントとガバナンスの領域にある。弱みを補完するには，自治体，関連機関，地元の大学発インキュベーター・スタートアップ，他業種，専門家などとの幅広い連携が必要である。

第3に，デザイン・ドリブン・イノベーションへの積極的な取り組みや，地域密着型のイノベーションを推進する。

第4に，コンパクトなエコシステムや，地域密着型の複数事業への取り組みを重視する。

第5に，姉妹都市協定など，海外の自治体との交流で蓄積された関係性を活かした地域密着型のプロジェクトを拡充する。

これらは，日本の地域ブランドの競争優位の獲得へとつながるもので，地域活性化の鍵となる。

日本の地域資源と伝統産業は，オリジナリティ，クオリティ，技術のいずれをとっても，グローバルレベルで非常に優れている。しかし残念なことに，その価値について日本人自身の間で十分に知識共有されているとはいい難い。そのような地域資源と伝統産業が身近にあることに気づくことこそ，地域活性化の第一歩である。そして，オリジナリティ，意味のイノベーション，差異化，ガバナンスなどを視野に入れながら，地元にこだわり抜いたデザイン・日本にこだわり抜いたデザインに沿った戦略を実行していくことこそが，グローバルレベルで競争優位をもつ，魅力にあふれる地域ブランドを創出することだろう。

謝　辞

本書『地域ブランドのグローバル・デザイン』は，2018年6月から2019年3月の間に進めたイタリアのカ・フォスカリ大学での在外研究と，帰国後2019年5月から2020年4月にかけて行った調査をもとにまとめたものである。

イタリア滞在中，受け入れ担当教員となってくださったカ・フォスカリ大学経営学部のChiara Mio先生，Maurizio Massaro先生とMarco Fasan先生に深く御礼を申し上げる。

また，在外研究を支援してくださった青山学院大学経営学部の三村優美子先生（2020年3月まで学部長），安田洋史先生（2020年4月から学部長），萬智恵先生，ハケット・ショーン先生には，この場をかりて心からの謝意を表したい。同学部の山本寛先生と玉木欽也先生，青山学院大学大学院国際マネジメント研究科・須田敏子先生には，日頃から有益な情報をいただき，深く感謝している。

在外研究期間中，経営演習（ゼミ）を快く引き受けてくださった明治大学経営学部の牛丸元先生にも御礼申し上げる。

日本労務学会，国際ビジネス研究学会の白木三秀先生（早稲田大学），異文化経営学会の馬越恵美子先生（桜美林大学），国際戦略経営研究学会の林伸二先生（青山学院大学名誉教授）からは，いつも貴重な助言をいただく。この場をかりて感謝申し上げる。

地域ブランドに興味をもつようになったきっかけは，2010年に大分大学経済学部の研究助成を得て，白桃書房から『地域ブランド戦略と雇用創出』を出版したことである。共著者であり，共同研究をした大分大学の松隈久昭先生と仲本大輔先生，安部博文先生（電気通信大学）に感謝する。

日頃から，研究開発研究会で議論を重ねている日下泰夫先生（獨協大学名誉教授），橋本秀夫氏（前・株式会社リコー），平坂雅男氏（前・帝人株式会社，現・高分子学会），鈴木薫氏（前・株式会社ブリヂストン，現・GLAREコンサルティング），鈴木淳先生（獨協大学経済学部教授）には，研究会を通して率直なコメントをいただいた。御礼を申し上げる。

筑波大学大学院時代から研究面とキャリア面で情報交換をしている丹野勲先生（神奈川大学），中山健先生（共立女子大学），東京都立大学（旧・首都大学東京）時代から同じ研究分野でいろいろな意見交換を重ねている宮下清先生（長野県立大学）にも感謝している。

公益財団法人日本生産性本部時代からご指導をいただいている福谷正信先生（立命館アジア太平洋大学）にも御礼申し上げたい。

日本とイタリアでの調査にご協力いただいた多くの方々からは，貴重な情報をたくさんいただいた。各々の御芳名はあげないが，ここに厚く御礼申し上げる。

青山学院大学経営学部の３年生・４年生の経営演習（ゼミ）では，ディベートやグループ討議，チームプレゼンテーションを重視しているのだが，学生の発表や意見が自分の思い込みを修正してくれることもあり，参考になる。ゼミ生の皆さんにも感謝したい。

本書の出版にあたり，白桃書房編集部・平千枝子氏とエディターの金子歓子氏からは貴重なアドバイスをたくさんいただいた。厚く御礼を申し上げる。

最後に，妻博子には読者の目線で執筆をサポートしてもらった。深謝する。

2020年11月　　新型コロナの終息を願いつつ

著　者

参考文献

安西洋之（2020）『「メイド・イン・イタリー」はなぜ強いのか：世界を魅了する〈意味〉のデザイン』晶文社。

安西洋之・八重樫文（2017）『デザインの次に来るもの：これからの商品は「意味」を考える』クロスメディア・パブリッシング。

Apa, R., Grandinetti, R., & Silvia, R. S.（2017）The social and business dimensions of a networked business incubator: The case of H-Farm, *Journal of Small Business and Enterprise Development*, 24(2), pp. 198-221.

Arrigo, E.（2018）Social media marketing in luxury brands, *Management Research Review*, 41(6), pp. 657-679.

アトキンソン, D.（2019）『日本人の勝算：人口減少×高齢化×資本主義』東洋経済新報社。

バーニー，J. B. 著／岡田正大訳（2003）『企業戦略論：競争優位の構築と持続（上）基本編』ダイヤモンド社（Barney, J. B., *Gaining and sustaining competitive advantage*, 2nd ed., Person education, 2002）。

Barney, J. B. & Hesterly, W. S.（2020）*Strategic management and competitive advantage: Concepts and cases*（6th ed.）, Pearson.

Bathelt, H. & Schuldt, N.（2008）Between luminaires and meat grinders: International trade fairs as temporary clusters, *Regional Studies*, 42(6), pp. 853-868.

Bolzani, D., Fini, R., Grimaldi, R., & Sobrero, M.（2014）University spin-offs and their impact: Longitudinal evidence from Italy, Economia e Politica Industriale, *Journal of Industrial and Business Economics*, 41(4), pp. 179-205.

ブランド総合研究所（2019）「地域ブランド調査：総合報告書（第 14 回）」。

Buckley, P. H., Takahashi, A., & Anderson, A.（2015）The role of sister cities' staff exchanges in developing "learning cities": Exploring necessary and sufficient conditions in social capital development utilizing proportional odds modeling, *International Journal of Environmental Research and Public Health*, 12(7), pp. 7133-7153.

Cacciamatta, S. & Allevi, V.（2018）A service evaluation in the shared mobility sector: Bitride bike sharing project, Proceedings of the ServDes. 2018 Conference, pp. 550-554.

Calenda, C.〔Italian Minister of Economic Development〕(2017) *Annual report to parliament on the implementation and impact of legislation in support of innovative startups and SMEs.*（2017 edition）

Coaffee, J. & van Ham, P.（2008）'Security branding': The role of security in marketing the city, region or state, *Place Branding and Public Diplomacy*, 4(3), pp. 191-195.

コーエン, D. & プルサック, L. 著／沢崎冬日訳（2003）『人と人の「つながり」に投資する企業：ソーシャル・キャピタルが信頼を育む』ダイヤモンド社（Cohen, D. & Prusak, L., *In Good Company: How social capital makes organizations work*, Harvard Business School Press, 2001）。

Cremer, R. D., De Bruin, A., & Dupuis, A.（2001）International sister-cities: Bridging the global - local divide, *American Journal of Economics and Sociology*, 60(1), pp. 377-401.

De Goey, H., Hilletofth, P., & Eriksson, L.（2019）Design-driven innovation: A systematic literature review, *European Business Review*, 31(1), pp. 92-114.

De Keyser, A., Verleye, K., Lemon, K.N., Keiningham, T.L., & Klaus, P.（2020）Moving the customer experience field forward: Introducing the touchpoints, context and qualities

(TCQ) nomenclature, *Journal of Service Research, forthcoming.*
Dell'Era, C., Magistretti, S., Cautela, C., Verganti, R., & Zurlo, F. (2020) Four kinds of design thinking: From ideating to making, engaging, and criticizing, *Creativity and Innovation Management,* 29(2), pp. 324-344.
Dell'Era, C. & Verganti, R. (2007) Strategies of innovation and imitation of product languages, *Journal of Product Innovation Management,* 24(6), pp. 580-599.
De Roest, K., Pignedoli, S., Belletti, G., Menozzi, D., & Arfini, F. (2014) Italian case study: Local and global cured ham chains (Task 3.5).
Dias, C. & Mendes, L. (2018) Protected Designation of Origin (PDO), Protected Geographical Indication (PGI) and Traditional Specialty Guaranteed (TSG): A bibliometric analysis, *Food Research International,* 103, pp. 492-508.
独立行政法人における内部統制と評価に関する研究会（2010）「独立行政法人における内部統制と評価について」。
Doyle, J., Tisdell, E., & Palmer, C. (2019) Bonsai as meditation for adult learning, *New Directions for Adult & Continuing Education,* 161, pp. 103-112.
エドワード，T. H. 著/ 岩田慶治・谷泰共訳（1993）『文化を超えて』阪急コミュニケーションズ（Edward, T. H., *Beyond Culture,* Anchor Press, 1976）。
エプスタイン，M. J. &ユーザス，K. 著／鵜尾雅隆・鴨崎貴泰監訳／松本裕訳（2015）『社会的インパクトとは何か：社会変革のための投資・評価・事業戦略ガイド』英治出版（Epstein, M. J. & Yuthas, K., *Measuring and improving social impacts: A guide for nonprofits, companies, and impact inovators,* Berret-Koehler Publishers, 2014）。
藤原直樹（2018）「一時的な産業集積を活用したゲートキーパーの役割」『グローバル化時代の地方自治体産業政策』追手門学院大学出版会/丸善出版。
Gareth, J. & George, J. (2020) *Contemporary management,* McGraw-Hill International.
Giaccone, S. C. & Longo, M. C. (2016) Insights on the innovation hub's design and management, *International Journal of Technology Marketing (IJTMKT),* 11(1), pp. 97-119.
濱口秀司（2016）「『デザイン思考』を超えるデザイン思考」『DIAMOND ハーバード・ビジネス・レビュー』4 月号，pp. 26-39。
発明推進協会編（2019）『令和元年改正　知的財産権法文集』発明推進協会。
林雅之（2018）『デジタル時代の基礎知識「SNS マーケティング」：つながりと共感で利益を生み出す新しいルール』翔泳社。
Heinz, W. (1982) The TOWS matrix: A tool for situational analysis, *Long Range Planning,* 15 (2), pp. 54-66.
上西英治（2016）「日本の絹産業から見た富岡製糸場の歴史意義」『地域政策研究』18(4), pp. 89-99。
観光庁（2014a）「自然災害時発生時の訪日外国人旅行者への初動対応マニュアル査定ガイドライン（平成 26 年）」。
観光庁（2014b）「訪日外国人旅行者の安全確保のための手引き：地域防災計画等に訪日外国人旅行者への対応を記載するための指針（平成 26 年）」。
キャプラン，R. S. 著／吉川武男訳（2011）『バランス・スコアカード（新訳版）：戦略経営への変革』生産性出版（Kaplan, R. S. & Norton, D. P., *The balanced scorecard,* Harvard Business School Press, 1996）。
Kaplan, R. S. & Norton, D. P. (1992) The balanced scorecard-measures that drive performance, *Harvard Business Review,* 70(1), pp. 71-80.
キャプラン，R. S. & ノートン，D.P. (2003)「特集：バランス・スコアカードの実学」『DIAMOND ハーバード・ビジネス・レビュー』2003 年 8 月号。

Kaplan, R. S. & Norton, D. P. (2004) *Strategy maps: Converting intangible assets into tangible outcomes*, Harvard Business School Press.
片野実・吉田享子（2015）「欧州における盆栽需要に対する流通プロセスの提案：日本盆栽の振興のために」『専修ネットワーク&インフォメーション』23, pp.23-35。
川俣啓子・大島正嗣・丸山信人・佐藤薫生・筧誠一郎・中谷日出・椿彩奈・秋元忍（2019）「プロジェクト報告：「e スポーツ」のスポーツ化に関する探索的研究」『青山総合文化政策学』通巻 16 号（10-1），pp.31-90。
川嶋康男（2002）『椅子職人：旭川家具を世界ブランドにした少年の夢』大日本図書。
川嶋康男編著（2016）『100 年に一人の椅子職人：長原實とカンディハウスのデザイン・スピリッツ』新評論。
鹿住倫世（2007）「日本におけるビジネス・インキュベーターの変遷と今後の展望：先進的取り組みに学ぶ日本型インキュベーターのあり方」『国民生活金融公庫調査季報』80, pp. 49-76。
ケラー，K. L. 著／恩藏直人監訳（2010）『戦略的ブランド・マネジメント（第 3 版）』東急エージェンシー（Keller, K. L., *Strategic brand management*, 3rd ed., Prentice Hall, 2010）。
Kizos, T., Koshaka, R., Penker, M., Piatti, C., Vogl, C. R., & Uchiyama, Y. (2017) The governance of geographical indications: Experiences of practical implementation of selected case studies in Austria, Italy, Greece and Japan, *British Food Journal*, 119 (12), pp. 2863-2879.
小林哲（2016）『地域ブランディングの論理：食文化資源を活用した地域多様性の創出』有斐閣。
琴坂将広（2018）『経営戦略原論』東洋経済新報社。
Krippendorff, K. (1989) On the essential contexts of artifacts or on the proposition that "design is making sense (of things)", *Design Issues*, 5(2), pp. 9-39.
Lemon, K. & Verhoef, P. C. (2016) Understanding customer experience throughout the customer journey, *Journal of Marketing*, 80(6), pp. 69-96（奥谷孝司・西原彰宏・太宰潮 抄訳「カスタマージャーニーを通じた顧客経験の理解」『マーケティングジャーナル』37(2), pp. 112-127, 2017).
Meoli, M., Pierucci, E., & Vismara, S. (2017) The effects of public policies in fostering university spinoffs in Italy, *Economics of Innovation and New Technology*, 27 (5-6), pp. 479-492.
Miranda, F.J., Chamorro, A., & Rubio, S. (2018) Re-thinking university spin-off: A critical literature review and a research agenda, *The Journal of Technology Transfer*, 43, pp. 1007-1038
Muscio, A., Quaglione, D., & Ramaciotti, L. (2016) The effects of university rules on spinoff creation: The case of academia in Italy, *Research Policy*, 45(7), pp. 1386-1396.
中山健（2001）『中小企業のネットワーク戦略』同友館。
Netval (2005-2018) Rapporto Netval Sulla Valorizzazione Della Ricerca Pubblica Italiana. Available online: https://netval.it/ (accessed on 24 April 2018).
日本貿易振興機構ブリュッセル事務所（2015）「EU の地理的表示（GI）保護制度」。
日本貿易振興機構香川貿易情報センター編（2015）「欧州における盆栽輸出可能性調査」。
日本貿易振興機構香川貿易情報センター農林水産部(2010)「欧州地域（イタリア，ベルギー）における盆栽輸出可能性調査」。
日本貿易振興機構ミラノ事務所/パリ事務所/マドリード事務所/農林水産・食品部／農林水産・食品課（2016）「EU における地理的表示（GI）：生産者・支援団体の取組事例」。
日本貿易振興機構展示事業部編（2018）「初めての海外見本市のために：出展のポイント」。

野中郁次郎・竹内弘高著／梅本勝博訳（1996）『知識創造企業』東洋経済新報社。
農林水産政策研究所地理的表示チーム［内藤恵久・須田文明・羽子田知子］（2012）「地理的表示の保護制度について：EU の地理的表示保護制度と我が国への制度の導入（平成 24 年）」。
野澤智行（2017）「ご当地キャラは地域のバリュークリエイター」『月間事業構想別冊　自治体 PR ガイド』。
NZ Institute of Economic Research（2003）The economic benefits of sister city relationships report to sister cities New Zealand.
NZ Institute of Economic Research（2019）From sister to global cities: The economics of New Zealand's sister cities.
OECD（2016）Supporting youth entrepreneurship in Italy.
OECD（2019）OECD economic survey: ITALY 2019.
OECD/EU（2019）*Supporting entrepreneurship and innovation in higher education in Italy*, OECD Skills Studies, OECD Publishing, Paris, https://doi.org/10.1787/43e88f48-en.
大西淳也・日置瞬（2016）「ロジックモデルについての論点の整理」『PRI Discussion Paper Series』（財務省財務総合政策研究所）No. 16A08。
沖縄総合事務局総務部調査企画課編〔沖縄フードビジネス研究会〕（2005）「食のエンターテイメント産業創出に関する調査研究」。
押久保政彦（2013）「地域ブランドの競争優位の源泉」『日本知財学会誌』10(1), pp. 74-94。
Paniccia, P. M. A. & Baiocco, S.（2018）Co-evolution of the university technology transfer: Towards a sustainability-oriented industry: Evidence from Italy. *Sustainability,* 10(12), p. 4675.
Parmenter, D.（2020）*Key performance indicators: Developing, implementing, and using winning KPIs*（4th ed.）, John Wiley & Sons.
ポーター，M. E. 著／土岐坤・中辻萬治・小野寺武夫訳（1985）『競争優位の戦略：いかに高業績を持続させるか』ダイヤモンド社（Porter, M. E., *Competitive advantage: Creating and sustaining superior performance*, Free Press, 1985）。
ポーター，M. E. 著／土岐坤・中辻萬治・服部照夫訳（1995）『競争の戦略』ダイヤモンド社（Porter, M. E., *Competitive strategy: Techniques for analyzing industries and competitors*, Free Press, 1980）。
ポーター, M. E. 著／ダイヤモンド編集部訳（2011）「特集　戦略の本質」『DIAMOND ハーバード・ビジネス・レビュー』10 月号，pp.60-89。
Porter, M. E. & Kramer, M.（2011）Creating shared value: Redefining capitalism and the role of the corporation in society, *Harvard Business Review*, January and February 2011（ダイヤモンド編集部訳「共通価値の戦略」『DIAMOND ハーバード・ビジネス・レビュー 2011 年 6 月号』ダイヤモンド社，pp. 6-31）.
Probst, G. & Borzillo, S.（2008）Why communities of practice succeed and why they fail, *European Management Journal*, 26, pp. 335-347.
レイポート，J. F. &ジャウォルスキー，B. J. 著／中瀬英樹訳（2006）『インターフェース革命』ランダムハウス講談社（Rayport, J. F. & Jaworski, B. J., *Best face forward*, Harvard Business Press, 2005）。
ライクヘルド，F. &マーキー，B. 著／森光威文・大越一樹監訳／渡部典子訳（2013）『ネット・プロモーター経営：顧客ロイヤルティ指標 NPS で「利益ある成長」を実現する』プレジデント社（Reichheld, F. & Markey, B., *The Ultimate question 2.0*, Harvard Business Review Press）。
Roberts, P.（2012）*The end of food*, Houghton Mifflin Company（神保哲生訳・解説『食の終

焉：グローバル経済がもたらしたもうひとつの危機』ダイヤモンド社，2012).
Rossi, P. H., Lipsey, M. W., & Freeman, H. E. (2004) *Evaluation: A systematic approach* (7th ed.), Sage（大島巌他訳『プログラム評価の理論と方法：システマティックな対人サービス・政策評価の実践ガイド』日本評論社，2005).
さいたま観光国際協会編（2012)「平成23年度JAPANブランド育成支援事業（戦略策定支援事業）報告書 プロジェクト名：『大宮の盆栽』JAPANブランド化プロジェクト」。
斎藤修（2007)『食料産業クラスターと地域ブランド：食農連携と新しいフードビジネス』農山漁村文化協会。
斎藤修（2008)『地域ブランドの戦略と管理：日本と韓国／米から水産品まで』農山漁村文化協会。
齋藤泰行（2016)「世界一薄い絹織物への挑戦」『シルクレポート（51号)』11月号，pp. 5-9。
櫻谷満一・野口真己・栗原佑介・我妻真二・戸谷景（2019)「都道府県を権利者とする登録商標の分析：地域ブランドの視点から」『パテント』，72（5），pp.55-62。
佐藤徹（2017)「わが国自治体におけるロジックモデルの普及実態の分析」『地域政策研究』（高崎経済大学地域政策学会）20(1), pp. 1-14。
Sarmento, M. & Simões, C. (2019) Trade fairs as engagement platforms: The interplay between physical and virtual touch points, *European Journal of Marketing*, 53 (9), pp.1782-1807.
Schrage, M. & Kiron, D. (2018) Leading with next-generation key performance indicators, *MIT Sloan Management Review*, pp. 3-18.
政策評価審議会政策評価制度部会（2017)「目標管理型の政策評価の改善方策（平成28年度)」。
関満博・古川一郎編（2009)『「ご当地ラーメン」の地域ブランド戦略』新評論。
関満博・及川孝信編（2006)『地域ブランドと産業振興：自慢の銘柄づくりで飛躍した9つの市町村』新評論。
関満博・遠山浩編（2007)『「食」の地域ブランド戦略』新評論。
Song, C., Ikei, H., Nara, M., Takayama, D., & Miyazaki, Y. (2018) Physiological effects of viewing bonsai in elderly patients undergoing rehabilitation, *International Journal of Environmental Research and Public Health*, 15(12), 2635.
総務省編（2018)「災害時外国人支援情報コーディネーター制度に関する検討報告」。
Stein, A. & Ramaseshan, B. (2020) The customer experience-loyalty link: Moderating role of motivation orientation, *Journal of Service Management*, 31(1), pp.51-78.
Suga, Y. (2019) Branded hetrotopia: Omiya Bonsai Village in Japan, from 1925 to the present day, *Studies in the History of Gardens & Designed Landscapes*, 39(1), pp. 77-89.
鈴木幸一（2016)「国民医療費削減と地方創生を目指した非繊維型養蚕イノベーションの提案」『蚕糸・昆虫バイオテック』85（2），pp.59-61。
鈴木幸一・山本圭一郎・満月眞寿・大内順子（2006)「地域とQOL向上のための昆虫バイオテクノロジー」『蚕糸・昆虫バイオテック』75(2)，pp.97-102。
シラパコング，P. & 鈴木幸一（2016)「食べる桑の機能解析と応用開発」『蚕糸・昆虫バイオテック』85(2), pp.69-74。
髙松正人（2018)『観光危機管理ハンドブック：観光客と観光ビジネスを災害から守る』朝倉書店。
武井一浩編著／井口譲二・石坂修・北川哲雄・佐藤淑子・三瓶裕喜著(2018)『コーポレートガバナンス・コードの実践（改訂版)』日経BP。
田村正紀（2011)『ブランドの誕生：地域ブランド化実現への道筋』千倉書房。

特許庁編（2019）「地域団体商標ガイドブック 2019」。

Tola, A. & Contini, M. (2015) From the diffusion of innovation to tech parks, business incubators as a model of economic development: The case of "Sardegna Ricerche", *Procedia - Social and Behavioral Sciences*, 176, pp. 494-503.

津久井進（2020）『災害ケースマネジメント◎ガイドブック』合同出版。

薄上二郎（2007）『テキスト経営学入門：研究方法論から企業のグローバル展開まで』中央経済社。

薄上二郎（2010a）「地域ブランド推進と地域の雇用創出・人材開発：事業のライフサイクル理論と分析手法の応用」（第 4 章）大分大学経済学部編『地域ブランド戦略と雇用創出』白桃書房。

薄上二郎（2010b）「地域ブランド推進と地方自治体によるアンテナショップの課題：ケラーのブランドマネジメントモデルの視点から」（第 8 章）大分大学経済学部編『地域ブランド戦略と雇用創出』白桃書房。

薄上二郎（2018）『通信教育テキスト：管理者と問題解決（改訂版）』日本経営協会。

薄上二郎（2019）「研究ノート：イタリアにおけるインキュベーターとスピオフの考察：ボローニア大学，ミラノ工科大学，トリノ工科大学のケース研究を中心として」『青山経営論集』53(3)，pp.61-80。

Vannucci, V. & Pantano, E. (2020) Digital or human touchpoints? Insights from consumer-facing in-store services, *Information Technology & People*, 33(1), pp. 296-310.

Verganti, R. (2008) Design, meanings, and radical innovation: A meta-model and a research agenda, *Journal of Product Innovation Management*, 25(5), pp.436-456.

ベルガンティ，R. 著／佐藤典司監訳／岩谷昌樹・八重樫文監訳・訳／立命館大学 DML 訳（2012）『デザイン・ドリブン・イノベーション』同友館（Verganti, R., *Design-driven innovation: Changing the rules of competition by radically innovating what things mean*, Harvard Business School Publishing, 2009）。

ベルガンティ，R. 著／八重樫文監訳／安西洋之監訳・解説（2017）『突破するデザイン：あふれるビジョンから最高のヒットをつくる』日経 BP（Verganti, R., *Designing meaningful products in a world awash with ideas*, MIT Press, 2016）。

Vlados, C. (2019) On a correlative and evolutionary SWOT analysis, *Journal of Strategy and Management*, 12(3), pp. 347-363.

Wathne, K. H. & Heide, J. B. (2000) Opportunism in interfirm relationships: Forms, outcomes, and solutions, *Journal of Marketing*, 64(4), pp. 36-51.

Weiss, C. (1997) *Evaluation: Methods for studying programs and policies*, Sage Publications（佐々木亮監訳『入門 評価学：政策・プログラム研究の方法』日本評論社，2014）.

Weiss, C. (1999) The Interface between evaluation and public policy, *Evaluation*, 5(4), pp. 468-486.

八重樫文・後藤智・安藤拓生・増田智香（2019）「意味のイノベーション／デザイン・ドリブン・イノベーションの研究動向に関する考察」『立命館経営学』57, pp. 101-127。

山澤逸平（1975）「生糸輸出と日本の経済発展」『一橋大学研究年報経済学研究』19, pp. 57-76。

横山隆治（2013）「DPM：本格化するデジタル・マーケティング」『DIAMOND ハーバード・ビジネス・レビュー』7 月号，pp. 80-90。

横山隆治・内田康雄（2017）『デジタル変革マーケティング』日本経済新聞出版社。

索　引

欧字・数字

あ行

か行

さ行

た行

な行

は行

ま行

や行

ら行

わ行

■著者紹介

薄上二郎（うすがみ　じろう）

1957年生まれ
1981年　中央大商学部卒業
1983年　筑波大学大学院経営・政策科学研究科修了（経済学修士）
1994年　ジョージ・ワシントン大学大学院公共政策研究科修了（Ph.D.）
1983年 - 1996年　公益財団法人日本生産性本部勤務
（1986年から1993年まで米国事務所駐在員）
1996年 - 2006年　東京都立短期大学・首都大学東京助教授
2006年 - 2011年　大分大学経済学部教授
2011年 - 現在　青山学院大学経営学部教授
（2018年６月から2019年３月までイタリアのカ・フォスカリ大学経営学部で客員研究員）

研究分野：国際経営論，国際人的資源管理，地域ブランド戦略論
主要著書：
『通信教育テキスト：管理者と問題解決（改訂第２版）』日本経営協会，2018年
『地域ブランド戦略と雇用創出』大分大学経済学部編，白桃書房，2010年
『テキスト経営学入門』中央経済社，2007年
『人的資源戦略としての入社前研修：実施効果・グローバル展開・今後の進め方』中央経済社，2006年　他
主要論文：
「欧米におけるタトゥーと雇用管理の考察：日本企業は欧米の実態から何を学ぶか」『異文化経営研究』第13巻，1-14頁，2016年　他

■地域ブランドのグローバル・デザイン

■発行日――2020年11月26日　初版発行　〈検印省略〉

■著　者――薄上二郎（うすがみ じろう）

■発行者――大矢栄一郎

■発行所――株式会社 白桃書房（はくとうしょぼう）
〒101-0021　東京都千代田区外神田5-1-15
☎03-3836-4781　FAX03-3836-9370　振替 00100-4-20192
http://www.hakutou.co.jp/

■印刷／製本――亜細亜印刷株式会社

Printed in Japan　ISBN 978-4-561-74224-1 C3036